A arte de governar crianças

Dados Internacionais de Catalogação na Publicação (CIP)
(Câmara Brasileira do Livro , SP, Brasil)

A Arte de governar crianças : a história das políticas sociais, da legislação e da assistência à infância no Brasil / Irene Rizzini, Francisco Pilotti , (orgs.) . — 3. ed. — São Paulo : Cortez, 2011.

Realização: CIESPI em convênio com a PUC-Rio
Vários autores
Bibliografia
ISBN 978-85-249-1493-5

1. Assistência a menores — Brasil — História 2. Crianças — Política governamental — Brasil — História 3. Crianças pobres — Brasil 4. Menores — Leis e legislação — Brasil — História I. Rizzini, Irene. II. Pilotti, Francisco.

09-03857 CDD-362.70981

Índices para catálogo sistemático:

1. Brasil : Infância : Políticas sociais, legislação e assistência : História : Problemas sociais 362.70981

Irene Rizzini • Francisco Pilotti (Orgs.)

Arno Vogel • Esther Maria de Magalhães Arantes • Eva Faleiros •
Irma Rizzini • Vicente de Paula Faleiros

A arte de governar crianças

A história das políticas sociais, da legislação e da assistência à infância no Brasil

3ª edição

6ª reimpressão

CORTEZ EDITORA

ciespi
centro internacional de estudos e pesquisas sobre a infância
the international center for research and policy on childhood

PUC RIO

A ARTE DE GOVERNAR CRIANÇAS
Irene Rizzini e Francisco Pilotti (Orgs.)

Capa: aeroestúdio sobre imagem do acervo do Projeto Portinari.
Reprodução autorizada por João Candido Portinari.
Preparação de originais: Agnaldo Alves
Revisão: Maria de Lourdes de Almeida
Composição: Linea Editora Ltda.
Coordenação editorial: Danilo A. Q. Morales

Texto revisto a partir da 2ª edição em maio de 2009.

Direitos para esta edição
CORTEZ EDITORA
R. Monte Alegre, 1074 — Perdizes
05014-001 — São Paulo - SP
Tel. (11) 3864 0111 Fax: (11) 3864 4290
e-mail: cortez@cortezeditora.com.br
www.cortezeditora.com.br

Realização:
CIESPI, em convênio com a PUC-Rio

Impresso no Brasil — outubro de 2021

Sumário

Prefácio à 2ª edição revista
Irene Rizzini 7

Sobre la segunda edición del libro
Francisco Pilotti 11

INTRODUÇÃO ◆ A infância sem disfarces: uma leitura histórica 15

PARTE 1
Bases da arte de governar crianças 31

CAPÍTULO I ◆ Infância e processo político no Brasil
Vicente de Paula Faleiros 33

CAPÍTULO II ◆ Crianças e menores: do *pátrio poder* ao *pátrio dever*. Um histórico da legislação para a infância no Brasil
Irene Rizzini 97

PARTE 2
Pontos de partida para uma história da assistência privada à infância no Brasil 151

CAPÍTULO III ◆ Rostos de crianças no Brasil
Esther Maria de Magalhães Arantes 153

CAPÍTULO IV ◆ A criança e o adolescente. Objetos sem valor no Brasil Colônia e no Império
Eva Teresinha Silveira Faleiros 203

PARTE 3
O menor filho do estado. Pontos de partida para uma história da assistência pública à infância no Brasil 223

CAPÍTULO V ◆ Meninos desvalidos e menores transviados: a trajetória da assistência pública até a Era Vargas
Irma Rizzini *225*

CAPÍTULO VI ◆ Do Estado ao Estatuto. Propostas e vicissitudes da política de atendimento à infância e adolescência no Brasil contemporâneo
Arno Vogel *287*

CONCLUSÃO ◆ A arte de governar crianças. Lições do passado, reflexões para o presente 323

Siglas utilizadas 331

Sobre os autores 333

Prefácio à 2ª edição

*Irene Rizzini**

É com satisfação que aceitamos o convite da Cortez Editora para reeditar *A Arte de Governar Crianças*. O projeto do livro nasce de uma proposta latino-americana de promover estudos comparados sobre políticas sociais voltadas para a infância com um enfoque histórico. Este era o projeto que nos apresentava Francisco Pilotti nos primeiros anos da década de 1990, então, Diretor de Projetos e Pesquisa do Instituto Interamericano del Niño, em Montevidéu, Uruguai. A proposta veio a ampliar e a enriquecer os esforços que já empreendíamos, na época, dedicados ao estudo da história da criança na história do Brasil.

Em *A Arte de Governar Crianças* mergulhamos em uma riqueza de fontes documentais na busca de referências à infância e adolescência, tendo como recorte aqueles/as que eram alvos da assistência pública e privada no Brasil. Buscávamos compreender como eram vistas as crianças desde os mais remotos tempos — desde as crianças indígenas; as que aqui chegaram de Portugal e de outros países, inclusive em navios negreiros; as que aqui nasceram, da conjugação de etnias. Queríamos reportar como eram descritas, que preocupações causavam, que problemas e soluções apontavam os filantropos e representantes das mais variadas instituições que tinham sua dedicação e seu agir direcionados para a criança.

---

* Professora e pesquisadora do Departamento de Serviço Social da PUC-Rio, diretora do CIESPI (Centro Internacional de Estudos e Pesquisas sobre a Infância) e Presidente da rede mundial de pesquisa Childwatch International.

Nossa meta era reconstruir os nexos sobre a infância a partir das informações que sobreviveram aos tempos. Tentamos também captar os silêncios e as lacunas. Estas lacunas alimentaram perguntas que permaneceram na obscuridade ou foram parcialmente respondidas, por exemplo: quem eram os familiares e amigos das crianças que se tornavam *filhos do Estado*? Como teriam reagido os pais daqueles/as que desapareceram atrás dos muros dos *internatos de menores* ao longo dos séculos? Como viviam? Quem eram efetivamente as crianças e os adolescentes? Praticamente inexistiam registros sistemáticos sobre sua origem, sua cor e outros aspectos básicos de suas vidas.

Mesmo com todas estas perguntas, acumulamos imenso material que nos serviu de base para construir marcos históricos claros sobre a história da assistência no Brasil. São marcos que englobam as lógicas dos discursos e das práticas produzidas por representantes da elite intelectual e política brasileira — aqueles que deram o tom da arte de governar as crianças ao longo da história. Estes marcos históricos falam de raízes que fundaram o Brasil sob o ponto de vista de sua população infantil.

A despeito do foco no passado, as análises desenvolvidas pelos autores revelam-se atuais. Apesar do tempo transcorrido e das muitas mudanças, percebem-se no presente, ideias e práticas cuja herança vem de muito longe. O historiador Fernand Braudel, em uma resenha sobre o famoso livro de Caio Prado Júnior, *Formação do Brasil Contemporâneo: Colônia* (1945), nos remete a este fato, quando afirma: "A matéria viva do Brasil atual é uma sucessão de transformações. Contudo, ainda não encontrou os marcos nos quais se amalgamar de forma minimamente durável: sente-se a presença de uma realidade já muito antiga que até nos admira de aí achar e que não é senão aquele passado colonial".[1]

Difícil e ousado o desafio de buscar as raízes históricas da assistência à infância, em um passado, cujos registros se encontram dispersos e por vezes esquecidos em diversos arquivos. Em muitos sentidos, porém, foi uma

---

1. "Fernand Braudel resenha Caio Prado Júnior". Apresentação de Bernardo Ricupero e Paulo Henrique Martinez ao texto de Braudel intitulado: "No Brasil: dois livros de Caio Prado Júnior". *Praga, Estudos Marxistas*, 8. São Paulo: Hucitec, 1999, p. 131-137.

gratificante tarefa. Os marcos que analisamos denotam a imensa riqueza das informações que, mesmo sofrendo os efeitos da falta de uma política de tratamento e preservação, constituem bases concretas de estudo e pontos de partida para muitas outras análises. Sentimo-nos recompensados por termos realizado a tarefa e pela oportunidade de revisitá-la nesta edição.

Sobre la segunda edición del libro

*Francisco Pilotti**

Con gran satisfacción acogemos la decisión de la Cortez Editora de presentar una nueva edición de *A Arte de Governar Crianças*, originalmente publicada en 1995. Esta obra fue el producto de una investigación comparada sobre políticas sociales e infancia en varios países de América Latina, coordinada por la Organización de los Estados Americanos y financiada por el Ministerio de Relaciones Exteriores de Holanda. En Brasil, el proyecto contó con la participación de destacados investigadores bajo el liderazgo de la Profesora Irene Rizzini, a quienes reiteramos nuestros agradecimientos y felicitaciones por una labor académica de altísimo nivel.

Resulta útil recordar aspectos del momento histórico en el que apareció la primera edición de esta obra, dado que ello puede facilitar la contextualización del texto. Desde esta perspectiva, la mención de algunas de las características más sobresalientes del contexto en el que fueron originalmente concebidos los contenidos de *A Arte de Governar Crianças* hace ya más de una década atrás, puede contribuir a una comprensión más profunda de los capítulos que conforman este libro. Pensamos, además, que un ejercicio de esta naturaleza estimula una lectura de los contrastes, cambios y continuidades que enmarcan la consideración de la situación social de la infancia a lo largo de la historia.

---

* Secretario Ejecutivo Adjunto para el Desarrollo Integral — Organización de los Estados Americanos.

Cuando se lanzó a principios de los noventa el proyecto que dio lugar a este libro, la preocupación por los temas de la infancia latinoamericana y brasileña se inscribía en ciertos supuestos y algunas constataciones empíricas, entre las que destacan las que se indican a continuación. En primer término, se confiaba que la reforma legislativa actuaría como un poderoso agente de cambio social, capaz de transformar a los menores en niños ciudadanos, particularmente a partir de la promulgación en Brasil del Estatuto da Criança e do Adolescente y la posterior aprobación, a nivel internacional, de la Convención sobre los Derechos del Niño. En segundo lugar, este nuevo marco jurídico, inspirado en gran medida en la doctrina de los derechos humanos, brindaba la plataforma para impugnar y exigir cambios al agotado y desacreditado aparato estatal y plantear, simultáneamente, nuevos abordajes basados en la activa participación de la sociedad civil y los gobiernos locales en la protección integral de la infancia.

Casi 18 años después, la situación de la infancia presenta avances y retrocesos cuyo resultado neto no es tan alentador como se preveía en esos años, caracterizados por la intensa actividad organizada por diversos y variados movimientos sociales estimulados por la recuperación de espacios de participación perdidos durante la oscuridad de los procesos autoritarios. Actualmente, y en el marco del fortalecimiento de la democracia en la mayoría de las sociedades latinoamericanas, se aprecian mutaciones en el discurso con el que se aborda la problemática de niños y niñas. Pareciera que tiende a desaparecer del imaginario colectivo el niño de la calle, icono de los movimientos de los años 90, siendo reemplazado por la imagen amenazante del joven infractor. En muchos de nuestros países la preocupación por los derechos del niño parece haberse sustituido por preocupaciones por el orden público.

Estos y muchos otros cambios en la percepción de los problemas infanto-juveniles, así como las políticas sociales formuladas y aplicadas por los nuevos diseños institucionales, tales como los Ministerios de Desarrollo Social de reciente creación, plantean desafíos para los marcos conceptuales que intentan analizar y comprender la cambiante dinámica de la construcción social de la infancia en las sociedades latinoamericanas.

En este esfuerzo analítico, pensamos que *A Arte de Governar Crianças* sigue siendo un referente fundamental para comprender la situación actual de la infancia brasileña, tanto por la riqueza interpretativa de los períodos históricos que preceden al actual, como por su particular enfoque metodológico que combina el análisis histórico con una visión integrada de la interrelación entre el marco jurídico, las políticas sociales, la respuesta institucional desde el Estado, y las acciones emprendidas por la sociedad civil.

Introdução

A infância sem disfarces: uma leitura histórica

O desafio contido neste livro, de buscar uma retrospectiva das várias formas de atenção dispensadas à infância no decorrer dos séculos, tem suas razões de ser. Há muito tem sido a infância alvo de interesse social, acadêmico e técnico; de discussões abalizadas e leigas, de preocupação sincera e de jogo das elites; e, certamente alvo de ação, com viés filantrópico e fundamentação política.

Instituições foram erguidas para ampará-la; leis foram formuladas para protegê-la; diagnósticos alarmantes demandaram novos métodos para a sua educação ou reeducação; experiências de atendimento foram implementadas, visando debelar o abandono e a criminalidade. O problema, no entanto, persiste e hoje atinge milhões de crianças. O desenrolar dessa história, ainda muito pouco conhecida em nosso país, precisava ser pesquisado, ordenado, interpretado e escoimado das impressões enganosas, que sugerem uma longa caminhada, quando, na verdade, quase não se saiu do mesmo lugar de origem. No decorrer do tempo, a infância foi tratada de diversas maneiras. As relações sociais com a família, com a Igreja, com o Estado e com outros estamentos da sociedade perpetuaram valores morais, religiosos e culturais, reproduzindo dominadores e subjugados em seus papéis.

O foco principal dessa história é a infância pobre — crianças e adolescentes que permaneceram à margem da sociedade. Aqueles que não se enquadraram, fornecendo à sociedade, "homens de bem", afinados com a ética capitalista do trabalho. Em nossa história, a eles se reservou a piedade e a solidariedade de uns; a indiferença, a hipocrisia ou a crueldade de outros.

Reconhecemos o sincero e valioso empenho de personagens — ilustres ou incógnitos — que dedicaram suas vidas à causa da infância. Contudo, a história das políticas sociais, da legislação e da assistência (pública e privada), é, em síntese, a história das várias fórmulas empregadas, no sentido de manter as desigualdades sociais e a segregação das classes — pobres/servis e privilegiadas/dirigentes. Instrumentos-chave dessas fórmulas, em que pesem as (boas) intenções filantrópicas, sempre foram o recolhimento/isolamento em instituições fechadas, e a educação/reeducação pelo e para o trabalho, com vistas à exploração da mão-de-obra desqualificada, porém gratuita.

Assim, o "problema da infância", claramente diagnosticado há pelo menos 100 anos como um "problema gravíssimo", e, invariavelmente associado à pobreza,[1] em momento algum foi enfrentado com uma proposta séria e politicamente viável de distribuição de renda, educação e saúde.

Dificilmente, no passado ou no presente, a dinâmica do sistema capitalista ensejaria simultaneidade entre crescimento, repartição da renda e justiça social. O que parece também verdadeiro para o futuro, por mais transformadoras que se pretendam as novas relações do mundo atual. A manutenção das desigualdades sociais tem um forte êmulo propulsor para o sistema econômico capitalista, que, mantido, gera inevitavelmente uma contraface socialmente injusta. A essência do problema está em que, intrínseco a este mecanismo da economia, não estão contidos os valores da justiça e da ética, e sim categorias bastante distintas, de eficácia, eficiência, produtividade e resultados.

No que se refere ao caso específico das políticas dirigidas à infância, prevaleceu, no Brasil até o presente, a "necessidade" de controle da população pobre, vista como "perigosa". Manteve-se, pois, o abismo infranqueável entre infâncias privilegiadas e menores marginalizados. Impuseram-se reiteradamente propostas assistenciais, destinadas a compensar a ausência

---

1. Este ponto será fundamentado nos capítulos que se seguem.

de uma política social efetiva, capaz de proporcionar condições equitativas de desenvolvimento para crianças e adolescentes de qualquer natureza. Vejamos algumas das mãos pelas quais eles passaram ao longo dos últimos séculos.

Criança: responsabilidade de quem?

Em todos os tempos e em qualquer parte do mundo, existiram crianças desvalidas — sem valor para e sem proteção de alguém — órfãs, abandonadas, negligenciadas, maltratadas e delinquentes. A quem caberia a responsabilidade de assisti-las é uma questão que tem acompanhado os séculos, compondo uma intrincada rede de assistência provida por setores públicos e privados da sociedade. No Brasil, a história mostra que foram muitas as mãos por que passaram tais crianças. A retrospectiva dessa história contém, certamente, valiosos ensinamentos para o presente...

Nas mãos dos jesuítas: evangelizar

No período colonial, a assistência à infância no Brasil seguia determinações de Portugal, aplicadas por meio da burocracia, dos representantes da Corte e da Igreja Católica. Igreja e Estado andavam juntos. O Evangelho, a espada e a cultura europeia estavam lado a lado no processo de colonização e catequização implantado no Brasil. Ao cuidar das crianças índias, os jesuítas visavam tirá-las do paganismo e discipliná-las, inculcando-lhes normas e costumes cristãos, como o casamento monogâmico, a confissão dos pecados, o medo do inferno.

Com isso os "soldados de Cristo", como eram também chamados os padres da Companhia de Jesus, perseguiam um duplo objetivo estratégico. Convertiam as crianças ameríndias em futuros súditos dóceis do Estado português e, através delas, exerciam influência decisiva na conversão dos adultos às estruturas sociais e culturais recém importadas.

Para alcançar essa finalidade, desenvolveu-se, no interior das reduções jesuíticas, um complexo e bem estruturado sistema educacional, cuja missão era submeter a infância ameríndia a uma intervenção, moldando-a de acordo com os padrões de seus tutores.

Convém lembrar, a propósito, que a resistência à catequese era capitulada na lei portuguesa como motivo suficiente para o uso da força, mediante declaração de "guerra justa".

Nas mãos dos senhores: as crianças escravas

Por disputas de poder na Corte de Portugal, os padres perderam seu poder político e material nas missões indígenas, por iniciativa do Marquês de Pombal, Ministro do Rei, em 1755. Os jesuítas foram expulsos e a escravização dos índios proibida. A exploração pelos colonos, no entanto, continuou. Os colonos implantaram o povoamento, principalmente na zona costeira, visando extrair e exportar riquezas naturais, como madeira, ouro ou cultivar produtos de exportação, como a cana-de-açúcar e, mais tarde, o café. Para este fim, foi abundantemente utilizada a mão-de-obra escrava proveniente da África.

O escravo era elemento importante para a economia da época. Era mais interessante, financeiramente, para os donos das terras importar um escravo que criar e manter uma criança, pois com um ano de trabalho, o escravo pagava seu preço de compra. As crianças escravas morriam com facilidade, devido às condições precárias em que viviam seus pais e, sobretudo, porque suas mães eram alugadas como amas-de-leite e amamentavam várias outras crianças.

Mesmo depois da Lei do Ventre Livre, em 1871, a criança escrava continuou nas mãos dos senhores, que tinham a opção de mantê-la até os 14 anos, podendo, então, ressarcir-se dos seus gastos com ela, seja mediante o seu trabalho gratuito até os 21, seja entregando-a ao Estado, mediante indenização.

Vale registrar que o abandono de crianças, escravas ou não, era uma prática bastante frequente até meados do século XIX, mesmo nos países considerados "civilizados".

Nas mãos das Câmaras Municipais e da Santa Casa de Misericórdia: as crianças expostas

Desde 1521, por ordem de D. Manuel, coube às Câmaras Municipais cuidar das crianças abandonadas, podendo, para tanto, criar impostos. Muitas vezes, os vereadores, representantes das elites, pertenciam à irmandade da Misericórdia e nem sempre conseguiam harmonizar a ação política da Câmara com a da Santa Casa, no tocante às decisões quanto aos custos de manutenção desta forma de assistência.

Segundo a moral cristã dominante, os filhos nascidos fora do casamento não eram aceitos e, com frequência, estavam fadados ao abandono. A pobreza também levava ao abandono de crianças, que eram deixadas em locais públicos, como nos átrios das igrejas e nas portas das casas. Muitas eram devoradas por animais. Essa situação chegou a preocupar as autoridades e levou o Vice-Rei a propor duas medidas no ano de 1726: esmolas e o recolhimento dos expostos em asilos.

Foi assim que a Santa Casa de Misericórdia implantou o sistema da Roda no Brasil, um cilindro giratório na parede que permitia que a criança fosse colocada da rua para dentro do estabelecimento, sem que se pudesse identificar qualquer pessoa. O objetivo era esconder a origem da criança e preservar a honra das famílias. Tais crianças eram denominadas de enjeitadas ou expostas.

A primeira Roda foi criada na Bahia, em 1726, com recursos provenientes de doações de alguns nobres, por autorização do Rei e consentimento dos dirigentes da Santa Casa. No ano de 1738, foi criada a Roda do Rio de Janeiro e, em seguida, em diversas outras localidades.

As crianças enjeitadas nas Rodas eram alimentadas por amas-de-leite alugadas e também entregues a famílias, mediante pequenas pensões. Em geral, a assistência prestada pela Casa dos Expostos perdurava em torno de sete anos. A partir daí, a criança ficava, como qualquer outro órfão, à mercê da determinação do Juiz, que decidia sobre seu destino de acordo com os interesses de quem o quisesse manter. Era comum que fossem utilizadas para o trabalho desde pequenas.

Na Casa dos Expostos, a mortalidade era bastante elevada, tendo atingido a faixa dos 70% nos anos de 1852 e 1853 no Rio de Janeiro (Teixeira, 1888), devido à falta de condições adequadas de higiene, alimentação e cuidados em geral. Consta que a Roda do Rio de Janeiro funcionou até 1935 e a de São Paulo até 1948, apesar de terem sido abolidas formalmente em 1927.

Nas mãos dos asilos

O asilo de órfãos, abandonados ou desvalidos, isto é, daqueles que estivessem "soltos", fugindo ao controle das famílias e ameaçando a "ordem pública", tornou-se uma prática corrente no século XIX, quando teve impulso a ideia de propiciar educação industrial aos meninos e educação doméstica às meninas, preparando-os(as) para ocupar o seu lugar na sociedade. As instituições, em sua maioria, eram mantidas por ordens religiosas, auxiliadas por donativos e por vezes, pelos poderes públicos. Esta tendência manteve-se no século XX, quando foram criadas inúmeras instituições do gênero.

A antiga prática de recolher crianças em asilos propiciou a constituição de uma cultura institucional profundamente enraizada nas formas de "assistência ao menor" propostas no Brasil, perdurando até a atualidade. O recolhimento, ou a institucionalização, pressupõe, em primeiro lugar, a segregação do meio social a que pertence o "menor"; o confinamento e a contenção espacial; o controle do tempo; a submissão à autoridade — formas de disciplinamento do interno, sob o manto da prevenção de desvios ou da reeducação dos degenerados. Na medida em que os métodos de atendimento foram sendo aperfeiçoados, as instituições adotavam novas denominações, abandonando o termo asilo, representante de práticas antiquadas, e substituindo-o por outros, como escola de preservação, premonitória, industrial ou de reforma, educandário, instituto...

Sendo a instituição voltada para a prevenção ou para a regeneração, a meta era a mesma: incutir o "sentimento de amor ao trabalho" e uma "conveniente educação moral", como aparece no regulamento do Abrigo de Menores, de 1924.

Ao longo dos anos, várias vozes se levantaram contra o regime vigente nestas instituições, principalmente nas escolas oficiais. O regime de caserna, com grandes dormitórios coletivos e tratamento impessoal, contrariava a convicção corrente, desde as primeiras décadas do século XX, das vantagens do sistema familiar na educação de crianças. Contudo, somente a partir dos anos 80, o sistema de internato destinado à infância pobre foi efetivamente questionado, por comprometer o desenvolvimento da criança e do adolescente, e por constituir-se enquanto prática dispendiosa, ineficaz e injusta, produzindo o chamado "menor institucionalizado" — jovens estigmatizados, que apresentam grande dificuldade de inserção social após anos de condicionamento à vida institucional. Em contraposição, a internação de crianças ricas em colégios internos era, há tempos, uma prática rejeitada pela sociedade, levando à extinção da maioria dessas instituições, muitos antes de se defender a mesma destinação aos internatos dos pobres.

Nas mãos dos higienistas e dos filantropos

Os higienistas, em geral médicos, preocupados com a alta mortalidade infantil nas cidades brasileiras, tinham como proposta intervir no meio ambiente, nas condições higiênicas das instituições que abrigavam crianças, e nas famílias. Em meados da metade do século XIX, surgiu a Puericultura, especialidade médica destinada a formalizar os cuidados adequados à infância. Estabeleceu-se, no meio médico, um debate sobre a melhor forma de se cuidar dos expostos, o que efetivamente determinou uma melhoria nas condições de higiene na Casa dos Expostos. A obediência à "lei de higiene" (Autran, 1904, p. 93), ou seja, aos preceitos higiênicos, tornou-se uma necessidade incontestável no século XX, consolidando a importância do papel do médico nas instituições.

Foram várias as iniciativas dos higienistas, tais como a criação dos Institutos de Proteção e Assistência à Infância, o primeiro deles fundado no Rio de Janeiro pelo Dr. Moncorvo Filho, em 1901; a criação de dispensários e ambulatórios, com serviços de consulta médica às crianças pobres, "gotas de leite", palestras para as mães, entre outros.

Os higienistas estavam identificados com o movimento filantrópico, que travava um embate com os representantes da ação caritativa, nas primeiras décadas do século. A filantropia distinguia-se da caridade, pelos seus métodos, considerados científicos, por esperar resultados concretos e imediatos, como o bom encaminhamento dos desviantes à vida social, tornando-os cidadãos úteis e independentes da caridade alheia. A noção de prevenção do desvio e recuperação dos degenerados entranhou de tal forma na assistência, que nas décadas seguintes, filantropia e caridade tornaram-se sinônimos. O conflito foi superado por uma acomodação das disparidades, pois ambas tinham o mesmo objetivo: a preservação da ordem social.

Nas mãos dos tribunais: reformatórios e casas de correção

Na passagem do século XIX para o XX, juristas defendiam em congressos internacionais, a ideia de um "novo direito", com participação ativa da Europa, Estados Unidos e América Latina. Falava-se numa justiça mais humana, que relevasse a reeducação, em detrimento da punição. As novas ideias foram logo transpostas para o caso dos menores, em parte por que, em termos penais, as fases da infância e da juventude chamavam a atenção (o aumento da criminalidade entre menores era fato documentado, na época, em diversos países); e, em parte porque, sob o ponto de vista da medicina e, mais tarde, da psicologia, vislumbravam-se novas possibilidades de formação do homem, a partir da criança. Na década de 1920, consolidou-se a fórmula Justiça e Assistência para os menores viciosos e delinquentes. Estes eram objetos de vigilância por parte do Juízo de Menores e da Polícia, classificados de acordo com sua origem e história familiar e normalmente encaminhados para as casas de correção ou as colônias correcionais, onde deveriam permanecer em seção separada dos adultos, resolução nem sempre obedecida. Tal fato causava indignação entre os defensores da reeducação dos menores, que propunham a criação de instituições especiais para esta população, visando reeducá-la através da formação profissional — as chamadas escolas de reforma, que começaram a ser criadas neste período, por determinação do Código de Menores.

A proposta de criação de tribunais para menores irradiou-se por todas as partes, ao longo deste século. Se por um lado, os menores foram beneficiados com a instauração de processos afinados a uma legislação especial, por outro, a delinquência juvenil resistiu como um desafio de difícil solução até o presente. A despeito dos avanços obtidos com o Estatuto da Criança e do Adolescente, no sentido de garantir meios de defesa para aqueles que cometessem infrações penais, na prática poucas opções existem e a privação de liberdade persiste como medida amplamente utilizada, apesar de todas as recomendações em contrário.

Nas mãos da polícia: defesa nacional

A prática do recolhimento de menores desenvolveu-se associada à polícia, graças ao acordo entre autoridades do Juízo de Menores e esta última. Foram criadas, neste sentido, delegacias especiais para abrigar menores que aguardavam encaminhamento ao Juiz. Inúmeras irregularidades foram sistematicamente denunciadas nestes estabelecimentos, onde predominavam os vícios da corporação policial, sendo os "menores" tratados com violência como em qualquer outra delegacia.

Esta função policial de "limpeza" das ruas, retirando elementos considerados indesejáveis, persistiu ao longo dos anos e só veio a ser questionada recentemente, com o advento da nova legislação, na década de 1980.

Nas mãos dos patrões: a criança trabalhadora

A partir de meados do século XIX, houve grande demanda de força de trabalho nas fábricas, sobretudo as de tecidos. Mulheres e crianças foram, então, incorporadas, recebendo salários baixíssimos. Menores eram recrutados em asilos e cumpriam carga horária semelhante a dos adultos. Outros trabalhavam para complementar a renda familiar.

Os patrões justificavam a exploração do trabalho infantil alegando que retiravam os menores da ociosidade e das ruas, dando-lhes uma ocupação útil. Foram, pois, contra o Código de Menores de 1927, que não autorizava o trabalho antes dos 12 anos.

Nos anos 1930, o governo implantou escolas de ensino profissionalizante; o sistema nacional de aprendizagem industrial e comercial ficou, contudo, nas mãos dos empresários, através do SENAI e do SENAC, criados no início da década de 1940.

A questão do trabalho permaneceu controvertida ao longo do tempo. Jamais se cumpriu o que era estabelecido por lei. Apesar disso, o tema divide opiniões, na medida em que parte da população infantil não pode deixar de trabalhar, pois seus ganhos compõem o orçamento familiar. As estatísticas oficiais indicam que há pelo menos sete milhões de trabalhadores entre 10 e 17 anos como parte da população economicamente ativa (IBGE, 1992). Não é conhecido o contingente dos que trabalham no chamado setor informal, numa média de 8 a 10 horas por dia. Estima-se, porém, que este número seja bem superior àquele referente aos menores empregados no setor formal.

Nas mãos da família...

Na história aqui retratada, a família aparece como aquela que não é capaz de cuidar de seus filhos. As mães eram normalmente denegridas como prostitutas e os pais como alcoólatras — ambos viciosos, avessos ao trabalho, incapazes de exercer boa influência (moral) sobre os filhos e, portanto, culpados pelos problemas dos filhos (os "menores").

Surpreende o fato de que, salvo raríssimas exceções, não são documentados os incontáveis casos de famílias que, apesar da imagem (certamente introjetada por elas, em algum nível) e de todos os demais obstáculos encontrados, conseguiram criar seus filhos na pobreza. E, no entanto, sabe-se por observação e pelo senso comum, que a circulação de crianças entre famílias das classes socialmente menos favorecidas é bastante frequente — os chamados "filhos de criação".

O mito criado em torno da família das classes empobrecidas serviu de justificativa para a violenta intervenção do Estado neste século. Com o consentimento das elites políticas da época, juristas delegaram a si próprios o poder de suspender, retirar e restituir o Pátrio Poder, sempre que julgassem uma família inadequada para uma criança.

A primeira tentativa do governo em regulamentar a "assistência e proteção aos menores abandonados e delinquentes", no início da década de 1920, legitimou a intervenção do Estado na família, não só através da suspensão do Pátrio Poder, mas também pela apreensão dos menores ditos abandonados, mesmo contra a vontade dos pais. Tal medida foi consequência da percepção que certos setores da sociedade tinham das famílias pobres. Por isso, na lei, as situações definidas como de abandono, tais como: não ter habitação certa; não contar com meios de subsistência; estar empregado em ocupações proibidas ou contrárias à moral e aos bons costumes; vagar pelas ruas ou mendigar etc., só se aplicavam aos pobres.

Na era Vargas, a família e a criança das classes trabalhadoras passaram a ser alvo de inúmeras ações do governo, inaugurando uma política de proteção materno-infantil. Num período em que um contingente significativo de mulheres começou a se lançar no mercado de trabalho, provocando mudanças na estrutura e dinâmica familiares, Estado e sociedade se uniram para manter a estabilidade da família e garantir a adequada educação da criança, de acordo com a concepção de cidadania da época, isto é, a formação do trabalhador como "capital humano" do país, através do preparo profissional e o respeito à hierarquia pela educação moral.

Nas mãos do Estado: clientelismo

Até a criação do Serviço de Assistência a Menores (SAM), em 1941, não havia no país um órgão federal responsável pelo controle da assistência, oficial e privada, em escala nacional. O SAM manteve o modelo utilizado, desde a década de 1920, pelos Juízos de Menores, atendendo os "menores abandonados" e "desvalidos", através do encaminhamento às poucas instituições oficiais existentes e às instituições particulares, que estabeleciam convênios com o governo. Aos "delinquentes", só restavam as escolas públicas de reforma, as colônias correcionais e os presídios, já que a iniciativa privada não dispunha de alternativas para o seu atendimento.

A partir das primeiras tentativas do Estado em organizar a assistência à infância, na década de 1920, houve um estreitamento da relação entre os setores público e privado. O modelo de assistência daí originado persistiu ao longo do tempo. Contudo, a trajetória dessa relação é repleta de "estórias mal contadas" de abusos, corrupção e clientelismo. Recursos foram distribuídos sem fiscalização rigorosa, obedecendo a critérios escusos, determinados por poderes políticos; verbas foram desviadas através de obras sociais fantasmas, nunca chegando a beneficiar as crianças.

Um exemplo dessa relação clientelista foi dado por um ex-diretor do SAM, Paulo Nogueira Filho, quando denunciou o fato de estabelecimentos não voltados para a internação de "autênticos desvalidos" receberem auxílios do SAM, no ano de 1956 — eram mais de 20 seminários e 50 ginásios (p. 251). Além do que, existiam educandários contratados que atendiam "falsos desvalidos", crianças de famílias com recursos, que através do "pistolão" ou de outras formas de corrupção, internavam seus filhos diretamente nos melhores educandários.

Nas mãos das Forças Armadas: segurança nacional

De 1964 em diante, a questão da assistência à infância passou, como tantas outras coisas, para a esfera de competência do governo militar. Este via na questão social e, no seio desta, na questão do menor, um problema de segurança nacional, julgando-o, portanto, objeto legítimo de sua intervenção e normalização.

Com esse objetivo, criou a Fundação Nacional do Bem-Estar do Menor (FUNABEM) e a Política Nacional do Bem-Estar do Menor (PNBEM), às quais coube comandar todas as ações neste terreno. Sua missão era velar para que a massa crescente de "menores abandonados" não viesse a transformar-se em presa fácil do comunismo e das drogas, associados no empreendimento de desmoralização e submissão nacional.

A política adotada, neste sentido, privilegiou, a exemplo do que aconteceu em quase todos os setores, o controle autoritário e centralizado, tanto na formulação, quanto na implementação da assistência à infância, leia-se, aos "menores" enquanto problema social.

Desse ponto de vista, a "questão do menor" interessava à segurança nacional, não só pela eventual canalização do potencial do "sentimento de revolta" dessa juventude "marginalizada" pelos movimentos de contestação do regime, mas, também, tendo em vista os efeitos da dilapidação do seu potencial produtivo para o processo de desenvolvimento.

Interessava, ainda, por causa das famílias marginalizadas e marginalizantes das quais essas crianças e adolescentes eram o produto socialmente mais visível, mais deletério e mais incômodo, para o modelo de crescimento adotado pelos governos militares. A infância "material ou moralmente abandonada" transformou-se, desse modo, em motivo e canal legítimos de intervenção do Estado no seio e no meio das famílias pobres.

Invocando sempre o primado da prevenção e reintegração social, no ambiente familiar e/ou na comunidade, FUNABEM e PNBEM favoreceram, no entanto, a internação, em larga escala e no país inteiro (através das FEBENS e de entidades privadas de assistência), desses "irregulares" do desenvolvimento com segurança nacional.

Juntas, como irmãs siamesas, mantiveram e aprimoraram o modelo carcerário e repressivo, cuja trajetória ascendente, até o início da década passada, começava a estagnar logo em seguida, entrando em processo de crise e dissolução, quando os militares cederam lugar aos primeiros governos democráticos.

Nas mãos dos Juízes de Menores: *o menor em situação irregular*

Depois de várias décadas de debate, formulação de dezenas de anteprojetos e movimentação do meio jurídico com o objetivo de fazer aprovar uma revisão do Código de Menores de 1927, este foi em 1979, finalmente substituído. O Novo Código de Menores veio a consagrar a noção do "menor em situação irregular", a visão do problema da criança marginalizada como uma "patologia social". Caberia ao Juiz de Menores intervir na suposta irregularidade, que englobava desde a privação de condições essenciais à subsistência e omissão dos pais, até a autoria de infração penal.

A concentração de praticamente todo o poder de decisão sobre os destinos dos menores (irregulares) nas mãos dos juízes teve vida curta, por ter se concretizado já no final do governo militar. As formas não garantidas dos direitos (sobretudo de defesa) do indivíduo, consideradas arbitrárias e inaceitáveis fora de um regime ditatorial, não sobreviveram à abertura política dos anos 1980.

Nas mãos da sociedade civil: *crianças e adolescentes sujeitos de direitos*

Um novo quadro se esboçou na década de 1980. A noção de irregularidade começou a ser duramente questionada na medida em que as informações sobre a problemática da infância e da adolescência passaram a se produzir e a circular com maior intensidade. As estatísticas sociais retratavam uma realidade alarmante. Parcelas expressivas da população infanto-juvenil pertenciam a famílias pobres ou miseráveis. Eram cerca de 30 milhões de "abandonados" ou "marginalizados", contradizendo a falácia da proporção minoritária dessa população. Como poderia se encontrar em "situação irregular" simplesmente metade da população de 0 a 17 anos?

Diante desse quadro e graças às possibilidades de organização e participação populares na luta pela garantia de direitos, novos atores políticos entraram em cena. Em pouco tempo surgiu um amplo movimento social em favor das crianças e adolescentes em situação de pobreza e marginalidade social. Essa frente, integrada sobretudo pelas ONGs (organizações não-governamentais), acrescida de demais grupos, denominados como sociedade civil, com apoio da Igreja e dos quadros progressistas dos órgãos de governo, desencadeou o processo de reivindicação dos direitos de cidadania para crianças e adolescentes.

Esse movimento conseguiu inscrever sua proposta na Constituição de 1988, sob a forma do artigo 227, que manda assegurar, com absoluta prioridade, os direitos de crianças e adolescentes, incumbindo desse dever a família, a sociedade e o Estado, aos quais cabe, igualmente, protegê-las contra qualquer forma de abuso.

De tudo isso resultou o Estatuto da Criança e do Adolescente e, com ele, supostamente, um novo paradigma jurídico, político e administrativo, destinado à resolução da problemática da infância e da juventude no Brasil, nos termos de uma sociedade democrática e participativa.

O atendimento a crianças e adolescentes é considerado parte integrante das políticas sociais. Deve ser proporcionado no seio da comunidade e em consonância com esta. A formulação de políticas específicas caberá, doravante, aos Conselhos Municipais de Direitos da Criança e do Adolescente, órgãos deliberativos e paritários entre governo e sociedade civil. A primeira instância do atendimento propriamente dito será constituída por Conselhos Tutelares, órgãos permanentes, autônomos e não jurisdicionais, com membros eleitos por cidadãos no plano local, e encarregados de fiscalizar e implementar o cumprimento dos direitos das crianças e dos adolescentes.

Desse modo, a responsabilidade pela questão da infância e adolescência foi descentralizada e transferida para a sociedade civil. Os objetivos dessa estratégia eram os mais ambiciosos, como ressaltam os termos "mutação social", "mutação jurídica", "mutação judicial" e "mutação municipal", com que a implementação do estatuto foi saudada por alguns dos seus mais notáveis propugnadores.

Como sempre, no entanto, a realidade tem se revelado infinitamente mais modesta. Os organismos governamentais centralizados de atendimento em larga escala, que deveriam ser extintos, continuaram a levar uma existência obscura, mas ainda ativa, dentro do novo contexto.

Os Conselhos de Direitos, nos seus diversos níveis — nacional, estadual e municipal — demoraram a ser implementados, e onde foram criados e conseguiram consolidar-se, enfrentam inúmeros dilemas e dificuldades de funcionamento, entre os quais, os que resultam da falta de experiência, capacitação e fundos.

Da mesma forma, os Conselhos Tutelares tiveram de enfrentar múltiplos e consideráveis obstáculos no seu processo de institucionalização, entre eles, a deficiência de "retaguarda" (instituições de atendimento direto), a relutância do poder público municipal, bem como dos órgãos de atendimento, públicos ou privados, em aceitar os novos princípios, as novas formas de gestão e, sobretudo, sua fiscalização pelos Conselhos.

Têm ainda suscitado a oposição dos setores tradicionais da beneficência os quais rejeita, invocando o discurso da cidadania, como "assistencialistas". Adicionalmente, têm sido desqualificados como interlocutores pelo poder público municipal, o mesmo acontecendo, por parte da população, entre a qual o conhecimento e a aceitação do Estatuto da Criança e do Adolescente está longe de ser uma unanimidade.

Sua principal virtude — a de permitir o surgimento e a resolução de conflitos — esbarra na precariedade de sua infraestrutura, tanto como sua dificuldade de reconhecer e aceitar diferenças, inerentes a todos os espaços democráticos.

Cabe, então, perguntar em mãos de quem se encontram a criança e o adolescente, postos aos cuidados da sociedade civil, no momento em que as mega iniciativas do Estado se retraíram, minguando visivelmente, sem que a iniciativa local tenha conseguido preencher satisfatoriamente o vazio por elas deixado?

A equipe responsável por este estudo, longe de apresentar mais uma análise pessimista da situação do país, quer, ao contrário, revelar os disfarces, distorções e mitos, que se criaram em torno da infância-problema, contribuindo para que novas propostas e políticas, condizentes com possíveis e distintas perspectivas, possam surgir e florescer em nossa sociedade.

PARTE 1

Bases da arte de governar crianças

Capítulo I

Infância e processo político no Brasil

*Vicente de Paula Faleiros**

Perspectivas de análise

Neste texto vamos privilegiar o ângulo de análise das relações políticas, colocando a questão da infância e da adolescência dos pobres no bojo da discussão dos agentes formuladores de política, detentores de poder.

Em decorrência da perspectiva adotada, profundamente dinâmica e relacional, as dimensões particulares para aprofundamento da questão levam em conta a relação Estado/sociedade como um processo de articulação e confronto do econômico e do político, do privado e do público, do poder clientelista/autoritário e do movimento pelos direitos de cidadania nas relações de hegemonia que foram se construindo de acordo com os blocos no poder. Estas dimensões perpassam a análise de todas as conjunturas referidas neste trabalho e são destacadas a partir da proposta de diferentes atores sociais em diferentes momentos históricos. É na proposição e confronto de propostas desses agentes que emergem as estratégias de ação, que se evidenciam as dimensões aqui referidas, colocando o pleito entre trabalho e educação, público e privado, domínio sobre a criança e direito da criança.

* Universidade Católica de Brasília (UCB) e Universidade de Brasília (UnB).

Destacamos três eixos de análise: política de inserção dos pobres no trabalho precoce e subalterno, a relação entre causa pública e coisa privada e relação entre repressão, filantropia e cidadania.

A estratégia de encaminhamento da criança pobre para o trabalho articula o econômico com o político, referindo-se ao processo de valorização/desvalorização da criança enquanto mão-de-obra, como se a desigualdade social fosse natural. Nessa ótica, aos pobres e dominados caberia trabalhar, aos ricos e dominantes caberia dirigir a sociedade. Os discursos e as práticas referentes às políticas para a infância distinguem os *desvalidos* dos *validos* tanto econômica como sócio-politicamente. Os primeiros são desvalorizados enquanto força de trabalho cuja sobrevivência e preparação escolar ou profissional deve estar ao nível da subsistência, validando-se, contraditoriamente, o projeto de direção da sociedade, de vida intelectual que aos segundos caberia. As condições mínimas de trabalho para as crianças e adolescentes pobres parecem máximas aos olhos dos senhores e dos dirigentes das fábricas. Se, por um lado, fala-se em proteção à criança, em trabalho perigoso, e promulgam-se certas leis de impedimento de determinados trabalhos, por outro, a prática é de ignorar a lei, de manter e encaminhar as crianças desvalidas ao trabalho precoce e futuro subalterno, numa clara política de separação de classes ou de exclusão de vastos grupos sociais do exercício da cidadania.

A filantropização do atendimento à criança evidencia uma relação simbiótica público/privado, articulada à questão do patrimonialismo do Estado brasileiro (Faoro, 1993, p. 29), significando a apropriação de um bem público de forma privada, colocando-se o setor público a serviço de interesses privados, com o favorecimento de verbas, cargos e privilégios em benefício privado. Ao mesmo tempo os atores ocupantes de postos públicos buscam favores, legitimação e consenso em torno de seus nomes junto aos setores privados.

As políticas para a infância têm implicado uma interação entre as instituições, estatais e privadas, públicas ou não, com troca de recursos, pessoas e serviços de umas para outras, nem sempre com transparência e rigor, e constantemente na ótica do uso da máquina do Estado para interesses e patrimônios particulares. A esta concepção se contrapõe aquela que visa a garantia dos direitos da criança e adolescente, mas não hegemônica em todos os setores do governo. O setor privado busca se aliar a grupos e setores da área pública para garantir verbas e cargos bem como proteção do Estado para seus serviços, em troca, muitas vezes, de favores pessoais aos ocupantes de postos públicos ou de apoio eleitoral/eleitoreiro. A "causa da infância" foi objeto de discurso e de ação de inúmeros atores públicos que tinham causas privadas e de atores privados que se empenhavam e se embrenhavam na esfera estatal na defesa de seus interesses privados. Houve também os que defenderam o espaço público, o direito da criança.

A relação entre filantropia e cidadania se evidencia também na dinâmica entre a esfera doméstica e esfera pública. Na primeira predominava o pátrio poder, hoje chamado no novo Código Civil de poder familiar. Esta esfera de poder tem sofrido interferências do Estado para garantir a proteção da criança contra os abusos de seus próprios pais, ao mesmo tempo em que se busca manter a família como símbolo e controle da vida social. A interferência do Estado na desprivatização da esfera doméstica é um processo complexo de construção de uma infância concebida como independente e autônoma do poder dos pais. Nem sempre a criança foi reconhecida como indivíduo independente da esfera doméstica.

A cidadania da criança e do adolescente foi incorporada na agenda dos atores políticos e nos discursos oficiais muito recentemente, em função da luta dos movimentos sociais no bojo da elaboração da Constituição de 1988. Na cultura e estratégias de poder predominantes, a questão da infância não se tem colocado na perspectiva de uma sociedade e de um Estado de direitos, mas na perspectiva do autoritarismo/clientelismo, combinando benefícios com repressão, concessões limitadas, pessoais e arbitrárias, com disciplinamento, manutenção da ordem, ao sabor das correlações de forças sociais ao nível da sociedade do governo. As polêmicas relativas às políticas para a infância demonstram esse conflito de visões e de estratégias, por exemplo, a que se refere à divergência entre os que privilegiam a punição e os que privilegiam o diálogo, a negociação, as medidas educativas.

A relação entre ordem e cidadania se expressa na articulação de políticas para os *perigosos*, nas políticas repressivas, seja com ênfase na tutela pessoal da criança seja com ênfase na ordem geral a ser preservada, seja na consideração da criança como menor ou incapaz, seja na defesa da raça e da sociedade. A política da menorização também oscila entre o pólo assistencial (abrigos, asilos, albergues) e o polo jurídico (prisões, patronatos, casas correcionais, centros de internamento) articulada a um processo de institucionalização como forma de controle social.

Uma política voltada para a cidadania implica outra relação com o Estado, baseada no *direito* e na *participação*, combina a autonomia da criança, com a solidariedade social e o dever do Estado em propiciar e defender seus direitos como cidadã.

A periodização do estudo e da pesquisa levará em consideração as diferentes conjunturas políticas do período republicano de acordo com as mudanças no poder do Estado e com as relações entre as forças que forjaram as políticas para a infância no Brasil.

As políticas para a infância na República Velha

Nosso pressuposto é de que omissão, repressão e paternalismo são as dimensões que caracterizam a política para a infância pobre na conjuntura da Proclamação da República, decorrentes não só da visão liberal, mas da correlação de forças com hegemonia do bloco oligárquico/exportador.

A República representa, ao mesmo tempo, ruptura e continuidade. Ruptura com a forma pessoal de governar do Imperador, mas continuidade das relações clientelistas e coronelistas, que sustentavam o poder, com troca de favores, com uma combinação do localismo com o uso da máquina estatal em função dos setores exportadores. O bloco no poder, de caráter oligárquico exportador, favorece e subsidia a migração de trabalhadores europeus, adota um forte esquema repressivo diante dos movimentos sociais e articula uma relação clientelista com as populações pobres do campo e da cidade (Faleiros, 1992, p. 52). Na visão liberal predominante defende-se a não intervenção do Estado na área social, e o bloco dominante, embora não homogêneo, tem a hegemonia do setor agroexportador, com grande força do capital cafeeiro, e, segundo Perissinoto (1994), com a supremacia da fração agroexportadora, em mãos do capital estrangeiro. Apesar do predomínio da agricultura, a urbanização se acentua. A industrialização se inicia, com migração para as cidades. Em 1920 havia 1.189.357 pessoas ocupadas na indústria de transformação contra 195.599 em 1900 (Baer, 1979, p. 376).

A burguesia industrial, por sua vez, também se opõe à legislação social, alegando a liberdade de contrato e a harmonia social, como manifesta Diogo Pupo Nogueira representante das organizações patronais de São Paulo: "as leis sociais têm o caráter de ousada e inábil enxertia e elas são o verdadeiro nascedouro de lutas de classe que se agravam à proporção que as leis se avolumam" (1936, p. 3).

Para se analisar as políticas de proteção à infância em conformidade com os atores situados no próprio bloco de poder é necessário partir da questão por eles mesmos colocada: esta política, de fato, existiu? Homens influentes e ligados ao governo, como Manuel Vitorino (1981, p. 381) afirmam em 1902: "não há uma só lei ou instituição que proteja a primeira infância no Brasil".

O mesmo autor considera as Rodas de Expostos como uma afronta às leis sociais e humanas e como uma forma de "perpetuação de um matadouro de inocentes, sob o pretexto de *velar a desonra e amparar a miséria* e acrescenta: "é extraordinária e aterradora em geral a mortalidade dos expostos" (...) "a Roda é frequentemente uma tortura de condenados que rompe os laços do afeto". Mais adiante, no mesmo artigo de 1902, insiste em combater a Roda afirmando: "Se a desonra, a miséria ou a perversidade podem forçar a essa condenação desgraçada, física, moral e socialmente falando... é preciso manter semelhante instituição, não a decorem com o título sagrado de asilo de caridade". Ao mesmo tempo em que condena a Roda defende a creche "pois a mãe é quem o depõe no bercinho e o vê e agasalha em seu seio". "Para a operária honesta, a creche é um admirável recurso" e conclui: "ensina a creche o não abandonar os filhos, senão quando o trabalho reclama por eles novos e maiores sacrifícios", elogiando "o empenho das *senhoras fluminenses* em edificar a obra santa e moralizadora das creches".

Manuel Vitorino, ex-presidente da República, em substituição a Prudente de Morais, de quem era Vice, critica, a ausência do Estado, ou a omissão do Estado em relação à legislação para a infância e ao mesmo tempo elogia a iniciativa privada nessa área, configurando uma relação ambígua entre público e privado, com o enaltecimento do paternalismo (Barbosa, 1958, p. 47).

Tanto ele quanto Ruy Barbosa defendem uma reforma cristã da legislação, conciliatória, inspirada na encíclica *Rerum Novarum*. Barbosa critica a corrente positivista, em particular a de Borges de Medeiros, do Rio Grande do Sul, que não admite a intervenção do Estado nas questões sociais, principalmente no que diz respeito às relações capital / trabalho, defendendo a legislação das habitações operárias, o que, na realidade, não sai do papel, pois "até agora o abrigo das classes proletárias é, habitualmente, a casa de cômodos, ou a triste arapuca de retalhos de zinco, latas de querosene e caixas de sabão" (p. 43) e reproduz uma reportagem de *A Noite* que denuncia uma estalagem de 69 cômodos, com 247 pessoas e um só banheiro.

Essa ausência do Estado é também salientada tanto por Moncorvo Filho (1926) que lamenta o "indiferentismo", como por Lemos Britto (1959, p. 180) que afirma que "não tínhamos o que mostrar", como por Ruy Barbosa (1919, p. 47) que diz "nada se construiu. Nada se adiantou, nada se fez".

Conforme o censo de 1920, a família padrão é composta dos pais e cinco filhos (Araujo, 1993, p. 173). Os problemas de carência social já se vinculam, na primeira metade do século, à profunda desigualdade social então existente, com consequências graves para as crianças. Araujo assinala que "a criança pobre pede esmola na igreja ou começa a trabalhar muito cedo, antes dos 10 anos de idade. Ela vende doces na rua, carrega embrulhos, entrega encomendas, é ajudante de pedreiro, carpinteiro ou é operária numa fábrica" (1993, p. 160). A polícia, por sua vez, reprime os "vagabundos" e os encaminha ao juiz de órfãos.

Em *A infância abandonada* Franco Vaz (1905) assinala que a questão da infância abandonada ainda conserva até o presente o seu "estado embrionário", constatando que na capital "assiste-se com a mais lamentável indiferença o desfilar cotidiano de uma verdadeira legião de esquifes mortuários encerrando os despojos de pequeninos seres", verificando que de 18.226 óbitos, 1.147 eram natimortos e 5.407 eram de crianças até cinco anos, em 1895 (1905, p. 5). Segundo Moncorvo Filho, em 1899, a mortalidade infantil era de 36,4% e a mortinatalidade de 7,7% (1926, p. 136).

Na ótica de uma política *assistencialista*, Vaz assinala ainda que "não se pode dizer muita coisa daquilo que é tão pouco", quanto ao que *hoje* (*sic!*) chamaríamos de sistema de atendimento: Santa Casa, Maternidade, Instituto de Proteção e Assistência à Infância, Casa dos Expostos, para atender ao *abandono material*.

Na ótica repressiva, Vaz se alarma também ("foi o dobro", diz) com o número de assassinatos praticados por menores (16/20 anos) entre 1856-60 (20 assassinatos) e entre 1890-1894 (39 assassinatos) no Distrito Federal. E justifica sua visão repressiva: "a célula é o primeiro remédio eficaz contra o desregramento infantil, é a medicação de efeitos enérgicos e mais prontos capaz de preparar o organismo da criança para receber os seus mais poderosos reconstituintes: a escola de reforma e a casa de preservação" (p. 77). Estas duas instituições deveriam completar o sistema, atendendo tanto ao abandono moral como ao abandono material das crianças. Vaz, como higienista, defende células especiais para os adolescentes, não as infectas da Casa de Detenção, onde encontrou 18 menores.

Critica ainda a política educacional, já que constata 19.067 matriculados para um total de 106.390 crianças, isto no Distrito Federal, ou seja, no Rio de Janeiro. São excluídos da escola os escravos e seus filhos e as escolas públicas eram insuficientes, "havendo disputa acirrada por vaga na rede pública" (Araujo, 1993, p. 180), com demandas de famílias pobres para obter este acesso mesmo nos internatos. Aliás, o internato privado é também uma opção para as famílias abastadas. Jurandir Freire Costa nota que, na perspectiva higienista "a imagem da família nefasta aos filhos começou a difundir-se no século XIX através da higiene" (1983, p. 171). Daí a importância dada à educação em colégios.

A disciplina e a ordem deveriam existir não somente nas famílias e internatos, mas também nas ruas. Franco Vaz nota que a Lei n. 947 de 29/12/1902 autoriza o governo a reorganizar a polícia, a criar colônias correcionais para reabilitação profissional dos "vadios, capoeiras, meninos viciosos" julgados na capital. O governo, no entanto, reinstalou a Colônia Dois Rios já extinta e com resultados de extrema promiscuidade.

As recomendações de Vaz, ao final do texto citado, misturam aspectos disciplinares com os higiênicos, propondo: "implantação de maternidades, regulamentação dos serviços de amas-de-leite, fiscalização e multas por fornecer tóxicos às crianças, retirada do pátrio poder em caso de desleixo, difusão de conhecimentos sobre a infância (diante do "tratamento impróprio dado pelas mães"), combate aos "monstros da tuberculose, da sífilis e da varíola", fundação da Casa de Expostos, asilos públicos e privados para a infância como *bureau ouvert*, obrigação do ensino da higiene, criação de institutos de proteção e subvenções à Santa Casa.

Vaz se inscreve nas propostas da ideologia higienista de seu tempo, combinada com paternalismo. Aceita, no entanto, uma intervenção mínima do Estado diante do problema da criança desvalida, trazendo certa inflexão ao liberalismo reinante.

No que se refere ao *encaminhamento para o trabalho* predomina o uso indiscriminado da mão-de-obra infantil, notando-se, a respeito, a omissão e a complacência do Estado. A lei de 1891, que se referia ao trabalho de menores, segundo Barbosa, nem sequer foi regulamentada, apesar de declarar "impedir que, em prejuízo próprio e da prosperidade futura da pátria sejam sacrificadas milhares de crianças (p. 46). A lei, aliás, não proíbe o trabalho de menores, mas limita a idade e as horas de trabalho. Ou seja, a estratégia de manutenção das crianças no trabalho é a prática que contraria o discurso da proteção. E Barbosa incrimina: "Nada se construiu. Nada se adiantou, nada se fez. A sorte do operário continua indefesa, desde que a lei, no pressuposto de uma igualdade imaginária entre ele e o patrão e de uma liberdade não menos imaginária (idem) nas relações contratuais, não estabeleceu, para este caso de "menoridade social" as providências tutelares, que uma tal condição exige" (ibidem). É a expressão da ideologia liberal.

Como mostramos alhures (Faleiros, 1992) o debate parlamentar na Velha República coloca em confronto, em relação à legislação social, os liberais, o bloco católico, os socialistas e os defensores de uma intervenção gradual do Estado nas questões sociais, de forma mais pragmática que doutrinária. Os liberais, vinculados ao positivismo, defendem a liberdade de contrato, chegando Pennafiel a defender a não intervenção do Estado na proteção do trabalho infantil já que "não se pode suprimir a ordem orgânica, a família na qual estão as crianças que representam a garantia de aposentadoria dos pais" (Documentos Parlamentares de Legislação Social, 1919/1920, v. 3,

p. 486). Esse mesmo autor revela também o medo do bloco hegemônico de uma legislação que traga mais reivindicações, pois mesmo em relação a acidentes do trabalho fala que "vamos promover com esta lei tão inútil, quanto perigosa, lógicas reivindicações econômicas, justos desejos de uma ampla liberdade moral, reclamações enfim de toda a sorte, anárquicas e sem direção" (Ibidem, p. 497). Para esta corrente, a solução para os problemas sociais é a caridade, numa clara estratégia clientelista. O que denominamos de bloco católico propõe uma legislação que possa conciliar patrões e operários; já os de tendência socialista defendem uma ampla intervenção do Estado a favor do trabalhador, conforme Medeiros de Albuquerque (1960, p. 19). Os mais pragmáticos, como certos representantes da bancada paulista, avaliam os dados da conjuntura para encaminhar seus projetos.

Já os empresários, *defendendo o trabalho precoce*, manifestam-se claramente contra a definição da idade mínima de 14 anos para o trabalhador pois, para Pupo Nogueira, esta proibição "perturba a vida fabril ainda incipiente" (1936, p. 106). Nogueira também foi contra a lei de férias ("operário não precisa de férias", diz) e o limite de oito horas para o trabalho.

Nesse contexto político adverso à legislação social durante os primeiros 20 anos da República, alguns projetos de lei para a infância, no entanto, são apresentados (por exemplo, de Lopes Trovão, Alcindo Guanabara e João Chaves), mas não implementados como uma política geral, existindo, no entanto, iniciativas pontuais para criação de escolas, liceus, subsídios às santas casas, asilos, *numa articulação entre público e privado*, sem enfrentamento dos problemas de mortalidade infantil, do abandono, da péssima qualidade dos asilos, da falta de instrumental jurídico para a proteção à infância.

As críticas aos asilos eram feitas de forma contundente enquanto "lugar de enfurnamento" das crianças, sem instrução, sem higiene, sem luz, pessimamente alimentadas e as ruas eram vistas como "meios peçonhentos" com crianças seminuas, isoladas ou em maltas, dormindo na rua. Os desvalidos eram desvalorizados. A formação das meninas, nos asilos, era voltada para o trabalho doméstico como assinala Irma Rizzini: "estas (as meninas) continuaram a ser enclausuradas em instituições regidas por religiosas, onde recebiam educação doméstica com o fim de se tornarem boas esposas, domésticas ou até religiosas" (1993, p. 67).

Foi a partir das iniciativas ou pressões de higienistas, advogados, moralistas e religiosos que algumas instituições foram se constituindo desde o Império, numa articulação e aliança entre o público e o privado, como é bem salientado no livro de Ataulpho de Paiva (Paiva [1903] apud Rizzini, 1993, p. 91). Esta articulação se traduziria, de forma sistemática, através do Ofício Geral de Assistência, mas só se realiza sob forma clientelista, temporária, por intermédio do esquema das subvenções que configura a política oficial de ajuda ao setor privado. A subvenção é votada ou distribuída anualmente e pode ser cortada, ampliada, modificada conforme os acordos, interesses e negociações de favores em troca de legitimação.

Contabilizando os dados colhidos por Irma Rizzini (1993), observamos que a República herda do Império 16 instituições asilares para a infância no Rio de Janeiro, e entre 1889 e 1930, são criadas 14 instituições de tipo asilos, abrigos, orfanatos, escolas para abandonados e seis instituições ligadas à saúde da criança (dispensários, policlínicas, instituições de assistência à saúde), sendo do Estado o Abrigo de Menores e a Escola 15 de Novembro no Rio de Janeiro, o Instituto João Pinheiro, em Minas Gerais, e o Instituto Disciplinar, em São Paulo. As demais instituições são mantidas por organismos religiosos e contribuições, tanto de particulares, como do Estado.

Higienistas e juristas: enfraquecimento da visão não intervencionista do Estado

Dentre os atores ou agentes que articulam as forças em torno das políticas para a infância considerada pobre, desvalida, abandonada, pervertida, perigosa, delinquente destacam-se os higienistas e juristas, encaminhando estratégias de controle da raça e da ordem, combinadas, não raro, com a interação do setor estatal e do setor privado.

A influência dos *higienistas* se faz sentir na criação da Seção de Higiene Infantil do Departamento Nacional de Saúde Pública e a influência dos *juristas*, na maioria juízes e advogados, na criação do Juizado de Menores. Juristas, como Lemos Britto defendem arduamente, instituições especiais de correção, uma legislação especial e tribunais para menores, o que se reflete no Congresso Panamericano del Niño de Buenos Aires em 1916 (Britto, 1959). Nesse mesmo Congresso defende-se, também, a importância de uma criança robusta e forte e o controle do aleitamento materno. Médicos e advogados são articuladores de instituições e reformas que foram sendo implantadas na conjuntura de 1920 a 1926, principalmente no governo de Arthur Bernardes, que foi chamado de *Presidente da Criança* por Mello Mattos. Em 1924, comentando o Código de Menores, Beatriz Mineiro (1924) afirma: "O Estado tem o dever da proteção à criança", pois sendo a criança "raiz da família", "o futuro (bom ou mau) da sociedade depende tanto da saúde e do vigor com que as crianças nascem, como da maneira por que são criadas e educadas" (p. 3), e conclui "daí a necessidade do Estado lhes prestar a indispensável assistência" (p. 15). Trata-se de uma visão de Estado mais voltada para a raça que para a própria criança. Higienistas e juristas eram também moralistas.

A intervenção do Estado se faz, então, mais manifesta e atuante na questão da infância resultando do enfraquecimento das posições de liberalismo extremo. Deve-se destacar, nos primeiros anos da República, a criação, em 1903, da Escola Correcional 15 de Novembro, assinalando, em seu discurso, uma postura educativa e de encaminhamento e integração da criança no trabalho, ao fixar o objetivo de "dar educação física e moral aos menores abandonados e recolhidos por ordem das autoridades competentes". Este mesmo encaminhamento é a estratégia dos asilos e orfanatos, dando-se ênfase ao trabalho doméstico, nos ofícios menores, conforme as fichas de obras sociais levantadas por Rizzini (1993). Os viciosos, vagabundos e ébrios habituais são tratados conforme a estratégia da repressão e levados, pela polícia, como vimos, às prisões comuns. Integrar pelo trabalho ou dominar pela repressão eram as estratégias dominantes.

O Estado combina, na sua intervenção na área da infância, a legitimação das figuras que aparecem como doadores graças à assistência com a repressão à desordem. A repressão tem o apoio do chefe de polícia do Rio, que também ajuda a fundar asilos em 1908. O Código Penal, por sua vez, artigo 30, considera inimputáveis os menores até 9 anos, usando o critério do discernimento, e os de 9 a 14 para crimes e não para contravenções, segundo Lemos Britto (1959, p. 43). Desde Tobias Barreto (1884) vários juristas lutavam para eliminar o critério do discernimento na aplicação de penas a menores.

Articulando o público e o privado, os juristas, advogados e desembargadores fundam obras filantrópicas, como o Patronato de Menores que mantém seis estabelecimentos, em cuja diretoria estão três desembargadores e de cujo conselho fazem parte quatro desembargadores e dois juízes (Sabóia Lima, 1943). Fundado em 1908 o Patronato recebe menores em abandono, sendo quatro de seus estabelecimentos dirigidos por religiosos.

Os higienistas propugnam insistentemente pelo controle das doenças pois, "o meio reforça as taras hereditárias", salienta Moncorvo Filho (1926, p. 191). Lutam para implantar a inspeção das amas-de-leite e a inspeção higiênica nas escolas ("foco de difusão de moléstias contagiosas"). O próprio Moncorvo reconhece que esta inspeção é difícil e irregularmente exercida (Ibidem, p. 245). A distribuição de leite materno se expande através da organização de lactários privados chamados de "Gotas de Leite". Moncorvo busca também constante legitimação de sua instituição privada junto às autoridades, por meio de visitas de Presidentes, convites, cartas, conferências, publicações, visando obter subvenções do governo para suas obras de inspeção de amas-de-leite, creche e dispensário. E a estratégia de patrimonialismo, enquanto busca de subvenções, terrenos, pessoal cedido para uma obra privada.

Estes atores e propostas aqui assinalados vão marcar profundamente toda a articulação da política para a infância e a elaboração de um Código de Menores, que se realiza na década de 1920.

A conjuntura de guerra (1914/18) e a do pós-guerra favorecem o clima de efervescência social já desencadeado pela crise econômica do final dos anos 12, pelo desgaste político do bloco no poder, acusado de corrupção, pela emergência de contestação por parte de setores das classes médias e pelas novas manifestações culturais e sociais. A classe média, com o desenvolvimento do trabalho não manual urbano se expande nas regiões urbanas, o movimento tenentista eclode, a Coluna Prestes avança, surgem o Partido Comunista (1922) e o Partido Democrático de São Paulo (1926). Alguns autores, como Paulo Sérgio Pinheiro, assinalam que a presença da classe média no governo será exercida por meio da burocracia civil e do aparato militar (Pinheiro, *apud* Fausto, 1978, p. 9-37). O Tratado de Versailles põe na agenda do mundo a questão das relações entre capital e trabalho mediante a proposta de legislação trabalhista.

A eleição presidencial de 1919 (com participação de Ruy Barbosa), a Semana de Arte Moderna de 1922 se inscrevem nesse contexto de agitação. Para fazer face a ele, Arthur Bernardes, governa em estado de sítio. As greves operárias de 1917 em várias regiões do país e as de 1919 em São Paulo colocam em movimento a insatisfação operária com os salários baixos e as péssimas condições de trabalho. A resposta do governo é, de imediato, o desencadeamento das ações de seu aparelho repressivo. Algumas propostas vão emergir, nesse contexto, introduzindo pequenas reformas na legislação social, como virá a ser a Lei de Acidentes do Trabalho de 1919 e os projetos da Caixa de Previdência Social para os ferroviários (Faleiros, Vicente de Paula, 1980 e 1992). As reformas resultam dessa correlação de forças na conjuntura onde as forças hegemônicas também se desestruturam com as divisões regionais e o desenvolvimento do setor industrial. Os arranjos políticos (política do café com leite) entre Minas Gerais (produtora de leite) e São Paulo (produtor de café) se desgastam.

A mão-de-obra infantil é usada de forma abundante na indústria e o salário das crianças e adolescentes representa um complemento para os baixos rendimentos das famílias operárias. Em 1919, segundo os dados disponíveis, Esmeralda Moura (1982) chega a calcular em 50% a participação feminina na indústria têxtil e a do menor em 35%, no Estado de São Paulo. A autora assinala que "os menores representam mais de 7% no setor secundário" (p. 32). Não havia, em geral, redução da jornada para as crianças e seus salários eram mais baixos que o dos adultos. Moncorvo Filho traz depoimentos de Clemente Ferreira (p. 191) sobre a tuberculose ("que leva à deterioração física e ao abastardamento da raça") nas fábricas e relata a inspeção nas oficinas da Casa da Moeda onde 70% das crianças e adolescentes haviam contraído a doença (p. 185).

Jorge Street, dirigente do Centro Industrial, *reafirmando a estratégia de inserção da criança no trabalho precoce*, assinala que tem nas fábricas que dirige cerca de 300 crianças, "todas trabalham 10 horas, como os adultos", argumenta que são os pais que aí desejam seus filhos, alegando que lhes dá trabalhos leves, considerando justo que se regulamente o trabalho infantil, mas "as medidas não podem ser exageradas" e não se deve pintar os industriais como carrascos. Diz ainda: "se a futura lei reduzir o trabalho pela metade também assim reduziremos o salário" e que "a oficina, com seus inconvenientes, é preferível à rua com todos os seus perigos", propondo a permissão ao trabalho a partir de 11 (sic!) anos, considerando "exagero pernicioso" a proibição do trabalho até os 14 anos. Critica a lei municipal que só permite o trabalho até 18 anos por seis horas, pois o trabalho das fábricas não pode parar e o Centro Industrial agiu juridicamente contra a lei "absurda". (Street, 1980, p. 377-383).

Em 1934, Street volta ao tema do trabalho de menores mostrando o conflito existente na comissão que examinou a questão, mantendo-se o horário comum de 14 anos, embora ele defendesse 13 pessoalmente, "para conciliar os interesses da raça, das necessidades econômicas e as conveniências da indústria" (p. 441).

Em 1920 realiza-se o 1º Congresso Brasileiro de Proteção à Infância tornando mais sistemática a agenda da proteção social. Em 1921, uma lei orçamentária federal (Lei n. 4.242), combinando as estratégias de assistência e repressão, autoriza o governo a organizar um serviço de proteção e assistência ao menor abandonado e delinquente, encarregando-se o professor, ex-deputado e juiz, José Cândido de Albuquerque Mello Mattos de "consolidar as leis de assistência e proteção a menores". O Código consolida também o Decreto n. 16.272 de 20/12/23 que regulamenta a assistência e proteção aos menores e o Decreto Legislativo n. 5.083, de 1926, que autoriza o governo a decretar o Código de Menores, levando em conta ainda o Código Civil e o Código Penal.

Em 1923 (Decreto n. 16.272), o Presidente da República aprova o regulamento da assistência e proteção aos menores abandonados e delinquentes, mas o Código de Menores só é promulgado em forma de Decreto (17.943-A), em 12/10/1927, assinado por Washington Luiz depois de tramitar durante os governos de Epitácio Pessoa e Arthur Bernardes.

Beatriz Mineiro, representante da assistência judiciária no juízo de menores do Distrito Federal (1924), afirma que "a recentíssima lei de assistência e proteção a tais menores oferece uma grande base para eficaz regímen de salvação desses desamparados, ao mesmo tempo que defesa social". Ao lado da ideia de proteção da criança está presente a da proteção da sociedade, "defesa social". Segundo Lemos Britto destacaram-se pela aprovação do Código: Alfredo Pinto, ministro e ex-chefe de polícia, Aureliano Leal, Francisco Valladares, Nabuco de Abreu, Zeferino de Faria, Fernandes Figueira, Alcindo Guanabara, Levy Carneiro, Franco Vaz, Mendes de Almeida, João Chaves, Maurício de Lacerda, João Perneta, José Lobo, Geminiano Franca, Moncorvo Filho, Ataulpho de Paiva, Evaristo de Morais, Carlos Costa, Baltazar da Silveira, Alfredo Magalhães, Alfredo Russel, Astolpho de Resende, Cândido Mota, Azevedo Marques (p. 174).

Com sua filosofia higienista e correcional disciplinar o Código traz importantes inovações, e sua leitura é, não raro, feita como fabricação ou invenção da questão do *menor* (Botelho, 1993, p. 21). Em primeiro lugar ele abole formalmente a roda de expostos mantendo, contudo, o registro secreto para "garantir o incógnito" (a paternidade), estabelece a "proteção legal" até os 18 anos de idade, o que significa ao mesmo tempo a inserção da criança na esfera do direito e na tutela do Estado.

O Código de 1927 incorpora tanto a visão higienista de proteção do meio e do indivíduo, como a visão jurídica repressiva e moralista. Prevê a vigilância da saúde da criança, dos lactantes, das nutrizes, e estabelece a inspeção médica da higiene. No sentido de intervir no abandono físico e moral das crianças, o pátrio poder pode ser suspenso ou perdido por faltas dos pais. Os abandonados têm a possibilidade (não o direito formal) de guarda, de serem entregues sob a forma de "soldada", de vigilância e educação, determinadas por parte das autoridades, que velarão também por sua moral. O encaminhamento pode ser feito à família, a instituições públicas ou particulares que poderão receber a delegação do pátrio poder. A família é, ainda que parcialmente, valorizada.

O vadio pode ser repreendido ou internado, caso a vadiagem seja habitual. O autor de infração terá prisão especial. O menor de 14 anos não será submetido a processo penal de espécie alguma (o que acaba com a questão do discernimento) e o que tiver idade superior a 14 e inferior a 18 anos terá processo especial, instituindo-se também a liberdade vigiada. O trabalho fica proibido aos menores de 12 anos e aos menores de 14 que não tenham cumprido instrução primária, *tentando-se combinar a inserção no trabalho com educação.* O trabalho noturno e aquele considerado perigoso à vida, à saúde e à moral é vedado aos menores de 18 anos, com multas aos infratores e direito à fiscalização. Formaliza-se a criação do Juízo Privativo de Menores e do Conselho de Assistência e Proteção a Menores, presidido pelo Ministro da Justiça. As decisões serão baseadas na *índole* (boa ou má) da criança e do adolescente e ficam a critério do juiz que tem o poder, juntamente com os diretores das instituições, de definir as trajetórias institucionais de crianças e adolescentes. O olhar do Juiz deve ser de total vigilância e seu poder é indiscutível. O jurista e o médico representam as forças hegemônicas no controle da complexa questão social da infância abandonada.

Se é bem verdade que, na orientação então prevalecente, a questão da política para a criança se coloque como *problema do menor,* com dois encaminhamentos, o *abrigo* e a *disciplina*, a assistência e a repressão, há emergência de novas obrigações do Estado em cuidar da infância pobre com educação, formação profissional, encaminhamento e pessoal competente. Ao lado das estratégias de encaminhamento para o trabalho, clientelismo, patrimonialismo, começa a emergir a estratégia dos direitos da criança (no caso o menor) já que o Estado passa a ter obrigações de proteção.

Os industriais reagem ao Código, principalmente à fiscalização do trabalho infantil, tendo Mello Mattos se mostrado claro quanto à duração do trabalho (seis horas), multando 520 fábricas. Os industriais de tecidos, em particular, manifestam-se contrários a esta norma que não atendia a seus interesses, como vimos acima, pleiteando a reforma da lei, mas a Corte de Apelação dá ganho de causa ao juiz (Britto, 1959, p. 330 e ss.).

Não só os empresários defendem a *estratégia de encaminhamento para o trabalho* das crianças pobres. Também o governo cria as Escolas de Aprendizes e Artífices do Ministério da Agricultura, Indústria e Comércio, em 1909 justificadas tanto pelo "aumento da população das cidades", como "para habilitar os filhos dos desfavorecidos da fortuna com o indispensável preparo técnico e profissional" (Schwartzman, 1984, p. 231). Em 1910 haviam sido instaladas 19 escolas em todo o país com 1248 alunos, e em 1923 é criada a Inspetoria do Ensino Profissional Técnico.

Lemos Britto lamenta a inexistência de escolas de reforma para os menores, ressaltando, em 1923, "o desmantelo" existente nos Estados em uma visita a eles feita. Já em 1926 elogia a criação da Escola de Reforma no Rio "para não deixar os menores na prisão de adultos". Em 1928 a Escola abriga 65 menores. Para as meninas infratoras foi criada a Escola Alfredo Pinto, a cargo das Irmãs do Bom Pastor (ibidem, p. 529).

O ensino público, fundamento de uma efetiva estratégia de cidadania e promessa da República, foi um fracasso. Em São Paulo, em 1918, enquanto 232.621 crianças frequentavam a escola, 247.543 em idade escolar não a frequentavam (Carvalho, 1989, p. 39). A intervenção do Estado não se realiza como uma forma de universalização de direitos, mas de categorização e de exclusão, sem modificar a estratégia de manutenção da criança no trabalho, sem deixar de lado a articulação com o setor privado e sem se combater o clientelismo e o autoritarismo. A esfera diretamente policialesca do Estado passa a ser assumida/substituída por instituições médicas e jurídicas, com novas formas de intervenção que vão superando a detenção em celas comuns, sem, contudo, fugirem do caráter repressivo.

Os anos 30 – a era Vargas

Dentre as promessas da Aliança Liberal, instalada no poder com o gaúcho Getúlio Vargas pela revolução de 30, há a de "instituir o Ministério do Trabalho para superintender a questão social, o amparo e a defesa do proletariado urbano e rural" (Vargas, A nova Política do Brasil, em 3/11/1930. *apud* Carone, 1974, p. 16).

Há também as promessas de reforma eleitoral, moralização da vida pública, reforma tributária, extinção do latifúndio, bandeiras do movimento tenentista. Apesar destas proposições de reformas, o movimento tem um caráter conservador, representando posições de parte das oligarquias e divisões regionais (Forjaz, 1978, p. 78). A Aliança Liberal aglutina os estados do Rio Grande do Sul, Paraíba e Minas Gerais, com forte oposição de São Paulo, que, inclusive, se rebela em 1932 na revolução constitucionalista.

O Ministério do Trabalho, implantado em 1932, adota uma política corporativista de harmonização das classes sociais, por meio da regulação do Estado tanto pela Justiça do Trabalho como pelo sindicalismo tutelado (Faleiros, 1980: cap. 6; 1992: cap. 2). Este deveria ser, na visão oficial, mais um instrumento assistencial que um instrumento reivindicativo.

Apesar de não ter havido um processo de transformações profundas, o novo bloco no poder estimula uma estratégia de realocação das prioridades e recursos para favorecer a industrialização, com forte apoio militar. Além disso, a articulação do poder passará a levar em conta os trabalhadores urbanos pela cooptação e mobilização da juventude. Esta orientação se torna mais clara depois do golpe de Estado de 1937, quando Getúlio Vargas impõe (diz-se que foi outorgada) uma Constituição autoritária ao país, embora existissem interesses divergentes entre setores exportadores, industriais e agrícolas (Fausto, 1981, p. 80).

O novo governo tem um projeto centralizador e intervencionista, nomeando, logo no início, interventores federais em todos os Estados e estes, prefeitos nos municípios, suspendendo-se o Poder Legislativo. Ao mesmo tempo criam-se os conselhos nacionais para implementar as políticas econômicas, principalmente a partir de 1937, quando se consolida o poder autoritário de Vargas.

As questões econômicas e sociais passam a ser questões nacionais numa visão da intervenção política no âmbito do Brasil como um todo e como forma de se desestruturarem os poderes regionais. Quanto à educação, na *perspectiva de defesa da nação*, "a constituição da nacionalidade deveria ser a culminação de toda a ação pedagógica", incluindo "homogeneização da população" com uma formação básica (Schwartzman, 1984, p. 141).

Em 1931 é criado o Conselho Nacional de Educação e, em 1932, o governo estabelece a inspeção federal nas escolas. Desde os anos 20 havia um movimento de defesa da escola pública estruturado pelo grupo denominado Escola Nova, que veio a polarizar com a posição da Igreja Católica, favorável ao ensino religioso na escola pública.

Articulando-se o *estatal* e o *privado*, na prática, predomina o ensino particular no nível secundário. Em 1939, no Brasil, de 629 estabelecimentos,

530 são particulares (Schwartzman, 1984, p. 190). Na visão conciliatória de Vargas, a Igreja não deveria ficar de fora do projeto nacional. Como a República havia separado o Estado da Igreja, a Revolução de 30 tenta um novo pacto com a Igreja com a introdução do ensino religioso facultativo, articulando assim uma nova integração entre o público, o privado e o religioso. Em 1937 foram criados o Código Nacional de Educação e um plano nacional da educação.

Capanema chega a elaborar um estatuto da família (não oficializado) no sentido de incentivar o crescimento da população e fortalecer os valores morais. Em 1941 o Decreto-lei n. 3.200 estabelece o casamento religioso com efeitos civis, regula o casamento de colaterais de terceiro grau, incentiva o casamento e a procriação, facilita o reconhecimento de filhos naturais e privilegia a contratação, pelo serviço público, de casados com filhos (Schwartzman, 1984, p. 111).

Reforçando a *estratégia do trabalho precoce* de menores, em 1932 os industriais conseguem que se modifique o Código de Menores eliminando-se a barreira da proibição para se trabalhar antes dos 14 anos para os que estivessem em estabelecimentos onde eram empregadas pessoas de uma só família. Os industriais aceitariam uma redução na idade para 13 anos, mas a Constituição de 1934 fixara a idade em 14 anos. Os industriais expressam que o Código de Menores "aplicado sem cautela, na expressão de sua letra, fatalmente lançará ao regaço da sociedade uma nova legião de candidatos à vagabundagem, ao vício e ao delito. O menor de seus males será a multiplicação de rufiões e meretrizes" (cf. Livro de Circulares da FIESP, 1930). A Lei (Decreto n. 22.042 de 3/11/1932) passou a permitir o trabalho a partir dos 12 anos. Nas usinas, manufaturas, estaleiros, minas ou qualquer trabalho subterrâneo, pedreiras, oficinas e suas dependências, mesmo em entidades de beneficência era proibido o trabalho aos menores de 14 anos, desde que não tivessem certificado de estudos primários. Com este certificado podiam trabalhar a partir dos 12 anos (art. 103).

Obtêm, no entanto, do governo que se transfira para o decreto regulador do horário de trabalho a fixação da duração do trabalho de menores, que, assim, fica definido em oito horas (Gomes, 1979, p. 232-233). Esse horário também é regulamentado em 1932, podendo ser estendido por mais duas horas, desde que com maior remuneração. Estas leis são elaboradas por comissões mistas, com a presença direta do empresariado, mas não sem polêmica, como observamos no texto citado de Jorge Street. O ensino industrial, consagrado na Constituição de 1937, é incluído na Divisão de Ensino Industrial. O artigo 129 reza: "O ensino pré-vocacional e profissional destinado às classes menos favorecidas é, em matéria de educação, o primeiro dever do Estado. Cumpre-lhe dar execução a este dever, fundando institutos de ensino profissional e subsidiando os de iniciativa dos Estados, dos municípios e dos indivíduos ou associações particulares e profissionais."

Schwartzman (1984, p. 232) assinala que no Brasil, em 1939, havia sete mil alunos nos estabelecimentos de ensino profissional e técnico. A interação, não sem conflitos, entre governo e empresários, principalmente quanto ao controle das instituições, para se implementar o ensino profissional desemboca na criação, em 1942, do SENAI (Serviço Nacional de Aprendizagem Industrial), que tem seu financiamento recolhido dos empresários pelo Estado, e é repassado aos empresários. Estes, mais tarde, deslocam sua finalidade do treinamento de menores pobres para atender a população em geral. Em 1946 funda-se o SENAC (Serviço Nacional de Aprendizagem Comercial) nos mesmos moldes do SENAI.

A Consolidação das Leis do Trabalho de 1943 regulamenta a proteção ao trabalho do menor, proibindo-o até 14 anos (exceto nas instituições beneficentes ou de ensino), e restringe-o entre 14 e 18 anos. Marcondes Filho, Ministro do Trabalho, cria uma Comissão Revisora do Código de Menores (Britto, 1959, p. 570 e ss.) que o adapta às novas leis e se concretiza no Decreto-lei n. 6.026 de 24 de novembro de 1943. O juiz poderá autorizar o menor a trabalhar por um ano sem carteira de trabalho. O decreto estabelece em 18 anos a idade da imputabilidade de acordo ao Código Penal vigente. Regulamenta-se também o processo de alimentos relativo ao direito das crianças em caso de separação.

A *articulação entre o privado e o estatal* se faz não só nas comissões mistas a que nos referimos, mas está inscrita na própria Constituição de 1937. O artigo 129 reza que, se não houver possibilidade de educação por falta de recursos em instituições particulares, cabe ao Estado oferecer a educação pública.

Assim como em relação ao trabalho e à educação, o Governo Federal estabelece, para os chamados *menores, um sistema nacional*, com integração do Estado e de instituições privadas. A ação do setor público será conduzida pelos seguintes órgãos: Conselho Nacional de Serviço Social (1938), Departamento Nacional da Criança (1940), Serviço Nacional de Assistência a Menores (SAM, 1941) e Legião Brasileira de Assistência (LBA, 1942).

Já em 1933 Getúlio Vargas dirigira um apelo aos governadores para a proteção à infância, nos seguintes termos: "nenhuma obra patriótica intimamente ligada ao aperfeiçoamento da raça e ao progresso do país, excede a esta, devendo constituir, por isso, preocupação verdadeiramente nacional" (Sabóia Lima, 1943, p. 13). *A estratégia do governo é de privilegiar, ao mesmo tempo a preservação da raça, a manutenção da ordem e o progresso da nação e do país.*

Ao Conselho Nacional de Serviço Social, vinculado ao Ministério da Educação e Saúde, cabe decidir sobre as subvenções às entidades privadas. Algumas destas, como o Patronato de Menores, inauguram fotos do presidente que, por sua vez, cancela os débitos do mesmo para com a União e subvenciona novas edificações. Em 1935, Vargas confia ao Patronato a divisão feminina do Instituto Sete de Setembro, pelo Decreto n. 498, onde assinala que as verbas públicas "serão doadas em duas quotas semestrais" (Sabóia Lima, 1943, p. 151). Em 1937, o Instituto Sete de Setembro, como recolhimento provisório do juizado, atende 300 crianças, e a Escola 15 de Novembro atende 450, mas estava completamente desaparelhada" para a formação profissional, conforme demonstrado em outro capítulo deste livro. No Estado de São Paulo, o Departamento de Assistência Social é criado em 1935 e o Serviço Social de Menores é reorganizado em 1938 e os cargos de comissários e monitores de educação são privativos de assistentes sociais (Iamamoto, Carvalho, 1982, parte II).

A Legião Brasileira de Assistência, (LBA), vincula-se ao esforço de guerra "para prover as necessidades das famílias cujos chefes hajam sido mobilizados", além de executar seu programa pela fórmula da colaboração entre o poder público e a iniciativa privada. Visa também "promover serviços de assistência social, prestar decidido concurso ao governo e trabalhar em favor do processo de serviço social no Brasil", conforme o art. 2° de seu estatuto.

A LBA, fundada por particulares e encampada pelo Estado, será financiada com desconto em folha de 1/2%, recolhidos dos Institutos de Aposentadoria e Pensões (Iamamoto, Carvalho, 1982, p. 257). À primeira-dama cabe sua presidência. A entidade amplia seu âmbito de ação a entidades assistenciais de todo o país e dá, juntamente com o DNCr (Departamento Nacional da Criança), estímulo às creches, além de auxílio a idosos, doentes, grupos de lazer, inserindo-se na estratégia assistencialista do governo.

O Estado *se articula com o setor privado* fazendo-o semioficial, distribui verbas, busca legitimação em troca de favores, e, ao mesmo tempo, deixa ao descaso as instituições públicas. O *per capita* para as entidades particulares (no caso de 50$ por mês) é implantado sistematicamente. A Igreja se rearticula para intervir na questão social através de centros de estudos e ação e de obras sociais. O CEAS (Centro de Estudos e Ação Social) é fundado em São Paulo em 1932, A Escola do Serviço Social da Pontifícia Universidade Católica de São Paulo em 1936. Os Círculos Operários são ampliados. Ao mesmo tempo as paróquias e associações (por exemplo, de senhoras católicas) vão ampliando sua ação social no campo assistencial (Iamamoto, Carvalho, ibidem).

A implantação do SAM tem mais a ver com a questão da ordem social que da assistência propriamente dita. Esta instituição, que deveria orientar a política pública para a infância, é redefinida em 1944 (Decreto-lei n. 6.865). Vinculada ao Ministério da Justiça e aos juizados de menores, tem como competência orientar e fiscalizar educandários particulares, investigar os menores para fins de internação e ajustamento social, proceder ao exame médico-psicopedagógico, abrigar e distribuir os menores pelos estabelecimentos, promover a colocação de menores, incentivar a iniciativa particular de assistência a menores e estudar as causas do abandono. O SAM é o novo nome do Instituto Sete de Setembro (de 1932). Incorpora a Escola Quinze de Novembro, a Escola João Luís Alves, o Patronato Agrícola Arthur Bernardes, o Patronato Agrícola Wenceslau Braz, e também controla e supervisiona as instituições particulares que só poderão receber subvenções após audiência efetuada com o SAM. Ao Juizado de Menores cabe fiscalizar o regime disciplinar e educativo dos internatos (art. 6º), o que significa uma redução do poder dos Juízes com o aumento do poder do SAM.

No âmbito específico do poder judiciário mantém-se a estratégia de manutenção da ordem e preservação da raça já que, no julgamento dos menores de 14 a 18, o juiz conserva seu poder de arbitrar sobre a personalidade do menor através do que veio a ser chamado de *periculosidade*. Ao juiz cabe estudar e definir a personalidade do menor. Esta questão do menor perigoso vem, de certa forma, completar o disposto no Código, mas mostra a preocupação de se reforçar a figura, o papel e o poder do juiz de menores, cuja autoridade se concentra na aplicação do Código. A questão higienista passa a ser de responsabilidade do Departamento Nacional da Criança, como veremos adiante.

Ainda dentro da estratégia de manutenção da ordem, há, no período, uma reorganização do papel das delegacias, que passaram a comportar uma Delegacia de Menores (Decreto n. 8.462 de 26/12/45, *apud* Botelho, Rosana U., *op. cit.*, p. 54), cuja função repressiva se articula com o SAM e com o Juizado, no âmbito do Distrito Federal. A delegacia de São Paulo surgiu em 1958. Segundo Botelho, as delegacias "notabilizaram-se pela repressão a crianças e jovens perambulantes, *suspeitos de atos de delinquência*". Chama atenção a palavra "suspeito", de acordo com o critério da polícia, e sinais aparentes.

Em 1948 Carvalho Santos, ex-juiz de menores, assinala que a delinquência é causada pelo abandono. No período de 1936 a 1939, o referido autor calculou em 100 mil "os menores que no Rio de Janeiro necessitavam de amparo e assistência por parte do Estado". Como o SAM só dispunha de sete mil vagas, lamenta a "escassez de nosso equipamento assistencial". Outro juiz calculou em 30 mil o número de desamparados, de acordo com o autor citado (Santos, 1948).

Na prática, assinala Esolina Pinheiro (1939), são considerados abandonados 59% dos menores atendidos no Juizado, a partir de uma análise de 20.351 processos de 1924 a 1936. Destes, 9.175 foram internados. Nos "exames" das crianças fica patente sua situação de miséria. Em 1.300 casos reportados: 70,1% são diagnosticados como anêmicos e 74,4% portadores de cárie. Em 645 casos de abrigados pelo juizado, 73,32% são considerados retardados ou oligofrênicos. No período, o número de delinquentes foi de 3.094, sendo 277 do sexo feminino. Eram enviados ao Laboratório de

Biologia Infantil e internados em estabelecimentos oficiais e semioficiais, segundo Pinheiro (1939, p. 119), subsidiados do governo, numa clara articulação entre *público e privado*.

O Departamento Nacional da Criança (DNCr) articula o atendimento às crianças combinando serviços médicos com a assistência privada, através do Serviço de Obras Sociais (SOS), fundado em 1934 e constituído por "senhoras intrépidas" (DNCr, 1946, p. 15) que atendem às necessidades de remédios, hospitais, asilos, orfanatos, além de ensinar higiene e trabalhos domésticos (Departamento Nacional da Criança, 1946, p. 15). No DNCr, como bem assinala Lívia Maria Fraga Vieira (1988), predomina a orientação higienista com campanhas educativas, inquéritos médico-sociais, formação de puericultores, orientação sobre funcionamento de creches, organização do atendimento pré-escolar, incentivando o Clube de Mães. No pós-guerra organiza concursos de higidez e atua como executor dos programas do UNICEF (Fundação das Nações Unidas para a Infância). Em 1934 (Decreto n. 24.278) a *Inspetoria* de Higiene Infantil (Lei n. 16.300 de 1923) foi transformada em *Diretoria* de Proteção à Maternidade e à Infância. Em 1937 passa a ser *Divisão* de Amparo à Maternidade e à Infância, vindo a ser *Departamento* em 1940, numa verdadeira escala de ascensão de importância burocrática e política (Vieira, Cadernos de Pesquisa, 1988, *apud* Orlandi, 1985, p. 85).

A estratégia do DNCr era voltada à preservação da raça. Clóvis Costa, diretor do DNCr, em 1955, assinala que "os órgãos da reprodução não pertencem propriamente ao seu portador, pertencem mais à espécie" e interessa muito mais ainda à coletividade social (...) por isso todos os governos, instituições científicas, sociedades filantrópicas e estadistas têm a atenção voltada para as questões relativas à maternidade e à infância" (Vieira, 1988). Dedica-se também o DNCr à luta contra as *criadeiras* (Vieira, 1988), mulheres que cuidavam de crianças, em geral na vizinhança, consideradas ignorantes, espertas, incapazes e causadoras de doenças. A vigilância, já constante do Departamento Nacional de Saúde Pública (de 1920), implica na criação de lactários. Em 1946 estimula a amamentação materna. Embora propugnasse por creches, em associação com entidades particulares, *articulando estatal e privado*, constata-se que no período de 1942-46, de 29 creches, 16 eram particulares, quatro religiosas, três de empresa e três da LBA. O governo "fornecia uma orientadora, um médico ou um pequeno auxílio" (ibidem, p. 12). Adicionalmente, o DNCr estimula a avaliação do peso e estatura das crianças tendo em mente uma *população sadia*.

No primeiro período do governo Vargas há um incentivo às famílias de prole numerosa (o que consta das Constituições de 1934 e 1937), traduzido, em 1941, num decreto que aumenta o imposto de solteiros e viúvos com um adicional de 10% e atribui um abono aos pais de mais de seis filhos. A população urbana em 1940 é de 39% no Sudeste e de menos de 30% nas demais regiões do país, o que fez com que estas medidas não chegassem à maioria da população.

Vargas, em seu governo, combina a mão de ferro da repressão, através da Lei de Segurança Nacional implantada desde 1935 com o fito, manifesto nos discursos, de manter a ordem, de combater o comunismo e o integralismo, com medidas assistenciais e corporativas como a legislação sindical e a política social que acabamos de analisar.

A política da infância, denominada "política do menor", articulando repressão, assistência e defesa da raça, se torna uma questão nacional, e, nos moldes em que foi estruturada, vai ter uma longa duração e uma profunda influência nas trajetórias das crianças e adolescentes pobres desse país.

A era democrático-populista

Depois da queda de Getúlio, decorrente da conjuntura democrática internacional do pós-guerra e da crise de seu governo, e realizada por intervenção militar, sucedem-se os governos eleitos de Dutra (1946-1950), Getúlio (1951-1954, quando se suicidou, sendo inicialmente substituído pelo seu vice, Café Filho, e depois por um governo de transição), Kubitschek (1955-1960), Quadros (de janeiro a agosto de 1961, devido à sua renúncia) e Goulart (deposto em 1964 pelos militares).

O período se caracteriza por um predomínio da democracia (apesar de várias tentativas de intervenção militar) e do crescimento econômico.

A herança política de Vargas é a fundação de dois partidos políticos: o PTB (Partido Trabalhista Brasileiro), vinculado aos sindicatos e *pelegos* (dirigentes sindicais cooptados) e o PSD (Partido Social Democrata), vinculado aos coronéis do interior. A oposição se aglutina na UDN (União Democrática Nacional).

Uma política desenvolvimentista e de massas é a tônica predominante em todo o período, voltando-se mais para uma ação de modernização e internacionalização da economia. A estruturação, não raro conflituosa, de uma política de salário mínimo é o eixo central das relações entre o Estado e os trabalhadores. A legislação sindical tuteladora é mantida pela Constituição de 1946.

De 1940 a 1960 os estabelecimentos industriais de bens de produção aumentam 287,2%, passando a 52.489. Os de bens de consumo aumentam 216,1%, passando a 57.850, e o número médio de empregados na indústria registra um crescimento de 213,1% chegando, em 1960, a 1.513.713 operários. A população economicamente ativa ocupada na indústria passa de 12,9% a 18,6%; a ocupada em serviços de 19,3% a 32,2%; e a ocupada na agricultura baixa de 67,85 a 49,2%. O programa de metas de Juscelino Kubitschek e a nova política aduaneira estimularam a indústria com um programa de investimentos em infraestrutura, alcançando altos índices de crescimento do produto real, de 6% no período 1956-1961. (In: *25 anos de economia brasileira*, 1965, segunda parte).

Dentre os direitos dos trabalhadores incluídos na nova Constituição (art. 157), estão o salário mínimo familiar, (o maior valor real do salário na história do país foi de 1952 a 1962), a proibição do trabalho de menores de 14 anos, a assistência sanitária e médica ao trabalhador e à gestante, a previdência social. O artigo 164 preceitua que "é obrigatória, em todo território nacional, a assistência à maternidade, à infância e à adolescência. A lei instituirá o amparo de famílias de prole numerosa".

Na Constituição há uma proposta de *cidadania industrial* ao se tornar o *trabalho* a *conditio juris* para se ter acesso aos benefícios sociais, a partir da contribuição que fazem aos Institutos de Previdência Social que, por sua vez, são bastante heterogêneos, com diferenças entre bancários, comerciários, industriários, transportistas, marítimos, herança da era Vargas (Faleiros, 1980, Oliveira, Fleury, 1986).

A oposição a Vargas, consubstanciada na UDN, propunha uma reforma da Previdência, mas só às vésperas da eleição de 1960 é que se conseguiu um consenso para se votar a Lei Orgânica da Previdência Social (LOPS), por meio da qual se amplia a assistência médica aos trabalhadores, embora tenha funcionado precariamente, assim como a assistência alimentar através do SAPS (Serviço de Alimentação da Previdência Social). O Ministério da Saúde foi desmembrado do Ministério da Educação em 1953, tendo organizado muitas campanhas preventivas e de combate às endemias (FEE, Fundação de Economia e Estatística, 1983).

A assistência à infância, vinculada ao Ministério da Saúde, continua nos moldes do Departamento Nacional da Criança, tendo sido ressaltada de novo em 1963, pelo Plano Trienal, elaborado por Celso Furtado.

Nesse período democrático inicia-se uma estratégia de preservação da saúde da criança e de participação da comunidade, e não somente repressiva e assistencialista. Nos anos 60, o DNCr, junto com o UNICEF e FAO (Organização para a Alimentação e a Agricultura) começa a mudar seu discurso e propõe a criação de Centros de Recreação que deveriam contar com a participação da comunidade (Vieira, 1988). Os centros se inscrevem num processo político e técnico chamado método de Desenvolvimento e Organização de Comunidade, que estimula a criação de conselhos de obras sociais, centros sociais rurais, na ótica da descentralização e do planejamento participativo. Vastos setores da Igreja Católica também se mobilizam para o trabalho comunitário através da ação católica (JAC, JEC, JIC, JOC, JUC, juventudes agrária, estudantil, independente, operária e universitária católicas), e do MEB (Movimento de Educação de Base) (Ammann, 1980).

Há também uma sugestão de plano de assistência ao pré-escolar com estímulo aos Clubes de Mães, visando-se o desenvolvimento e a participação da comunidade. As creches, apesar das normas de funcionamento elaboradas pelo governo, são extremamente precárias. Na prática política combinam-se, assim, critérios higienistas, assistencialistas com outros voltados para um caráter mais participativo/comunitário/desenvolvimentista, expressando a própria divergência e configuração de forças que se formam no interior do governo.

O crescimento econômico não tem grande impacto nos indicadores sociais. A mortalidade infantil chega à taxa de 110 por mil. A renda *per capita* é de 300 dólares anuais apesar do alto crescimento do produto interno bruto. Em 1954 a percentagem da população matriculada no ensino primário é de 7,9%. No decênio 1950-1960 o incremento da matrícula no curso primário foi de apenas 64%. Em torno de 1950 havia no Brasil um percentual de 49,4% de analfabetos entre a população acima de 15 anos. (In: *25 anos de economia brasileira*).

A partir da mobilização dos trabalhadores rurais, o governo Goulart busca formular um Estatuto do Trabalhador Rural que será aprovado mais tarde, já que o homem do campo estava excluído dos benefícios sociais dos trabalhadores urbanos. Também é instituído o salário família que outorga, por cada filho, um pequeno adicional de salário, através da Previdência Social, cujo projeto foi feito por Franco Montoro em 1963, da Democracia Cristã e Ministro do Trabalho em 1961 no período parlamentarista. Fica excluído o abono para famílias numerosas a quem receber o salário família. (Montoro, 1963). Esta política configura uma estratégia de incorporação dos trabalhadores nos benefícios sociais a partir de sua inserção no mercado de trabalho.

Para os excluídos da produção e das normas dominantes, considerados suspeitos, perigosos, mantém-se a estratégia *de controle da ordem social*. Isto se manifesta na prática dos juízes de menores que continuam reclamando por recursos, estabelecimentos e vagas, parecendo ver apenas uma solução para o problema da miséria e da infância abandonada: a internação em instituições, também fortalecida pelas ações privadas e clientelistas (conforme Juiz de Menores do DF em 1954, *apud* Botelho, 1993, p. 60).

Quanto à *relação estatal/privado*, as interações entre governo e as instituições privadas não são de todo harmoniosas, como revela o Relatório da Comissão Especial da Assembleia Legislativa da Guanabara ao visitar estabelecimentos de ensino de internamento de menores. As instituições são denunciadas por desvio de verbas e por receberem *per capita* em número superior ao número de crianças que atendem efetivamente (Assembleia Legislativa do Estado da Guanabara, 1962).

A referida Comissão relata que em alguns casos não há prédios apropriados, em outros, não há higiene apropriada. Constata, também, em várias situações, alimentação inadequada, ensino não convenientemente ministrado, utilização de trabalho de menores no interior das instituições. Na opinião do relator "a raiz de todos os males está na irregularidade de pagamento das mensalidades das crianças internadas por conta do Estado" (ibidem, p. 11) incluindo o atraso dos pagamentos, internação de menores sem contrato, recomendando-se melhor seleção dos educandários e uma nova sistemática de contratos, além de pontualidade. Propõe-se a exclusão de nove educandários dos próximos contratos. Setenta e quatro estabelecimentos mantêm alunos por conta do Estado, sendo apenas um que atende alunos do SAM. A intermediação de verbas públicas para estabelecimentos particulares é uma política central de *articulação do privado com o público.*

As críticas ao sistema vigente também começam a emergir tanto por parte de atores governamentais como da sociedade. Alguns juízes passam a condenar o SAM como fábrica de delinquentes, escolas do crime, lugares inadequados. O próprio Supremo Tribunal Federal, assim se pronunciou, na voz do Ministro Ribeiro da Costa: "O Supremo Tribunal Federal, por intermédio de seu Presidente, dirigir-se-á em ofício ao Senhor Presidente da República, comunicando-lhe que, nesta data, foi concedido *habeas corpus* ao menor C. M., por ter demonstrado que o SAM não tem condições necessárias para garantir a readaptação dos menores, mas que, ao contrário disso, como é notório, e segundo depoimento das autoridades as mais idôneas, esse estabelecimento tem contribuído para a formação de verdadeiro núcleo de criminosos, motivo por que o Supremo Tribunal Federal encarece ao Senhor Presidente da República que determine uma medida saneadora conforme Exposição de Motivos do Ministro Milton Campos, em 20/10/64, ao anteprojeto de lei que encaminhou ao Congresso Nacional criando a FUNABEM".

As críticas ao SAM advêm também da imprensa e do Parlamento, através de vários jornalistas e deputados da oposição a Getúlio. Na imprensa destaca-se a voz de Odylo Costa, principalmente na revista *O Cruzeiro*, depois que perdera um filho assassinado por um egresso do SAM, com a idade de 15 anos, em 9 de março de 1963, o que causou grande repercussão nacional. Antes disso, no entanto, pessoas ligadas à Ação Social Arquidiciocesana (ASA) do Rio de Janeiro e filiadas à UDN se posicionaram contra o SAM com o fito de criticá-lo como sistema desumano, ineficaz e perverso, bem como com o propósito de fazer oposição a Getúlio Vargas. Maria Celeste Flores da Cunha, presidente do Departamento de Ação Social da UDN, em visita às instituições do SAM, observa superlotação, falta de cuidados, imundície. Em consulta ao Presidente da UDN, este lhe sugere a elaboração de uma nova lei para extinguir o SAM (FUNABEM, 1984, p. 11-34).

Por outro lado, o Ministro da Justiça do Governo JK (1956), procura D. Helder Câmara, de quem era compadre, para encaminhar uma solução para o problema do SAM. Em consequência, a ASA, a pedido do bispo, elabora um projeto, pronto em 1958, que cria o Conselho Nacional de Menores. Em 1960 esse projeto é apresentado na Câmara dos Deputados por Pedro Aleixo (UDN). Em março de 1961, Jânio Quadros ordena que o Ministro de Justiça nomeie uma comissão para investigar o SAM, "cujos resultados formam um escândalo nacional", afirma Cunha (p. 18), preconizando a criação de um novo órgão. O presidente da Comissão, Paulo Nogueira Filho, tinha informações e contatos com a ASA e a elogia na exposição do anteprojeto, assim como Prado Kelly (UDN), assessor. Em 1955 Prado Kelly já havia mandado um projeto ao Congresso transformando o SAM em Instituto Nacional de Menores (Projeto n. 561/55).

Em fevereiro de 1963 João Goulart cria comissão, presidida pelo Diretor do SAM, Samuel Bartlett James, para reformular o órgão. Bartlett procura a ASA, mas a comissão não funciona. Após o assassinato do seu filho, Odylo Costa, junto com a ASA, pressionam o Presidente da República para mudança no SAM, de que é encarregado o ministro João Mangabeira. Este nomeia, em 14 de abril, uma comissão, praticamente indicada pela ASA, para encaminhar um projeto. No artigo 1º propõe a extinção do SAM e opta-se por uma Fundação para se garantir autonomia ao novo órgão, *o que não era consenso no Ministério da Justiça*, como salienta Cunha. Ao mesmo tempo, o projeto é encaminhado à Câmara por Eurípedes Cardoso de Menezes (Projeto n. 1.712/64).

Após o golpe de 1964, o Ministro da Justiça, Milton Campos, é acionado por Prado Kelly e pelo Presidente Castello Branco que fora, por sua vez, acionado por Raquel de Queiroz, a pedido da ASA, para dar encaminhamento ao projeto de extinção do SAM e de criação de um novo órgão. Campos o envia ao Congresso em 27 de outubro de 1964. O novo órgão, denominado Fundação Nacional do Bem Estar do Menor (FUNABEM), sem subordinação ao Presidente da República e ao Ministério da Justiça, é aprovado pelo Congresso em 20 de novembro (Lei n. 4.513, de 1/11/1964).

Segundo Maria Celeste Flores da Cunha, a Lei n. 4513 teria sido possível mesmo "sem a revolução", como foi chamado o golpe de 1964 (1984, p. 30). Há uma orquestração social, institucional e partidária para se extinguir o SAM, com focos de resistência no Ministério da Justiça. Os partidos apoiam o projeto do governo militar, mas o momento não era propício a muitas divergências em virtude da repressão militar. É fundamental notar que a mudança de uma estratégia repressiva para uma estratégia integrativa e voltada para a família tem um novo ordenamento institucional dentro de um governo repressivo que, por sua vez, fará reverter os propósitos educativos e integrativos do novo órgão.

A questão educacional, em nível mais geral, foi polarizada pela discussão da Lei de Diretrizes e Bases da Educação Nacional com opiniões divergentes sobre centralização/descentralização, monopólio e liberdade de ensino, obrigatoriedade ou não do ensino. Discutida desde 1948 e com vários substitutivos, a lei só é aprovada em 1960, reconhecendo-se o ensino técnico de grau médio. As escolas se estendem às zonas rurais, mas em 1957 constata-se que cerca de 57,4% dos alunos rurais permanecem na escola menos de 1,5 anos escolares. Os analfabetos adultos (15 a 69 anos) ainda são 50,3% em 1950 e 39,5% em 1960. Os industriais, por sua vez, criam o SESI (Serviço Social da Indústria) que se destina aos trabalhadores da indústria, incluindo, dentre suas atividades, a creche e a instrução. Os empresários do comércio criam o SESC (Serviço Social do Comércio) para empregados desse setor a partir da Carta da Paz Social, elaborada em maio de 1945, em Teresópolis, numa conferência nacional de "representantes das classes produtoras", ou de empresários representantes de suas respectivas associações de classe. O Fundo Social, criado pelos empresários, e por eles administrado, se concretizou através do SESI e do SESC, sendo de seu interesse diminuir os conflitos trabalhistas no novo contexto político que se iniciaria no pós-guerra.

O contexto democrático trouxe à tona inúmeros conflitos por salário, por reforma agrária e por reforma educacional, entre nacionalistas e defensores do capital estrangeiro. Esses conflitos, na visão das elites dominantes, poderiam desembocar numa perda de seu poder, do latifúndio, da possibilidade de remessa de lucros para o exterior. As elites e os militares impuseram o regime parlamentarista em 1961, após a renúncia de Jânio Quadros, mas, mediante um plebiscito, João Goulart (vice, que assumira a Presidência da República) consegue a volta do presidencialismo. Em primeiro de abril de 1964, João Goulart, que apoiava algumas das temidas reformas, é derrubado por uma junta militar, que assume o poder.

Autoritarismo e tecnocracia

Decorrente do golpe de 1964, o regime militar autoritário e tecnocrático durou até 1985 com a eleição, embora indireta, de um presidente civil, mas somente foi substituído por nova ordem institucional em 1988, pela promulgação da Constituição de 5 de outubro desse mesmo ano.

A intervenção do Estado se operou de forma autoritária em todos os setores da vida nacional em base à repressão, à manutenção da ordem, ao desmantelamento dos sindicatos e partidos existentes, à prisão dos acusados de subversão, com consequente tortura e "desaparecimentos" (assassinatos) de presos políticos. Implanta-se o terror de Estado, que segundo Weffort (1984) designa o "desaparecimento da política pela imposição da violência". Substitui-se a política pela repressão, reina a tecnocracia enquanto racionalização e organização da máquina administrativa em função de objetivos e metas fixados de cima para baixo.

Durante a ditadura cria-se um complexo sócio-industrial (Faleiros, 1992) que favorece a articulação entre Estado e multinacionais facilitando a medicina de grupo para os operários desses conglomerados em função do aumento da produtividade. O Estado realiza uma intensa relação entre o capital multinacional, as empresas estatais e o capital privado nacional para ampliar e estimular os investimentos. O capital multinacional se consolida na indústria de transformação para onde já fora atraído desde o governo

Juscelino Kubitschek, dando ênfase à indústria automobilística. O Estado expande sua atividade não só como produtor, mas como agente canalizador de recursos financeiros para as empresas. O consumo também se amplia, provocando o que foi chamado de "milagre econômico brasileiro" pelo alto crescimento alcançado de uma taxa anual de 13,3% entre 1968 e 1973.

Neste contexto repressivo e do Regime Militar, a FUNABEM, que se propunha a "assegurar prioridades aos programas que visem à integração do menor na comunidade, através da assistência na própria família e da colocação familiar em lares substitutos, a apoiar instituições que se aproximem da vida familiar, respeitar o atendimento de cada região", acaba se moldando à tecnocracia e ao autoritarismo. Em primeiro lugar, buscando se configurar como um meio de controle social, em nome da segurança nacional, cuja doutrina implica na "redução ou anulação das ameaças ou pressões antagônicas de qualquer origem" (Fragoso, 1975, p. 37-124), e, em segundo lugar, adotando um modelo tecnocrático que predomina sobre as iniciativas que buscavam se adequar aos objetivos iniciais. O tecnocratismo tem como pressuposto uma racionalidade vertical, centralizadora, construída com um discurso uniforme em nome da cientificidade.

A *articulação da FUNABEM com as entidades privadas* está garantida na própria Lei n. 4513 que assinala, entre suas competências, "promover a articulação entre entidades públicas e privadas", opinar "quanto a subvenções a entidades públicas ou particulares que se dediquem ao problema do menor", fiscalizar o "cumprimento de convênios", "propiciar assistência técnica a Estados, Municípios e entidades públicas ou privadas que a solicitarem" (art. 7º).

Os discursos do Presidente da FUNABEM, do médico Mário Altenfelder, vão se moldando à ideologia da Segurança Nacional (Bazílio, 1985). No seu discurso de posse, em 18 de maio de 1965, critica o internamento, "chama o reformatório de deformatório". Salienta, contudo, o prazer, de que sua primeira atuação pública, como Presidente da FUNABEM, tenha sido na incorporação de meninos do SAM ao 1º Batalhão de Carros de Combate, pois "os oficiais das Forças Armadas fazem deles homens bons, homens úteis" (FUNABEM, 1984, p. 42).

Em 1973 o mesmo Altenfelder fala da política do menor como "investimento útil, o mais saudável e promissor" e defende "a intervenção racional da sociedade em seu próprio processo de desenvolvimento seja através de planos abrangentes, seja através da organização comunitária", propondo a prevenção e a ação tecnocrática contra o processo de marginalização do menor. A marginalização é definida como "afastamento progressivo do processo normal de desenvolvimento" (In: *FUNABEM, Anos 20*: 1984). A normalidade se confundiria com a ordem existente.

Essa marginalização seria causada, segundo ele, pela migração, pela urbanização e pelo esfacelamento da família e acrescenta que "dentro desse sistema, programas específicos serão montados para favelas e mocambos, para conjuntos habitacionais". Reforça o poder do Juiz, pois, afirma, quando este "der uma sentença de que o menor seja protegido, assistido ou vigiado terá a certeza de uma UNIDADE DO SISTEMA (ênfase do texto original) presente no bairro que se encarregará de controlar os elementos de proteção, vigilância e educação do jovem em vias de marginalização e de assistir sua família através de práticas educativas especiais" (ibidem, 1976, p. 143).

O *sistema*, como são denominados tanto a política da infância, como o conjunto de mecanismos de repressão, inclusive o esquema de controle social e político (com o terror e a tortura), deveria estar presente em todas as partes, controlando, vigiando, educando para que a integração se processasse de acordo com o plano racional elaborado pelos tecnocratas. Era preciso, no entanto, contar "com a mobilização de todas as parcelas da sociedade, convergentes para o seu fim" (ibidem, p. 144). Para isto, o Governo Federal estimula a criação de Fundações Estaduais de Bem-Estar do Menor. Em 1973 existem dez fundações estaduais e duas encontram-se em organização. Desta forma, vai se definindo, de cima para baixo, o que se denomina, então, de "Política Nacional do Bem-Estar do Menor".

A prática da FUNABEM, *articulando estatal e privado*, se concentra na proposição e assinatura de convênios a partir da racionalidade imposta pelos técnicos, além de manter o que foi chamado de centro-piloto, instalado no Rio de Janeiro e que deveria servir de modelo a todo o Brasil (FUNABEM, 1974, 1976). As novas práticas implicam na instalação de

Centros de Recepção e Triagem para diagnóstico, dividindo os meninos e meninas atendidos em carenciados, por um lado, e de conduta antissocial, por outro. Nas chamadas unidades educacionais comuns são atendidos 2.200 menores somente no Rio, sendo 2.600 em unidades próprias e 5.300 se considerada a rede particular (FUNABEM, 1976, p. 39). Já nas unidades de reeducação, algumas implantadas sob a forma de "unidades lar" para abrigo de crianças, há programas de adoção e de colocação familiar.

A estratégia de articulação com entidades particulares se faz através de pagamentos de *per capita* em convênios com 266 entidades localizadas nos Estados (à exceção de São Paulo, Rondônia e Amapá) para atendimento a 4.530 menores. Num dos documentos da FUNABEM, elaborado em 1979, a partir das análises dos Estados, afirma-se que "o sistema de convênios de assistência técnica e financeira é considerado o principal instrumento de ação, através do qual a FUNABEM realiza a implantação da Política Nacional do Bem-Estar do Menor" (FUNABEM, 1984, p. 281).

De acordo com relatório elaborado pela FUNABEM (FUNABEM, 1976, p. 111-119) seguem dados sobre o atendimento de crianças e adolescentes, designados então como menores.

- *Menores* atendidos no período de 1966 a 1974 pela FUNABEM

  Em convênios de cooperação técnica e financeira:............ 46.613

  No programa nacional de *per capita*: 46.920

  No programa de *per capita* para egressos do Centro Piloto em SP, MG e RJ... 36.077

  Nos programas preventivos de marginalização: 12.962

  Através de atendimento direto no centro-piloto (1965/1973) 95.086

  Dos quais foram internados por determinação judicial: .. 26.736

  E para estudo de caso:... 4.486

- Atendimento local das fundações estaduais

  No período de 1971-1973:.. 157.201

Em 1975, a Câmara dos Deputados cria uma CPI cujo título, paradoxalmente, propõe uma investigação sobre o problema *da criança e do menor carentes no Brasil*, separando os conceitos de criança e menor, o que reflete o preconceito da marginalidade (Brasil, Câmara dos Deputados, 1976). Os dados da CPI podem ter sido influenciados pelos prefeitos que desejavam obter verbas para seus municípios. Há necessidade de olhá-los criticamente. De acordo com essa CPI, há menores abandonados ou carentes em 87,17% dos municípios, configurando 1.909.570 abandonados e 13.542.508 carentes, sendo a pobreza excessiva a principal razão alegada por 90,28% dos municípios para o abandono.

Segundo dados colhidos entre os prefeitos, em apenas 24,48% dos municípios há verba para o menor prevista no orçamento e apenas 11,82% dos municípios alegam receber verbas de órgãos federais ou municipais com vistas ao menor. Em 46,87% dos municípios constata-se a ocorrência de atos antissociais praticados por menores. Segundo as análises dos questionários feitas pela Câmara dos Deputados, em 1974, dentre as 111.812 ocorrências de "atos antissociais praticados por menores" no Brasil levantadas pelos municípios houve: 83% de furtos; 29,02% de homicídios ou tentativas de homicídio; 46,67% de delitos sexuais; e 49,67% de outras ocorrências.

Segundo o censo de 1970 numa população de 90.139.000 habitantes, 52,9% são menores de 19 anos. O índice de ocorrências de "atos antissociais praticados por menores" por 100.000 habitantes é de 120 e por menores de 19 anos é de 227, taxa extremamente reduzida.

Apesar da repressão existente, a CPI torna nacional a questão da infância, tendo um efeito simbólico de denúncia. Divulgado em abril de 1976, seu relatório assinala, na introdução, que a CPI do Menor "está cônscia das proporções e periculosidade da marginalização", mas não pretende ter resolvido esta problemática. E a CPI assinala: "E o mais grave, a taxa de criminalidade vem aumentando nos últimos anos, segundo depoimentos prestados por autoridades abalizadas perante esta CPI. A criminalidade provoca a insegurança nas grandes cidades brasileiras: assaltos, furtos, sequestros são crimes mais frequentes, contribuindo inclusive para prejudicar o desenvolvimento turístico. Se não forem tomadas medidas preventivas e de recuperação dos menores infratores, a vida se tornará insuportável para todos nas grandes cidades brasileiras". A CPI constata que os recursos destinados às políticas para a infância estão concentrados no Sudeste (só 11,73% dos municípios do Nordeste têm verbas específicas para atender menores carenciados ou abandonados). Mais da metade dos 2.430 órgãos de atendimento de menores está no Sudeste, e o atendimento médico se mostra deficiente e conclui que "a ação governamental continuará representando uma gota d'água num oceano vasto de carências se não houver um organismo com a força de um ministério" (ibidem, p. 49), propondo, por último, a atualização do Código de Menores. Em 1968 o Ministro da Justiça havia solicitado a reformulação do Código ao prof. Alberto Gusmão, cujo trabalho foi apresentado aos juízes de menores.

A preocupação com a "linha preventiva", assinalada nos projetos de combate à marginalização também se faz através de convênios com prefeituras, universidades e de municípios pólo, em vários Estados. Em 1976 são realizados 60 projetos, além da manutenção de 12 centros sociais e 11 projetos do programa estágio.

As construções feitas sob orientação da FUNABEM, como a de Brasília, para "reeducação" são verdadeiras penitenciárias, "com muita ênfase na segurança", como denuncia o Dr. Promotor e ex-Secretário de Promoção Social de São Paulo, João Benedito de Azevedo Marques (1976, p. 24). Marques enumera que, em 1976, existem em São Paulo, 13 estabelecimentos na capital e 10 no interior, de administração direta, sendo que de 1862 a 1934 quatro prédios foram construídos, de 1935 a 54 foram construídos oito, entre 55 a 65 mais sete e três posteriores a 1975. Sob a gestão do referido Secretário é construído um núcleo profissionalizante para 900 menores, além de um edifício para excepcionais. Estes, em número de oito mil, representam, na época, 20% dos menores atendidos. Conta com 503 convênios que atendem 35.269 menores, sendo 12.456 em internatos, 21.759 em semi-internatos e 1.054 em externatos. Segundo Marques, a atualização dos *per capita* aumentou o interesse das obras, promovendo-se maior presença das entidades privadas no atendimento à criança e ao adolescente.

A par da ação da FUNABEM, articulando o estatal e privado, a *estratégia repressiva/assistencialista* se manifesta na reformulação do Código de 1927. Foi apresentado, em 1974, um projeto de lei do senador Nelson Carneiro nesse sentido. A Associação Brasileira de Juízes de Menores acompanhou o projeto, modificou-o, e o mesmo foi analisado pelo Executivo no Ministério da Justiça, "sempre em contato com os juízes de menores". O texto apresentado "representa o consenso de todas as áreas responsáveis pelo atendimento a menores no Brasil", conforme parecer do relator Claudino Sales em junho de 1979 (Brasil. Senado Federal, 1984, p. 472). Segundo o relator, a apresentação do texto em 1979 seria uma forma de se comemorar o ano internacional da criança.

O novo Código de Menores, promulgado em 10 de outubro de 1979 (Lei n. 6.697) adota expressamente a *doutrina da situação irregular*, segundo a qual "os menores são sujeitos de direito quando se encontrarem em estado de patologia social, definida legalmente", segundo a expressão do juiz Allyrio Cavallieri (1984, p. 85). Nas palavras do juiz, esta doutrina "é consenso da Associação Brasileira de Juízes de Menores, que propôs ao Congresso Nacional o anteprojeto de código".

O Código de 1979 define como situação irregular: a privação de condições essenciais à subsistência, saúde e instrução, por omissão, ação ou irresponsabilidade dos pais ou responsáveis; por ser vítima de maus-tratos; por perigo moral, em razão de exploração ou encontrar-se em atividades contrárias aos bons costumes, por privação de representação legal, por desvio de conduta ou autoria de infração penal. Assim as condições sociais ficam reduzidas à ação dos pais ou do próprio menor, fazendo-se da vítima um réu e tornando a questão ainda mais jurídica e assistencial, dando-se ao juiz o poder de decidir sobre o que seja melhor para o menor: assistência, proteção ou vigilância. Na prática, consagra o que vinha fazendo a FUNABEM e já assinalado anteriormente. O novo Código, no entanto, facilita a adoção, e embora não obrigatório no processo, é previsto o contraditório.

Estas estratégias não alteram, de fato, a situação da criança brasileira. Ao contrário, a situação se agrava no período da ditadura em razão do arrocho salarial e da concentração brutal de renda. Em 1960 os 20% mais pobres detinham 3,5% da renda e, em 1979, 2,9%, enquanto que os 20% mais ricos passaram de 54% para 62,8%. Os 10% situados na escala superior de renda detinham quase a metade da renda em 1979, ou seja, 46,8% (Bonelli, Ramos, 1993). Em 1977, segundo o IBGE, 59% ganhavam até dois salários mínimos, o que acarreta subalimentação, condições habitacionais precárias, agravando a situação educacional (26% das crianças de 10 a 14 anos estão fora da escola), e a mortalidade infantil tem um índice de 67,3% em 1974 (Centro de Defesa da Qualidade da Vida, 1979).

A situação de miséria leva as crianças ao trabalho. No campo, em 1976, 1.835.680 dos menores de 14 anos trabalham, enquanto que na zona urbana a cifra chega a 697.442, ou seja, 18% das crianças nesta faixa etária. Segundo o IBGE, 22,7% da população economicamente ativa em 1976 eram de pessoas abaixo de 19 anos. Em 1978, de acordo com o PNAD (Pesquisa Nacional por Amostragem de Domicílios), a participação na PEA (População Economicamente Ativa) de pessoas de 10 a 17 anos é de 15,6%, sendo que em 1980, 4,8% de menores entre 10 e 14 anos trabalhavam e 15% entre 15 e 19 anos. A renda desses menores é baixa, como o indica uma pesquisa realizada entre menores trabalhadores em 1976, verificando-se que 51,2% ganham menos de um salário mínimo (Dal Rosso, Resende, 1986).

A Constituição de 1967 (art. 158, X) reduz a idade da proibição para o trabalho até 12 anos, visando a incorporar mais cedo a mão-de-obra ao mercado de trabalho, reforçando a estratégia de utilização precoce da mão-de-obra infantil. As empresas são obrigadas (Decreto-lei n. 937 de 13/10/69) a ministrarem, em cooperação, aprendizagem a seus trabalhadores menores, aos trabalhadores adultos e seus filhos (art. 170). A Lei n. 6.886, de 1974, define o aprendiz a partir dos 12 anos de idade. As leis garantem ao aprendiz um salário nunca inferior a meio salário mínimo regional na primeira metade da jornada e apenas 2/3 de salário mínimo se faz jornada inteira. A FUNABEM também mantém convênios com o SENAC e SENAI. A LBA, por sua vez mantém convênios para assistência ao pré-escolar através das chamadas UPPES ou Unidades de Proteção ao Pré-Escolar, visando o combate à desnutrição.

O governo tenta uma reforma educacional (Lei n. 5.692/71) para introduzir o ensino profissional no 2º grau, ficando explícito no Grupo de Trabalho de Reforma Universitária "que os estudos gerais levam os mais capazes à universidade e os estudos especiais e profissionais predispõem ao exercício de ocupações úteis, evitando a marginalização dos que encerram a vida escolar ao nível do 2º grau" (Warde, 1977, p. 78). Esta profissionalização não funcionou na prática, mas mostra uma discriminação em relação aos trabalhadores manuais.

Sob a ditadura, a FUNABEM, na avaliação de seus técnicos se torna uma camisa de força "na conotação da superioridade legal da Instância Federal sobre a Instância Estadual", considerando que "o sistema de internamento do menor e do esquema de segurança montado nas escolas dá a conotação de instituições fechadas. Indica que o Sistema de Atendimento privilegia de tal forma as relações menor-Instituição que chega a esquecer as relações menor-sociedade", "havendo um atropelo de competências", que "assume um *caráter assistencialista*" e "sem condições de produzir um processo de reeducação", reza um documento da Diretoria de Estudos e Normas Técnicas, de 1979 (*FUNABEM Anos 20*, 1984, p. 264-301).

A partir destas considerações e dos dados acima indicados pode-se concluir que a política da ditadura para a infância foi um fracasso. No entanto, esta avaliação emergente no momento da chamada abertura política se inscreve no contexto de uma transição à democracia e de uma passagem do paradigma *corretivo*, que predominou nesse e em períodos anteriores, a um paradigma *educativo* e, mais que isso, de direitos para a criança e o adolescente.

A avaliação de fracasso da FUNABEM aparece claramente no Relatório Final de avaliação da FUNABEM, elaborado pelo Instituto João Pinheiro em 1987, a partir de avaliações estaduais, ao dizer: "A criação da FUNABEM e das Fundações Estaduais de Bem-Estar do Menor influenciou as expectativas quanto à emergência de uma política social de bem-estar do menor. Os relatórios estaduais nos asseguram quanto ao fracasso dessas expectativas, e também a importância de qualificá-lo. Como vimos, o sistema nacional de atendimento ao menor pouco, se tanto, alterou a estrutura de desigualdade que penaliza a criança e adolescentes de baixa renda, e menos ainda elevou os patamares de cidadania desses segmentos. Entretanto, a prática institucional do sistema possibilitou a criação de um corpo técnico crítico..." (*FUNABEM Anos 20*, 1984, p. 43).

Liberalização e democratização

Os anos 80 e início dos 90 representam uma inflexão política e uma crise econômica na sociedade brasileira. A inflexão política se produziu através de um lento e gradual processo de liberalização do controle exercido pelo Estado sobre a sociedade e, principalmente, sobre as massas e organizações populares até a reconquista dos direitos de expressão, de greve, de voto, de organização. Em 1977 foi possível a oposição lançar, ainda que simbolicamente, um candidato à eleição indireta à Presidência da República.

A crise econômica significa estagflação, combinação de inflação e recessão. Em 1980 a inflação anual é de 110,2%, em 1985 de 235,1% e em 1989 de 1.783%. Somente em 1986, com o Plano Cruzado, de mudança da moeda e controle de preços e salários, o índice inflacionário cai para 65%, repicando para 415,8% em 1987. O crescimento do Produto Interno Bruto, de 9,2% em 1980 cai para —3,4% em 1984 com índice zero em 1989. Durante o Plano Cruzado cresceu 8,3%. A dívida externa bruta passa de 53,8 bilhões de dólares em 1980 para 107,5 bilhões de dólares em 1989, provocando verdadeira sangria nas contas nacionais.

Em abril de 1978 é fechado o Congresso Nacional por 14 dias para um pacote de medidas que garantam ao governo uma maioria no Congresso, com a escolha indireta de senadores (biônicos). Ao mesmo tempo, o presidente Geisel tenta isolar a linha dura das forças armadas. Geisel inicia o processo de distensão política.

O direito de voto para governadores foi reconquistado em 1982 com a reintrodução do multipartidarismo. A censura direta a alguns órgãos de imprensa cessa em 1978 e uma reforma constitucional assegura que, em 1979, seriam retirados do presidente os poderes de cassar deputados, suspender direitos políticos, fechar o Congresso, aposentar funcionários. Na mesma emenda termina-se com a pena de morte, o banimento e a prisão perpétua (na prática o fim do Ato Institucional n. 5, de 1968), mas o chefe de governo ainda seria um militar, o General Figueiredo. A Emenda Constitucional n. 11 de 13/10/78 que entra em vigor no dia 1° de janeiro de 1979 cria o estado de emergência "em caso de guerra, bem como para impedir ou repelir atividades subversivas" (art. 158).

A Igreja Católica apoia as mudanças e a campanha pela anistia mobiliza a sociedade brasileira possibilitando, em 1979, um perdão aos torturadores e um retorno dos perseguidos políticos à vida pública e a seus postos de trabalho. Os trabalhadores de Santo André, São Bernardo e São Caetano (ABC paulista) se mobilizam e fazem greves, apesar da repressão, começando-se a gestar um novo partido, o PT, Partido dos Trabalhadores.

Em 1984-85, a população e os partidos de oposição saem às ruas para impressionantes mobilizações por eleições diretas para presidente da República que, no entanto, por pressão dos militares, só acontecem em 1989. Em 1985 há eleição indireta de um presidente civil, pelo Congresso Nacional, efetuada por meio de articulação de setores oposicionistas com as forças conservadoras através da Aliança Democrática que reúne o Partido do Movimento Democrático Brasileiro (PMDB) e o Partido da Frente Liberal (PFL) que indicam os candidatos Tancredo Neves a presidente e José Sarney, ex-integrante do partido de sustentação da ditadura, a vice-presidente. Com a morte de Tancredo Neves logo após a eleição, assume o governo seu vice, Sarney, que governou até 1989. Em 1986 implanta o plano econômico do cruzado que controla a inflação por alguns meses e contribui para eleger uma grande maioria de governadores do PMDB mas, logo em seguida, a subida dos preços dispara, provocando grande desgaste no governo. Esse período foi denominado por Tancredo Neves de Nova República.

As eleições de 1989 para presidente da República são vencidas por Fernando Collor de Mello que se apresenta apoiado por um forte *marketing*, como caçador de marajás (combate à corrupção e privilégios), vencedor da inflação e salvador dos descamisados. Lula, do PT, é derrotado, mas obtém 30 milhões de votos. Em 1992 Collor é denunciado por corrupção. Uma grande mobilização popular exige sua saída e o Congresso vota o *impeachment*. O vice Itamar Franco assume o governo. Em 1994 elege-se presidente da República Fernando Henrique Cardoso do PSDB (Partido da Social Democracia Brasileira) em aliança como PFL que indica o Vice Marco Maciel e derrota Lula já no primeiro turno. Toma posse em primeiro de janeiro de 1995 prometendo, ao mesmo tempo, valorizar a democracia e os direitos sociais, privatizar as empresas estatais e a previdência social e reduzir o Estado (Cardoso, 1994).

A partir das lutas e pressões sociais, e dentro das correlações de forças possíveis, em 1986, o Congresso Nacional funciona também como Assembleia Constituinte. As forças conservadoras e os militares haviam vetado a convocação de uma assembleia constituinte exclusiva. O debate constituinte, no entanto, mobiliza tanto os *lobbies* de conservadores e de grandes empresas, como as organizações populares. Os direitos da criança são colocados em evidência por inúmeras organizações, destacando-se o Movimento Nacional de Meninos e Meninas de Rua (Barbetta, 1993), a Pastoral do Menor, entidades de direitos humanos, ONGs, que apresentam emendas para defesa dos direitos da criança e do adolescente, que refletem também as discussões internacionais, consubstanciadas nas Regras de Beijing (1985), nas Diretrizes de Riad (1988) e na Convenção das Nações Unidas sobre os Direitos da Criança (1989).

Quatro emendas populares reafirmam o tema dos direitos da criança e do adolescente não só no Plenário, mas nas ruas, com a cata de assinaturas em sua defesa onde se destaca o papel da Igreja Católica, tanto da linha mais tradicional como a Mitra do Rio (emenda PE 007) como da CNBB (Confederação Nacional dos Bispos do Brasil, emenda PE 0011), mas com o mesmo conteúdo, com ênfase na "defesa da vida e contra o aborto". A primeira emenda expressa que os "menores (*sic*), particularmente os órfãos e abandonados, terão direito à proteção especial incluindo também o direito à educação fundamental e iniciação profissional para auferir os benefícios da atividade econômica fundada no trabalho digno e livre" (Comissão de Sistematização, 1987, p. 10). Em 1987, a CNBB (Conferência Nacional dos Bispos do Brasil) adotou como tema da Campanha da Fraternidade a questão do menor expressando-a com o documento: "Quem acolhe o menor a mim acolhe" (Brasília, CNBB, 1987). Há muito já tinha organizado a "Pastoral do Menor".

A Comissão Nacional Criança e Constituinte, instituída por Portaria Interministerial, com vários órgãos do governo e da sociedade, consegue 1.200.000 assinaturas para sua emenda e, além disso, fez intenso *lobby* junto a parlamentares para que se crie a Frente Parlamentar suprapartidária pelos direitos da criança e do adolescente, multiplicando-se no país os fóruns DCA de Defesa da Criança e do Adolescente.[1] Os direitos da criança perpassam

---

1. Teve papel importante no suscitamento do debate sobre defesa desses direitos a iniciativa da advogada Lia Junqueira em São Paulo na articulação concreta dessa defesa através de um Centro de Defesa do Menor em São Paulo. Em março de 1988 diferentes grupos interessados na defesa da criança e do adolescente como Pastoral do Menor, Movimento Nacional de Meninos e Meninas de Rua, Frente

as diferentes áreas, mas ficam bem estabelecidos nos artigos 227, 228, 229 da Constituição de 1988. Garante-se à criança e ao adolescente, "como dever do Estado e da sociedade os direitos à vida, à saúde, à educação, ao lazer, à profissionalização, à cultura, à dignidade, ao respeito, à liberdade e à convivência familiar e comunitária, além de colocá-los a salvo de toda forma de negligência, discriminação, exploração, violência, crueldade e opressão". A inimputabilidade penal fica definida até os 18 anos, e o trabalho proibido até a idade de 14 anos, salvo na condição de aprendiz (art. 7º, item XXXIII).

A crise econômica, no entanto, agrava a situação da criança. A visibilidade da miséria da infância aparece nas ruas destacando-se a figura do Menino e da Menina de Rua, principalmente nas grandes cidades. A urbanização, aliás, assume uma forma explosiva no país, passando de 31,7 milhões de habitantes urbanos, em 1960, para 80,5 milhões em 1980, ou em termos relativos de 44,7% para 67,6%. As zonas urbanas tiveram um crescimento anual de 5,2% entre 1960 e 1980 e de 4,4% entre 1970 e 1980, embora o crescimento da população tenha caído de 2,8% entre 1970/1980 para 1,8% em 1985/1990. A migração do campo para a cidade é causada, principalmente, pela expulsão do homem da terra em que trabalha, denominando-se o fenômeno, conservadoramente, de "êxodo rural". Ao mesmo tempo, aumenta-se no campo as relações de trabalho caracterizadas como "boia fria", volante, diarista, intermediadas por terceiros, os chamados "gatos" ou empreiteiros de mão-de-obra diarista para os trabalhos rurais (Martins, 1981).

O governo da chamada Nova República (1985/1989) implanta diferentes ações frente à crise, de caráter paliativo e assistencialista, reforçando a estratégia de encaminhamento da criança ao trabalho e de clientelismo. Ao mesmo tempo observa-se o impulsionamento de projetos alternativos, principalmente com o apoio do UNICEF, a articulação com grande

---

Nacional de Defesa da Criança, Universidade Católica de Goiás, Igreja Metodista, Crami, Comissão de Direitos Humanos da Bahia, Centro de Defesa do Menor de Belém, Amapá, Rio de Janeiro, Centro de Direitos Humanos de Campo Grande, Centro Cultural Luís Freire de Pernambuco, Centro de Estudos da PUC/São Paulo e ASSEAF, Associação de Ex-Alunos da FUNABEM criam o Fórum DCA (Defesa da Criança e do Adolescente). O encontro foi estimulado e contou com a participação de Daniel O'Donell do Fórum de Defesa da Criança Internacional (DCI), sediado em Genebra. Em 1994 o Fórum é formado por 46 entidades, atuando na ampliação e aplicação dos direitos assegurados à criança e ao adolescente. Ver revista *Fórum DCA*, n. 1, Brasília, março de 1993.

número de entidades não-governamentais e com uma campanha de financiamento estimulada pela Rede Globo de televisão, denominada "Criança Esperança".

Com a introdução de uma nova contribuição social sobre o faturamento das empresas, o FINSOCIAL (1982), torna-se possível a ampliação de recursos para o Estado. O governo Sarney com o discurso de "tudo pelo social" cria uma Secretaria de Ação Comunitária, vinculada diretamente à presidência da República que se volta basicamente para um programa de distribuição de tíquetes de leite às populações pobres das periferias das cidades através das próprias associações comunitárias. O programa assume um caráter desmobilizador das ações reivindicativas, ao mesmo tempo em que relança intervenções populistas, pontuais, clientelistas, desvinculadas da cidadania. O antigo programa alimentar veiculado pelo INAM (Instituto Nacional de Assistência a Menores), através do PRONAN (Programa Nacional de Alimentação e Nutrição), é desativado (Diniz, 1988). Implanta-se também um programa de alimentação escolar. A distribuição do leite, acompanhada pelo Projeto Rondon, sofreu várias críticas como exigência de pagamento para inscrição, distribuição de leite aos não necessitados, clientelismo na seleção das famílias, troca dos tíquetes por outros alimentos, falta de tíquetes para os cadastrados. As principais críticas ao programa de alimentação escolar é a descontinuidade no fornecimento de alimentos e a vinculação das compras a grandes empresas. A Lei n. 7.644 de 18 de dezembro de 1987 regulamenta, a atividade de "mãe social" dentro do sistema de "casas-lares" que abriguem até 10 *menores*. Segundo a lei a agrupação de "casas-lares" forma uma aldeia assistencial. Este tipo de instituição é implementado pela organização, de base internacional, denominada "Aldeias S.O.S.".

Ao lado desta articulação clientelista, o governo promove *um programa de encaminhamento de crianças para o trabalho*, concedendo isenções aos empregadores de suas obrigações para com a Previdência Social, política denominada "Programa Bom Menino" (Lei n. 2.318 de 30/12/86, regulamentada pelo Decreto n. 94.338 de 18/5/87), destinada à "iniciação ao trabalho do menor assistido com idade de 12 a 18 anos". Para isto cria-se a bolsa de trabalho e obrigação de frequentar escola, devendo as empresas com mais de cinco empregados ter 5% de seu pessoal com esta forma de contrato, com jornada máxima de quatro horas e remuneração de meio salário mínimo, sem que gere vínculo empregatício ou encargos previdenciários ou do FGTS (Fundo de Garantia por Tempo de Serviço) para as empresas. Justifica-se o programa pela prevenção da criminalidade ("é melhor trabalhar que estar na criminalidade" passa a ser um *slogan* repetido). A operacionalização do programa se faz por comitês municipais que cadastram empresas e crianças. Em Brasília foram colocados 600 menores em 37 empresas, inclusive do governo.

Através do programa RECRIANÇA, do Ministério da Previdência e Assistência Social pretende-se estimular a recreação e a iniciação ao trabalho. A seguir mostramos algumas das estratégias diversificadas implementadas em diferentes regiões, mas de forma ainda instável, ao sabor dos apoios e forças políticas, constituindo-se em "programas" de ação para crianças e adolescentes, sem garantia de continuidade.

Em Curitiba, através do PIM (Programa do Irmão Menor) são atendidas 4.300 crianças, sendo que os cursos profissionalizantes são voltados mais para o artesanato (Zaluar, 1994), com caráter informal. A filosofia do projeto, no entanto, visa oferecer uma perspectiva de iniciação ao trabalho sem o caráter de obrigação ao trabalho. As crianças buscam o projeto tanto por lazer, como por trabalho (nesse caso, 46%).

Em Goiânia os projetos para meninos e meninas de rua são integrados no "Circuito do Menor de Rua: Centro de Triagem Integrada, Centro de Formação de Menores e Centro de Acolhimento Provisório" (Zaluar, 1994). O objetivo é não deixar a criança ao arbítrio da polícia, o que nem sempre acontecia. Ao CETI, 21,7% das crianças foram encaminhadas por "vadiagem"; 14,6% por "suspeita de furto" seguidos de "fuga"; 11,3% como "perdidos"; 9,8% por "uso de drogas"; e 8,8% por "furto". O Centro de Formação tinha o caráter espontâneo e aberto. As escolas profissionalizantes são uma proposta do presidente da FUNABEM, Nelson Aguiar em 1985.

Em São Paulo, no governo Montoro, as fugas e as condições da Febem são denunciadas (Junqueira, 1986). A Febem tem 10 unidades sendo três de triagem com 1.300 crianças, sete de permanência com 1.700 crianças e convênios com 107 casas para atendimento de 4.000 crianças (Luppi, 1987).

Em 1982 o "sistema recebeu 500 mil *menores* (termo da época) dos quais 6,67% eram infratores, 6% abandonados e 87,3% carentes, mas o orçamento da FUNABEM é de apenas 0,002% da arrecadação do tesouro".

Os projetos alternativos

No Rio, em 1987, há as experiências de desinternação dos 15 centros do CRIAM (Centro de Recursos Integrados de Atendimento ao Menor). Em 1985 foram atendidos pela FEEM (Fundação Estadual de Educação do Menor) 17 mil menores, com 5.200 internos. As políticas e práticas de internação, na década de 1980, vão sendo confrontadas com políticas e práticas de entendimento direto nas ruas e de redes de trabalho. As mudanças políticas globais e o trabalho de militantes junto aos movimentos sociais vão se refletindo na ação junto a crianças e adolescentes, então chamada de "projetos alternativos", em confronto com a estratégia de internação e repressão.

A FUNABEM participa do desenvolvimento de projetos alternativos de atendimento a meninos e meninas de rua. Esta política é estimulada por Marina Bandeira, presidente da FUNABEM, indicada pela Igreja Católica do Rio de Janeiro. Sua proposta reforça a descentralização e a cooperação estado/sociedade (FUNABEM, 1988), na mesma linha de um documento anterior elaborado por Terezinha Saraiva. Os projetos são articulados por um convênio entre o UNICEF, a Secretaria de Assistência Social do Ministério da Previdência e Assistência Social e a FUNABEM. Desde 1981 estudam-se, entre os três órgãos, formas alternativas de atendimento à criança na comunidade. Em 1982 são reconhecidas pelo projeto 70 experiências, destacando-se, na dinâmica dos projetos, a República do Pequeno Vendedor em Belém, Centro Salesiano do Menor em Belo Horizonte, Salão do Encontro em Betim, Cerâmica Educacional em Ipameri e Centro de Orientação em São José dos Campos. Em 1990, 230 entidades recebem apoio do UNICEF (Faleiros, 1990). Segundo a FUNABEM (1988), em 1988, *articulando estatal e privado*, há 3.500 convênios firmados, 1.300 municípios beneficiados, 900 mil menores atendidos, e 19 bilhões de recursos aplicados, atendendo-se 2.930 crianças e adolescentes em suas unidades próprias.

Os projetos se desenvolvem através de organizações não-governamentais em áreas bastante heterogêneas como cerâmica, formação profissional, venda de produtos, alfabetização, e ensino religioso, com forte presença de atores religiosos. A partir da articulação desses projetos surge o Movimento Nacional de Meninos e Meninas de Rua (MNMIVIR), que realiza três encontros nacionais (1986, 1989, 1993) em Brasília e que contribuíram significativamente para trazer a questão da política para a infância como debate nacional (Faleiros *et al.* 1986, 1992 e 1993). As crianças e adolescentes apareceram como *sujeitos de direitos*, como cidadãos. O movimento, com apoio internacional, organiza seus estatutos, sua administração, tendo voz nos fóruns governamentais e não governamentais sobre a criança. Em 1992, o MNMMR conta com 90 comissões locais estruturadas, 139 núcleos de base de meninos e de programas, cerca de três mil militantes, e três centros de formação para educadores de rua. Há 400 programas de atendimento ligados ao Movimento (Barbetta, 1993, p. 170).

A estratégia de articulação estatal/privado vem sendo paulatinamente complementada por uma ação público/ONGs, onde as organizações não governamentais (para alguns, neo-governamentais) vão assumindo um papel público, de terceiro setor, nem estatal, nem privado (Fernandes, 1994), aumentando o espaço público, desde que realmente prestem contas à sociedade, não tenham fins lucrativos e prestem um serviço à população. No Brasil, segundo Fernandes (ibidem, p. 70) existiam 1.010 ONGs em meados dos anos 80. Esta estratégia de defesa da cidadania emerge dos movimentos sociais, dos sindicatos e busca consolidar um paradigma de relações entre Estado e sociedade pautado pelo reconhecimento dos direitos individuais e coletivos, civis, políticos e sociais e garantido pela participação da população ou de seus representantes nas decisões sobre o destino geral do povo, assegurando-se a transparência das decisões e o controle social da execução das políticas.

Além de ter um papel ativo na Constituinte junto com o UNICEF, o MNMMR contribui para a mobilização da sociedade no sentido de aprovar e exigir a aplicação do Estatuto da Criança e do Adolescente, juntamente com intelectuais, juízes progressistas, promotores, Pastoral do Menor, e parlamentares. Vários encontros são realizados, negociações e pressões para que a lei fosse aprovada em tempo recorde, ou seja, menos de dois anos após a promulgação da Constituição em 5 de outubro de 1988. A direção do CBIA também deu apoio significativo para aprovação da lei.

O Estatuto da Criança e do Adolescente

O Estatuto da Criança e do Adolescente, de julho de 1990, revoga o Código de Menores de 1979 e a lei de criação da FUNABEM, trazendo detalhadamente os direitos da criança e do adolescente já em forma de diretrizes gerais para uma política nessa área. Adota expressamente em seu artigo 1° a *Doutrina da Proteção Integral* que reconhece a criança e o adolescente como cidadãos; garante a efetivação dos direitos da criança e do adolescente; estabelece uma articulação do Estado com a sociedade na operacionalização da política para a infância com a criação dos Conselhos de Direitos, dos Conselhos Tutelares e dos Fundos geridos por esses conselhos; descentraliza a política através da criação desses conselhos em níveis estadual e municipal, estabelecendo que em cada município haverá no mínimo, um conselho tutelar, composto de cinco membros, escolhidos pela comunidade local, de acordo com a lei municipal; garante à criança a mais absoluta prioridade no acesso às políticas sociais; estabelece medidas de prevenção, uma política especial de atendimento, um acesso digno à Justiça com a obrigatoriedade do contraditório. O ECA (Estatuto da Criança e do Adolescente) é consoante à Convenção das Nações Unidas sobre os Direitos da Criança, adotada pela Assembleia Geral da ONU em 20/11/1989.

Logo após tomar posse na Presidência da República, Collor de Mello encaminha um projeto de reforma administrativa no qual aparece a nova denominação da Fundação Nacional do Bem-Estar do Menor que passa ter o nome de CBIA — Fundação Centro Brasileiro para a Infância e Adolescência, o que é consagrado na Lei n. 8.029 de 12 de abril de 1990 (artigo 13).[2]

---

2. Em carta ao autor Antônio Carlos Gomes da Costa, primeiro presidente do CBIA, assinala que o sr. John Donohne, do UNICEF, em caráter oficial e os senhores Deodato Rivera (da Frente Nacional de Defesa dos Direitos da Criança), Bruno da Silveira (Fundação Odebrecht), Dirceu Borges (empresário,

A missão do novo organismo é de coordenar, normatizar e formular políticas já que a execução é feita pelos estados e municípios. Um processo é desencadeado para a transferência da FUNABEM para estados e municípios e até junho de 1994 ainda não se havia completado integralmente. Há resistências políticas, problemas corporativos, dificuldades administrativas. Collor ratifica a convenção da ONU e cria em maio de 1990 um "ministério da criança", com ministros mirins. No entanto, continua apoiando políticas clientelistas através da LBA, cortando verbas sociais, e adotando a pauta de uma política neoliberal de redução do Estado (Ferreira, 1993). Em seu documento oficial o CBIA (1992) se compromete a mudar o conteúdo da política, os métodos e a gestão para aplicar o Estatuto da Criança e do Adolescente. Apesar do projeto "Minha Gente" da LBA considerar a assistência social como direito, na prática favoreceu entidades com caráter clientelista, com envolvimento da primeira dama do país em corrupção. Pelo projeto são enfatizadas as creches, postos de saúde, escolas de 1º grau. O governo desenvolve no MEC a construção de grandes conjuntos educacionais de 1º grau em zonas carentes, denominados CIACs. Estas megaconstruções geraram grandes polêmicas. Itamar Franco manteve o programa com o nome de PRONAICA, programa de atendimento integral à criança.

Em outubro de 1991 é lançado um manifesto à nação com 90 assinaturas de personalidades de várias entidades governamentais, sindicais, patronais, e religiosas, assumindo responsabilidades pela melhoria do ensino fundamental e contra a violência contra a criança, constituindo-se o "Pacto pela infância", impulsionado pelo UNICEF, inspirado na Cúpula Mundial pela Criança, realizada em Nova York, em setembro de 1990, com a presença do presidente Collor. Em novembro de 1991 inclui-se no referido pacto o compromisso com a saúde, convidando-se os governadores a participarem do mesmo. O encontro dos governadores se realiza em maio

---

dono da Cheque Cardápio e Editora Columbus), Sebastião Leme (empresário e líder da Campanha Collor em São Paulo) junto com o Ministro Geraldo Sampaio, de Alagoas, tiveram grande influência seja para a constituição do CBIA, seja para obter o apoio do presidente Collor ao ECA. Antônio Carlos participou diretamente do convencimento do Ministro Geraldo Sampaio e forneceu a linha de argumentação e textos levados ao presidente da República pelo representante do UNICEF e pelo Ministro Geraldo Sampaio.

de 1992 assumindo compromissos na área da saúde, da educação e do combate à violência, com uma estratégia, ao menos simbólica, de defesa da cidadania.

A Lei n. 8.242 que cria o Conselho Nacional dos Direitos da Criança e do Adolescente (CONANDA) é promulgada em 12 de outubro de 1991, mais de um ano após a vigência do ECA, mas a posse dos conselheiros ocorre mais de um ano depois da lei, em 16 de dezembro de 1992, realizando-se sua primeira reunião de trabalho em 18 de março de 1993. Em novembro de 1994 acontece em Brasília a Primeira Conferência Nacional dos Conselheiros de Direitos e Tutelares da Criança e do Adolescente com representantes de todo o país, *reforçando-se a estratégia de defesa da cidadania*. Os conselheiros pugnam por recursos, retaguarda, criação dos fundos junto às prefeituras. Muitos conselhos já realizaram diagnósticos da situação da criança e do adolescente em seus municípios e começam a cobrar ações específicas para implementação do ECA. O controle social dos conselhos sobre as políticas municipais pode ser mais ou menos exercido segundo as correlações de forças dentro dos próprios conselhos. Na sua operacionalização, nos inúmeros debates, nas contribuições teóricas vão se definindo as funções previstas no Estatuto para os conselhos e os fundos.

A instalação do CONANDA representa o coroamento de uma mudança institucional, pois o Conselho vai impulsionar a implantação do ECA, que traz uma mudança fundamental nas políticas anteriores relativas à infância. As dificuldades surgem e o clientelismo, a utilização dos conselhos pelos prefeitos e políticos, o autoritarismo, o uso do público pelo privado não estão descartados. Há um forte movimento para se implantar os conselhos de direitos e os conselhos tutelares dentro da perspectiva de municipalização e participação do ECA. Até dezembro de 1993, segundo dados do CBIA, havia em funcionamento 22 Conselhos Estaduais de Direitos da Criança do Adolescente, 1.808 Conselhos Municipais de Direitos (39,01% dos municípios) e 806 Conselhos Tutelares (16,74% dos municípios).

Já em 1993, pela Lei 8.642, de 31 de março, cria-se o Programa Nacional de Atenção Integral à Criança e ao Adolescente (PRONAICA) para *integrar e articular ações* de apoio à criança e ao adolescente, sob a coordenação do Ministério da Educação, buscando um sistema nacional de atenção integral a esta população. Na prática está apoiando a construção de Centros de Apoio Integral à Criança e ao Adolescente (CAICs) em vários municípios a quem cabe administrar o equipamento fornecido pelo governo federal.

Em janeiro de 1995, o presidente Fernando Henrique Cardoso extingue o CBIA juntamente com os Ministérios do Bem-Estar Social e da Integração Regional, transferindo para o Ministério da Justiça o acompanhamento da questão dos direitos da criança e do adolescente. Implanta um Conselho da Comunidade Solidária para um programa do mesmo nome que deve coordenar as ações no campo social a partir de iniciativas locais e apoio à merenda escolar, visando o reforço da política de educação.

Os equipamentos educacionais e as taxas de escolarização da população de 7 a 14 anos aumentam significativamente entre 1960 e 1990, passando estas últimas de 36,2% para 86,9%. Ainda assim estão fora da escola 13% dos 26.757.300 brasileiros de 7 a 14 anos. No início da década de 90 apenas 5% das crianças menores de 4 anos têm acesso às creches e apenas 32% das de 4 a 6 anos às pré-escolas. A este problema se adicionam os da repetência e da evasão escolar. Apenas 20% dos alunos matriculados na primeira série concluem a 8ª série e somente 45 em mil concluem a 8ª série sem repetência (Ministro da Educação, 1994). Muitos entram na escola, mas pouco nela permanecem. As escolas estão com baixa qualidade, os professores mal remunerados e a maioria da população sem condições de enviar e manter os filhos na escola. Foram criados a partir de 1995 vários programas municipais de bolsa/escola (Silva et al., 2004) que desembocaram no programa Bolsa Família, de 2003.

Os 50% mais pobres detêm apenas 11,2% da renda e se veem, muitas vezes, na contingência de encaminhar os filhos para o trabalho precoce para um reforço ou até garantia da renda familiar. Os pequenos trabalhadores, hoje como no início do século, fazem todo tipo de trabalho, começam cedo, trabalham duro e ganham pouco. A taxa de atividade das pessoas de 10 a 14 anos é de 12,6% e a de 15 a 17 anos de 46,6%, no Brasil urbano em 1989 (Fausto, Cervini, 1991, p. 230). Em 1990 apenas 32,9% das pessoas ocupadas de 15 a 17 anos possuem carteira assinada. A ocupação de empregada doméstica ocupa 34,8% das meninas de 10 a 17 anos com um salário médio de 0,6 salário mínimo.

O mito do trabalho infantil como forma de encaminhamento da criança na vida ainda se mantém na cultura e nas relações de produção no final de século XX. Há, a partir do ECA, por parte das crianças e adolescentes, o direito à profissionalização, à aprendizagem profissional, à proteção ao trabalho com todos os direitos trabalhistas. O Ministério do Trabalho, o Ministério Público Federal e a Secretaria da Polícia Federal firmaram entre si Termo de Compromisso visando a prevenção, a repressão e a erradicação de trabalho forçado e trabalho ilegal de crianças e adolescentes.

À violência do trabalho, das condições sociais acrescenta-se a violência doméstica e a violência do extermínio (Faleiros, 1993). Em 1988, segundo dados do PNAD, 200 mil crianças e adolescentes declararam-se vítimas de violência. Dentre os agressores dos meninos, 55,9% eram agentes conhecidos, assim como 45,1% dos agressores das meninas. Os grupos de extermínio atuam constantemente. Segundo dados da polícia, citados na CPI do Extermínio (1992) houve no Brasil 4.611 mortes por extermínio de menores de 17 anos entre 1988 e 1990. A sociedade, o Ministério Público, o Parlamento, estão denunciando o fenômeno da violência, buscando inculpar (ainda que timidamente) os agressores e implantar um sistema de proteção às vítimas. Em novembro de 1993 é elaborada uma proposta de "Programa Nacional de Cidadania e de Combate à violência" na II Jornada Contra a Violência do Ministério da Justiça com indicação de medidas concretas.

A presença da miséria, da barbárie, do trabalho precoce, da repetência convivem na sociedade brasileira com um esforço de parte da sociedade, de parte do Estado para reverter esta situação, configurando-se um país dual onde se conflitam estratégias de clientelismo com as de cidadania, de encaminhamento ao trabalho precoce com as de proteção ao trabalho da criança, de violência e de defesa dos direitos.

Os achados da pesquisa

A história das políticas e da infância, neste trabalho, é vista na dinâmica própria das relações entre agentes e forças sociais e políticas que se aglutinaram ou confrontaram em diferentes momentos históricos a partir da proclamação da República. Trata-se, na realidade, de um processo contraditório complexo, que não pode ser reduzido a uma linearidade ou evolução. Destaca-se mais propriamente um embate de questões que vão se configurando de acordo ao contexto econômico, às ideias e teorias em movimento, às forças políticas em presença, à forma de Estado em vigor. Vamos detalhar estas dimensões nos pontos a seguir destacados, esclarecendo que não podem ser isolados uns dos outros.

A relação entre estatal e privado e entre público e privado

Ao longo do período analisado as relações entre agentes estatais, portanto com poder legal e capacidade de uso de recursos públicos, estiveram em constante interação com agentes privados, com interesses particulares, pessoais, religiosos, morais, econômicos, políticos, no processo de definição das políticas ou da ausência de políticas para a infância e a adolescência pobres. Um modo de relação estatal/privado, próximo do patrimonialismo vem se confrontando com uma relação público/privado/sociedade na abertura de espaços públicos para exercício da cidadania. Esta relação pode ser vista de diferentes modos:

a) A política asilar e de contenção de ameaças do início da República implica em troca de subvenções estatais a projetos particulares por legitimação política e pessoal de figuras do Estado.

b) A política de controle social dos anos 30 traz em seu bojo maior intervenção do Estado, mas com a troca da presença de setores privados no ensino, a introdução do ensino religioso facultativo, as subvenções a obras sociais, e favorecimentos à presença da "benemerência" privada.

c) A política populista no período democrático pulverizou as relações entre o estatal e o privado em diferentes níveis de governo (federal, estadual, municipal), distribuindo subvenções, elaborando convênios, pagando *per capita* com dinheiro público e ao mesmo tempo estimulando, em nível local, clubes de mães, creches para integração Estado/massas. Detectados casos de corrupção no uso das verbas públicas, e alguns investigados.

d) A política de repressão da ditadura militar, apesar dos discursos de integrar a criança na família, privilegiou a internação e a centralização tecnocrática, ampliando os convênios como forma de incorporação do setor privado.

e) No processo de transição da ditadura militar à democracia os questionamentos da política para a infância e do papel do Estado e as propostas de movimentos de base expõem claramente o confronto entre uma política clientelista estatal/privada e uma política de parceria público/privada em defesa da cidadania.

f) A Constituição de 1988 define um paradigma dessa relação na participação da população nos Conselhos de Direitos e Tutelares que vem sendo implantado de forma diferenciada como um poder de decisão partilhado entre Estado e sociedade, mas sujeito às correlações de força e à hegemonia de grupos ou blocos que defendem uma visão clientelista/repressiva ou cidadã/educativa ao poder local dos prefeitos.

Combinação e confrontação de estratégias repressivas, assistencialistas e defesa dos direitos da criança. Os principais são destacados nos pontos seguintes:

a) Grupos religiosos, principalmente de congregações, estão presentes no controle de asilos, casa de correção, internatos, com ênfase para o setor católico. Protestantes, e principalmente espíritas, vêm ampliando sua atuação.
b) O movimento higienista, com destaque na Velha República, se manifesta na defesa da inspeção do corpo e do meio para preservar a higidez da raça e do indivíduo.
c) Advogados, juízes, desembargadores, com destaque para a constituição dos tribunais de menores e dos códigos, trazem propostas e articulam ações no sentido de controlar as ameaças, a vadiagem, a delinquência de crianças e de intervir no pátrio poder.
d) Por meio das Delegacias e órgãos, os agentes policiais se destacam na repressão à perturbação e à suspeita de perturbação da ordem.
e) Inúmeros atores sociais, designados como filantropos, se propõem a socorrer o abandono físico e moral, com forte presença de mulheres, primeiras damas e associações filantrópicas.

f) Embora os técnicos institucionais se dividam entre diferentes perspectivas, boa parte deles se inscrevem nos processos de controle burocrático e atuação pedagógica integradora e corretiva.

g) O movimento de denúncia, de defesa de direitos, de construção de alternativas de cidadania, incluindo propostas para a educação formal, para a educação de rua, para controle social das políticas, vão se tornando agentes importantes de pressão para mudança das políticas sociais para a infância.

h) Os políticos colocam a questão da infância seja no contexto de interesses mais amplos de defesa da raça, da nação, da indústria, do liberalismo, seja da política miúda dos interesses particulares de pequenos grupos e instituições.

A questão do trabalho infanto-juvenil significa um processo de verdadeira segregação social com a persistente estratégia, por parte de agentes estatais e privados, de encaminhar a criança pobre para o trabalho.

a) As famílias usam o trabalho infantil como estratégia de ampliação de recursos, divisão do trabalho e até arrimo da casa.

b) A implantação de educação formal para todos foi um fracasso da República, pois mesmo ampliando vagas, a partir dos anos 70, a evasão e a repetência fazem do Brasil um dos países com menor índice de permanência na escola (4, 5 anos).

c) O empresariado rural usa com intensidade a mão-de-obra infantil e o empresariado industrial defendeu fortemente esse uso nos anos 20 e 30, não deixando nunca de fazê-lo.

d) Os asilos e instituições reforçaram a formação de crianças para o trabalho subalterno, seja de doméstica para as meninas, seja de mão-de-obra semiqualificada para os meninos.

e) A fiscalização do trabalho infantil é ineficiente, quase inexistente e as burlas à legislação de proteção ao trabalho infanto-juvenil são feitas a olhos vistos, constantes e graves, por exemplo, a ausência de carteira de trabalho, pagamento inferior ao salário mínimo e até trabalho escravo.

f) O Estado estimula, em suas políticas e instituições, o encaminhamento da criança ao trabalho subalterno. Exemplos mais flagrantes são a baixa de idade para trabalhar na Constituição de 1967 e a política do "Bom Menino" no governo Sarney.

g) O Estatuto da Criança e do Adolescente introduz o paradigma de proibição do trabalho infantil, reforça uma política de profissionalização e de proteção ao trabalho juvenil com todos os direitos.

h) Setores do Estado, grupos e movimentos sociais, organismos internacionais como a OIT, se articulam para a erradicação do trabalho infantil.

As políticas se estruturam de acordo à correlação de forças e à hegemonia dos blocos no poder, em cada conjuntura. Sem ser exaustivos, podemos destacar as conjunturas seguintes:

a) Na conjuntura de domínio do poder oligárquico/liberal da Velha República a defesa da não intervenção do Estado nas questões sociais implicava num amplo espaço para a ação privada e omissão do Estado. Não deixava, contudo, de intervir na manutenção da ordem e na "defesa da moral" mantendo por longo tempo a instituição da Roda de Expostos para camuflar a ilegitimidade de certos filhos das elites dominantes. O "incógnito" de filiação ainda é mantido pelo Código de 1927.

b) Um sistema de ação estatal vai sendo construído a partir dos anos 20, do Código de 1927 e se consolida com Vargas, nos anos 30, compreendendo: um setor assistencial, um setor repressivo/jurídico/policial sob a égide do Ministério da Justiça, um setor de saúde, um setor de formação profissional.

c) No período democrático do pós-guerra o sistema anterior se mantém articulado a uma relação clientelista e pulverizada Estado/estados/municípios/massas, desenvolvendo-se, ainda que embrionariamente, a participação local na integração da população ao Estado. As políticas preventivas de doenças infantis se ampliam. A luta pelo ensino público se expressa nos debates pela Lei de Diretrizes de Bases da Educação.

d) Apesar de a FUNABEM (Fundação Nacional do Bem-Estar do Menor) ter nascido de um movimento de oposição ao sistema repressivo anterior ela se integra no sistema repressivo e tecnocrático da ditadura com um sistema centralizador que se ramifica nos estados através das Febems, com a aliança com os Juízes de Menores que articulam o Código de Menores de 1979.

e) As pressões sociais pela democratização, pela descentralização e pela participação conseguem, na Constituição de 1988 e no Estatuto da Criança e do Adolescente de 1990, implantar um sistema de atendimento e acesso às políticas sociais, de garantias de direitos e de proteção especial para a criança e o adolescente em níveis federal, estadual e municipal. A sociedade se rearticula em relação à questão da infância com organismos de defesa de direitos, projetos alternativos, movimentos de denúncia.

f) O governo federal, em 1995 reduz a atuação da esfera federal em relação às políticas para a infância com a extinção do Centro Brasileiro da Infância e da Adolescência. O CONANDA continua submetido ao Ministério da Justiça.

É preciso salientar, no desenvolvimento da investigação, a influência das ideias, das propostas e debates políticos que envolveram os atores em congressos, seminários, conferências. Os principais destaques são para os debates e propostas que envolveram as questões abaixo enumeradas:

a) A questão da moral das famílias e da repressão aos maus costumes, ao desregramento infantil envolve várias propostas de política na Velha República como as casas de correção, os internamentos, a Roda de Expostos.

b) A questão da periculosidade do caráter e da influência biológica no desenvolvimento infanto-juvenil propicia a discussão, oferta e implementação de várias propostas de políticas de controle social, sanitário e repressivo, como vimos as elaboradas por higienistas e alguns juristas.

c) A ideia de integração de marginalizados sociais inspira a atuação técnica em várias instituições estatais e privadas, sendo oficialmente incorporada pela FUNABEM.

d) A doutrina da situação irregular, considerando as situações de abandono e delinquência, isoladas do contexto maior fundamenta o código de Menores de 1979.

e) A doutrina da proteção integral, da criança como sujeito de direitos, é incorporada pelo Estatuto de Criança e do Adolescente, significando a prioridade para a criança e o adolescente e sua visão como cidadão de todos os direitos e como ser em desenvolvimento.

Estas reflexões mostram a diversidade de correlações em que se pode pensar a formulação de políticas para a infância e a adolescência sem que se possa reduzi-la a um único fator determinante. Por isso, descartamos as perspectivas reducionistas e derivacionistas para considerar o processo mais que o modelo, a história mais que a estrutura formal, as lutas entre os agentes e as forças mais que a linearidade ou a sequência de projetos. As estratégias que destacamos são questões em conflito.

Comentário final

As três dimensões que escolhemos para a análise se fazem presentes ao longo da história aqui considerada, assumindo formas diversas nas diferentes conjunturas. A articulação do público com o privado assume as formas de subvenções, convênios, *per capita*, descambando, não raro para a corrupção. A política de encaminhamento para o trabalho das crianças e adolescentes pobres é uma constante nos discursos, nas propostas, nas práticas, em diferentes épocas, assumindo as formas de colônias, patronatos, projetos, escolas profissionais, convênios com empresas, no sentido de se priorizar mais o trabalho que a escola para as crianças. A combinação de clientelismo e repressão perpassa não só a relação das instâncias da Federação (União, Estados e Municípios), mas a própria relação do Estado com a sociedade. As crianças pobres são vistas seja como ameaça, seja como "coitadinhos", e passam a ser vistas como cidadãos apenas com o Estatuto da Criança e do Adolescente, cujos 10 anos avaliamos em um trabalho de pesquisa (Faleiros, V. P. e Pranke, C. *Estatuto da criança e do adolescente, uma década de direitos. Avaliando resultados e projetando o futuro.* Campo Grande: Editora da Universidade Federal de Mato Grosso do Sul. Série Escola de Conselhos, 2001).

Referências bibiliográficas

ALBUQUERQUE, Medeiros de. Carta de Maio de 1906. In: *Industriários*, n. 75, p. 19, jun. 1960.

AMMANN, Safira. B. *Ideologia do desenvolvimento de comunidade no Brasil*. São Paulo: Cortez, 1980.

ARAUJO, Sonia M. Duarte de. *Elementos para se pensar a educação dos indivíduos cegos no Brasil*: A história do Instituto Benjamin Constant. Dissertação de mestrado. Rio de Janeiro: UERJ, 1993.

ASSEMBLEIA LEGISLATIVA DO ESTADO DA GUANABARA. *Internamento de menores*. Rio de Janeiro, Estado da Guanabara/Rio de Janeiro, 1962.

BAER, Werner. *A industrialização e desenvolvimento econômico do Brasil*. Rio de Janeiro: FGV, 1979.

BARBETTA, Alfredo. *A saga dos menores e educadores na conquista da condição de cidadão*: O movimento de meninos e meninas de rua na década de 80. Dissertação de mestrado — Pós-graduação em Serviço Social. São Paulo: PUC, 1993.

BARBOSA, Ruy. *A questão social e política no Brasil*. Rio de Janeiro: Simões, 1958.

BAZÍLIO, Luiz Cavalieri. *O menor e a ideologia de segurança nacional*. Belo Horizonte: Vega-Novo Espaço, 1985.

BONELLI, Regis; RAMOS, Lauro. *Distribuição da renda no Brasil*: Avaliação das tendências de longo prazo e mudanças na desigualdade desde os meados dos anos 70. Brasília: IPEA, 1993.

BOTELHO, Rosana Ulhôa. *Uma história da proteção à infância no Brasil*. Tese de mestrado em História. Brasília: UnB, 1993.

BRITTO, Lemos. *Obras completas* (assistência a menores — direito penal — ciência e prática penitenciária). Rio de Janeiro: Ministério da Justiça e Negócios Interiores / Serviço de Documentação, 1959, v. 1.

CARDOSO, Fernando Henrique. *Mãos à obra Brasil*: Proposta de governo. S.l.: s.n., 1994.

CARONE, Edgard. *A segunda República*. Rio de Janeiro: Difel, 1974.

CARVALHO, Marta M. Chagas de. *A escola e a República*. São Paulo: Brasiliense, 1989.

CAVALLIERI, Alyrio. *Direito do menor*. Rio de Janeiro: Forense, 1984.

CENTRO DE DEFESA DA QUALIDADE DA VIDA. *A situação da criança no Brasil*. Rio de Janeiro: Ilha, 1979.

COMISSÃO DE SISTEMATIZAÇÃO. *Emendas Populares*. Assembleia Nacional Constituinte. Brasília: Gráfica do Senado, 1987, v. 2.

COMISSÃO NACIONAL CRIANÇA E CONSTITUINTE. *Lute por mim. Propostas para a Assembleia Nacional Constituinte*. Brasília: Gráfica Pirâmide, 1987.

CNBB (Conferência Nacional dos Bispos do Brasil). *"Quem acolhe o menor a mim acolhe"*. Brasília: CNBB, 1986.

CUNHA, Maria Celeste Flores da. Memória Histórica. 16 anos depois. In: FUNABEM. *FUNABEM anos 20*. Rio de Janeiro: MPAS/FUNABEM, 1984.

DAL-ROSSO, Sadi; RESENDE, Maria Lúcia. *As condições de emprego do menor trabalhador*. Brasília: Thesaurus, 1986.

DINIZ, Amélia Franco. *A política de alimentação e nutrição da Nova República*. Trabalho de conclusão de curso. Brasília: UnB, Departamento de Serviço Social, 1988.

DINIZ, Eli. O Estado Novo: estrutura de poder e relações de classe. In: FAUSTO, Boris (Org.). *O Brasil Republicano*. São Paulo: Difel, 1981, v. 3.

FALEIROS, Vicente de Paula. *A política social do estado capitalista*. São Paulo: Cortez, 1980.

FALEIROS, Vicente de Paula; LUTERO, Rosa. *Perfil de entidades apoiadas pelo Programa Criança Esperança*. Brasília: UNICEF, 1990.

FALEIROS, Vicente de Paula. Estado, sociedad y políticas sociales. In: FLEURY, Sonia (Org.). *Estado y políticas sociales en América Latina*. Xochimilco: Universidad Autónoma Metropolitana, 1992a.

FALEIROS, Vicente de Paula. *O trabalho das políticas*: Saúde e segurança dos trabalhadores. São Paulo: Cortez, 1992(b).

FAORO, Raymundo. A aventura liberal numa ordem patrimonialista. *Revista USP*, n. 17, p. 14-29, maio 1993, São Paulo.

FAUSTO, Ayrton; CERVINI, Ruben (Orgs.). *O trabalho e a rua*: Crianças e adolescentes no Brasil urbano dos anos 80. Brasília: UNICEF/FLACSO/Cortez, 1991.

FERREIRA, Ivanete Salete B. A relação Estado-mercado no processo de constituição da assistência social durante o governo Collor. *Serviço social & Sociedade*. São Paulo, n. 43, v. 14, p. 45-70, 1993.

FORJAZ, M. Cecília S. *Tenentismo e aliança liberal*. São Paulo: Polis, 1978.

FRAGOSO, Augusto. Segurança nacional e justiça militar. *Cadernos de Estudos Brasileiros*. Rio de Janeiro: UFRJ, 1975.

FUNABEM. *A experiência da FUNABEM na reeducação do menor de conduta antissocial*. Rio de Janeiro: FUNABEM, 1974.

FUNABEM. *O "menor — problema social" no Brasil e a ação da FUNABEM*. Rio de Janeiro: FUNABEM, 1976.

FUNABEM. *FUNABEM anos 20*. Rio de Janeiro: MPAS/FUNABEM, 1984.

GOMES, Angela Maria de Castro. *Burguesia e trabalho*: Legislação social no Brasil 1917-1937. Rio de Janeiro: Campus, 1979.

IAMAMOTO, M.; CARVALHO, Raul. *Relações sociais e serviço social no Brasil*. São Paulo: Cortez, 1982.

JUNQUEIRA, Lia. *Abandonados*. São Paulo: Icone, 1986.

LIMA, Augusto Sabóia. *Patronato de menores*: O que significa o que realiza. Rio de Janeiro: Henrique Velho, 1943.

LUPPI, Carlos Alberto. *Malditos frutos do nosso ventre*. São Paulo: Icone, 1987.

MARQUES, João Benedito de Azevedo. *Marginalização: menor e criminalidade*. Rio de Janeiro: McGraw-Hill do Brasil, 1976.

MARTINS, José de Souza. *Os camponeses e a política no Brasil*. Petrópolis: Vozes, 1981.

MINEIRO, Beatriz Sofia. *Assistência e proteção aos menores abandonados e delinquentes*. Rio de Janeiro: Villani & Barbero, 1924.

MONCORVO FILHO, Arthur. *Histórico da proteção à infância no Brasil*. Rio de Janeiro: Empresa Gráfica, 1926.

MONTORO, André Franco. *Salário família*. Rio de Janeiro: Agir, 1963.

MOURA, Esmeralda Blanco. *Mulheres e menores no trabalho industrial*. Petrópolis: Vozes, 1982.

NOGUEIRA, Diogo Pupo. *A indústria em face das leis do trabalho*. São Paulo: Escolas Profissionais Salesianas, 1936.

OLIVEIRA, Jaime e FLEURY, Sonia. *(Im)previdência Social*: 60 anos de história da Previdência no Brasil. Petrópolis: Vozes, 1986.

ORLANDI, Orlando. *Teoria e prática do amor à infância*. Rio de Janeiro: Jorge Zahar, 1985.

PERISSINOTO, Renato M. *Classes dominantes e hegemonia na República Velha*. Campinas: UNICAMP, 1994.

PINHEIRO, Maria Esolina. *Infância e juventude desvalidas*. Rio de Janeiro: Coelho Branco, 1939.

PINHEIRO, Paulo Sérgio. Classes médias urbanas na Primeira República. In: Fausto, Boris (Org.). *História geral da civilização brasileira*: O Brasil republicano. São Paulo: Difel, 1978.

RIZZINI, Irma. *Assistência à Infância no Brasil. Uma análise de sua construção*. Rio de Janeiro: USU, 1993.

SANTOS, J. M. Carvalho. Criação de menores abandonados In: Verbete do *Repertório Enciclopédico do Direito Brasileiro*. Rio de Janeiro: Borsoi, 1948.

SCHWARTZMAN, Simon. *Tempos de Capanema*. Rio de Janeiro: Paz e Terra / EDUSP, 1984.

SENADO FEDERAL. *Código de Menores*. Senado Federal, Subsecretaria de Edições Técnicas, Brasília, 1984.

STREET, Jorge. *Ideias sociais de Jorge Street*. Brasília: Senado Federal, 1980.

VAZ, Franco. *A infância abandonada*. Rio de Janeiro: Imprensa Nacional, 1905.

VIEIRA, Lívia Maria Fraga. Mal necessário: creches no Departamento Nacional da Criança (1940-1970). *Cadernos de Pesquisa*, São Paulo, v. 67, p. 3-16, 1988.

VITORINO, Manuel. *Ideias políticas de Manuel Vitorino*. Rio de Janeiro/Brasília: Senado Federal/MEC, 1981.

WARDE, Miriam Jorge. *Educação e estrutura social*. São Paulo: Cortez, 1977.

WEFFORT, Francisco. *Por que democracia*. São Paulo: Brasiliense, 1984.

ZALUAR, Alba. *Cidadãos não vão ao paraíso*: Juventude e política social. São Paulo: Escuta, 1994.

Capítulo II

Crianças e menores — do *Pátrio Poder* ao *Pátrio Dever*.* Um histórico da legislação para a infância no Brasil

*Irene Rizzini***

Introdução

"Salvar a criança — eis o lema!"

"Só a criança pode salvar o homem do nosso século"[1]

Neste texto discutimos a história da legislação referente às crianças e aos adolescentes a partir da independência do Brasil (1822) até a aprovação

---

* Título inspirado nas palavras de Saul de Gusmão, Juiz de Menores do Distrito Federal, em entrevista ao jornal *A Manhã* (27 de outubro de 1943). Ao tecer considerações sobre a contribuição do Juízo de Menores para solucionar o problema da infância desamparada, afirma que uma das formas assistenciais é a "socorrista", ou seja "pelo amparo aos que necessitam de internação para seus pupilos por carecerem de recursos econômicos, pela concessão de pensão de alimentos como obrigação irrecorrível dos pais, e que é mais um passo para se transformar, definitivamente, o Pátrio Poder em Pátrio Dever" (Gusmão, 1944, p. 51). *Neste texto, a autora optou por manter a ortografia original dos documentos citados.*

** Professora e pesquisadora do Departamento de Serviço Social da PUC-Rio, diretora do CIESPI (Centro Internacional de Estudos e Pesquisas sobre a Infância) e Presidente da rede mundial de pesquisa Childwatch International.

1. Frase atribuída a Tristão de Ataíde, citada pelo Juiz de Menores Alberto Mourão Russel. Relatórios. Juízo de Menores do Distrito Federal, 1947 e 1948.

da primeira lei especificamente voltada para os menores de idade[2] — o Código de Menores, de 1927.[3] Este é um período de grandes transformações políticas, econômicas e sociais no país e a criança passa a ter um papel particularmente importante. É daí que partiremos — dessa "descoberta" da criança, compreendida, ao mesmo tempo, como problema e solução para o país. Nesta análise, destacaremos as ideias e as práticas lideradas por atores dos campos da medicina, da justiça e da assistência que funcionaram como forças propulsoras para o desenvolvimento desta história.

O foco de nossa análise é a criança, mas vai muito além dela. Abrange gerações. Através da criança — de como a sociedade a concebe, a molda e regula seus destinos — apreendem-se certos traços que marcam a trajetória de uma nação. É também uma história de gerações e de atribuição de responsabilidades. Quem deve cuidar da criança? Quem detém o poder sobre a mesma? Quem é o responsável, o tutor ou o guardião? Quais os papéis da família, da Igreja e do Estado nesta história? Tais possibilidades definem uma certa criança, cuja infância é classificada de acordo com sua origem familiar e sua "herança" social. Assim, os bem nascidos podiam ser crianças e viver sua infância; os demais estavam sujeitos ao aparato jurídico-assistencial destinado a educá-los ou corrigi-los, vistos como "menores abandonados ou delinquentes".

Em se tratando de legislação, é a criança-menor que protagoniza esta história — aquela que necessita de assistência e sobre a qual a sociedade precisa definir o campo das responsabilidades e das ações — caridade, filantropia, regulamentação de cunho social ou penal, assistência pública ou privada. Sobre quem recai a responsabilidade e o que deve ser feito? "Salvar a criança é defender a nação" — foi este o lema que moveu ilustres brasileiros na passagem do século XIX para o XX, a considerarem a infância como uma "magna causa".

---

2. Em diferentes períodos históricos, há variações etárias nas definições de "menor de idade" e de responsabilidade penal. Estas definições serão indicadas quando consideradas pertinentes para a compreensão do texto.

3. Para uma relação completa das leis desde 1824, acesse no site do CIESPI — Centro Internacional de Estudos e Pesquisas sobre a Infância, a BASE LEGIS. Sobre o tema, veja ainda da autora: *A criança e a lei no Brasil: revisitando a história* (1822-2000) e *O século perdido* (segunda edição revista, 2008, Cortez Editora).

Elegemos a história da legislação e o discurso jurídico como principais instrumentos de análise devido à sua relevância para a reflexão que nos propusemos a realizar. Há cerca de um século atrás, na passagem do Império para a República, os juristas começavam a sinalizar a necessidade de se criar uma legislação especial voltada para os menores de idade. Diversos fatores parecem ter contribuído para isso: as transformações da sociedade de então, como a mudança de regime político; a força do movimento internacional de reforma do sistema penal, coincidindo com a promulgação de um novo Código Penal (1890) e a polêmica revisão constitucional de 1891, substituindo-se as leis produzidas em 1830 e 1824, respectivamente.

A proposta de se dar um tratamento jurídico diferenciado a crianças e adolescentes aos poucos foi sendo incorporada à legislação, com repercussões na esfera da ação, sendo o Estado chamado a intervir. Por motivos que analisaremos a seguir, a mudança efetiva, na forma de uma lei específica — o Código de Menores — só seria concretizada mais de duas décadas depois, em 1927. Todo este período, no entanto, é de grande relevância para compreendermos a construção social das noções de infância na época, mas, sobretudo, para as práticas que elas produziram ao longo de todo o século XX.

1. O "recolhimento de creanças orphãs e expostas"[4] A legislação no Brasil Império

Nos anos que se seguem ao advento da independência do Brasil, o interesse jurídico relativo aos menores de idade aparece restrito às discussões em torno da primeira lei penal do Império — o Código Criminal de 1830.

---

4. A infância reconhecida como necessitada de assistência era comumente designada de "orphã" e "exposta". O termo órfão abrangia também crianças que tivessem perdido apenas um dos pais, segundo o dicionário de Antonio Maria Couto, de 1842. Lê-se no Aviso n. 312 de 1859 que "... a menor, filha de pai incógnito, e que tem mãi viva, he orphã em face das Leis do Paiz". A criança exposta ou "engeitada" era aquela que não a "quizerão receber, e sustentar, ou criar" (ibid). Mais para o final do século, usava-se com freqüência o termo "desvalido", cujo significado seria "aquêlle que não tem valimento — desgraçado, miserável; e parte de desvaler" (*Dicionário de Candido de Figueiredo*, 1899).

Em termos históricos, esta lei pode ser considerada como um avanço, pois até então vigoravam as Ordenações do Reino de Portugal, cujas medidas punitivas foram abolidas por serem consideradas bárbaras.

Apesar da menoridade constituir um atenuante à pena desde as origens do direito, crianças e jovens eram severamente punidos antes de 1830, sem maior discriminação em relação aos delinquentes adultos.[5] Basicamente o que se vai considerar na lei de 1830 é o estabelecimento da responsabilidade penal para menores a partir de 14 anos (art. 10, § 1º), acrescentando que, "se se provar que os menores de quatorze annos, que tiverem commettido crimes, obraram com discernimento, deverão ser recolhidos as Casas de Correcção, pelo tempo que ao Juiz parecer, com tanto que o recolhimento não exceda a idade de dezasete annos" (Lei de 16 de Dezembro de 1830, p. 144).

Considerando-se a época em questão, é, de certa maneira, surpreendente a preocupação com o recolhimento de menores em estabelecimentos especiais que visassem sua correção, pois não estava ainda em voga a discussão sobre a prevalência da educação sobre a punição, o que ocorrerá somente no final do século XIX.

Vê-se que a questão penal referente aos menores não tinha maior expressão na época. Somente 20 anos mais tarde surgiriam as primeiras tentativas de se elaborar um regulamento para a "Casa de Correcção". A ideia era criar um estabelecimento com previsão de alas separadas — uma de cunho correcional para menores delinquentes, mendigos e vadios "condemnados a prisão com trabalho", e outra para os demais presos destinados à divisão criminal.

A tônica da legislação nas primeiras décadas do Brasil Império que fazem menção à infância será em torno da preocupação com o "recolhimento de creanças órphãs e expostas" — preocupação fundada na ideologia cristã de amparar a infância órfã e abandonada. Praticavam-se medidas de caráter essencialmente assistencial, lideradas pela iniciativa privada de cunho religioso e caritativo, tais como:

---

5. No direito romano, o "infans" era equiparado ao louco — o "furiosus" — para os efeitos de direito (Loureiro, s.d., p. 329-330). As penas de morte e de galés foram substituídas pela prisão com trabalho (Loureiro, s.d., p. 329-330).

— O Decreto n. 407, de 23 de setembro de 1846. "Dispensando as Leis de amortisação a favor do Recolhimento de Santa Theresa da Cidade de São Paulo, e do Convento de Santa Theresa desta Corte."

— O Decreto n. 994, de 22 de setembro de 1858. "Concede não só ao Hospital de Misericórdia da Cidade de São João D'el Rei quatro loterias para o estabelecimento, e manutenção de hum Recolhimento de expostas, mas também huma loteria á Matriz da Villa de Oliveira".

— O Decreto n. 3.283, de 28 de setembro de 1863, o qual manda "observar o regulamento que com este baixa para a admissão de meninas pobres no Collegio das Macaubas".

Aqui percebe-se o penetrar da administração das instituições asilares religiosas na legislação, através das alianças que se estabeleciam entre a igreja com suas obras de caridade e o governo. A responsabilidade de zelar pelos expostos era nitidamente da igreja, que, para tanto, contava com subsídios provenientes dos cofres públicos. A legislação reflete, portanto, a nítida associação existente entre as ações do governo e da igreja na esfera política e mesmo no âmbito mais estritamente jurídico.[6]

Outra característica importante da legislação, presente, sobretudo, a partir da segunda metade do século XIX, refere-se à preocupação com a formação educacional das crianças: leis que tratavam da regulamentação do ensino primário e secundário no Município da Corte (Decreto n. 630, de 17 de setembro de 1851 e 1.331-A, de 17 de fevereiro de 1854); e um Decreto que "crea 10 escolas publicas de instrucção primaria, do primeiro grao, no Municipio da Corte" (5.532, de 24 de janeiro de 1874).

Tal preocupação já havia sido expressa nos primeiros anos do Império, quando, em 1828, a imprensa retrata agitações nas ruas do Rio de Janeiro e surgiam as primeiras medidas de controle da educação. Como resposta,

---

6. Chamou-nos a atenção uma observação curiosa de Aldrovando Fleury Correa, um "Bacharel em Sciencias Juridicas e Sociais pela Faculdade de Direito de São Paulo", atuante em Piracicaba, interior do estado. Ao tratar das leis que antecederam o Código de Menores de 1927, tece o seguinte comentário em relação à prática jurídica no Império: "O menor de dezasete annos estava sob o arbitrio do julgador, segundo o direito commum cujas normas eram dictadas pela Egreja" (1928, p. 7).

a contagem das escolas e professores existentes e o Aviso de 10 de janeiro de 1828, no qual Sua Majestade determinava: "que haja todo o desvelo na educação religiosa e regularidade de costumes, como bases principaes da boa ordem da sociedade" (Renault, 1984, p. 132).

O caso das crianças pobres é contemplado nos referidos decretos, como, por exemplo, o artigo 57, de 1854: "...quando em huma parochia, por sua pequena população, falta de recursos, ou qualquer outra circumstância, não se reunir numero suffuciente de alumnos que justifique a creação de escola ou sua continuação, e houver no lugar escola particular bem conceituada, poderá o Inspector Geral, ouvido o Delegado do districto, e com approvação do Governo, contractar com o professor dessa escola a admissão de alumnos pobres, mediante huma gratificação razoavel". Refere-se, ainda, o decreto a formas de atender a "menores de 12 annos que vagarem em qualquer dos districtos em tal estado de pobreza...", ou a "meninos indigentes". A estes "se fornecerá igualmente vestuario decente e simples, quando seus paes, tutores, curadores ou protectores o não puderem ministrar, justificando previamente sua indigencia perante o Inspector Geral, por intermedio dos Delegados dos respectivos districtos". Este decreto estabeleceu obrigatoriedade de ensino para todos os "meninos maiores de 7 annos sem impedimento physico ou moral", sob pena de multa (art. 64).

Havia, portanto, incentivo a que se abrissem escolas e pobreza não deveria constituir impedimento a que criança a ela tivesse acesso. Consta no Decreto 630, de 1851, que os requisitos necessários para qualquer pessoa que se dispusesse a abrir uma escola ou lecionar eram: "...requerer licença ao Inspector Geral, justificando aptidão, idade maior de vinte e hum annos e moralidade" (p. 56).

O peso depositado na questão educacional nos diversos decretos promulgados em tão curto período é bastante revelador. Se ali estavam sendo fincadas as primeiras medidas para a organização do sistema de ensino público, visando o acesso amplo da população,[7] tal não será a matriz que orientará as políticas sociais que prevalecerão na República. Ao longo das

---

7. Tais escolas não eram destinadas exatamente a todos. O Decreto n. 1.331-A, de 1854, em seu artigo 69, estabelecia: "Não serao admittidos a matricula, nem poderão frequentar as escolas: os meninos que padecerem molestias contagiosas; os que não tiverem sido vaccinados, e os escravos".

próximas décadas, pode-se acompanhar o delineamento das ideias-base que originarão políticas discriminatórias para as crianças de acordo com a sua origem social.

Dos anos 1850 em diante, começa a tomar corpo na legislação a regulamentação de matérias relativas aos escravos e seus filhos. Interessante que a primeira referência aparece na forma de um Aviso (N. 190), em 1852, através do qual o Ministério dos Negócios da Justiça do Rio de Janeiro declara ao Presidente da Província de São Paulo, em resposta à sua solicitação, que as disposições do Código Criminal são "também applicáveis aos escravos menores". Trata-se de uma declaração sobre o pouco ou nenhum valor do escravo na sociedade, chegando a suscitar dúvidas quanto à aplicabilidade da lei.

E porque teria o assunto sido objeto de um Aviso? Encontramos o registro de uma passagem curiosa. Ocorreu que a "creoula Ambrosina, de 13 para 14 annos assassinou a mulher do capataz de seu senhor, Antonio Camargo". Ao que foi respondido que "... sendo as disposições do art. 10 do Codigo Criminal igualmente concebidas em termos geraes, e, além disso, fundadas nos princípios de humanidade, claro estava que erão também apllicáveis aos escravos" (p. 187-188).

No que se refere aos filhos de escravos, a mais importante lei é a de 28 de setembro de 1871 (Lei n. 2.040), que declarava serem "de condição livre os filhos de mulher escrava que nascerem desde a data desta lei, libertos os escravos da Nação e outros, e providencia sobre a criação e tratamento daquelles filhos menores e sobre a libertação annual de escravos".

A lei estipulava obrigações para os senhores dos escravos e para o governo no tocante à criação dos filhos menores, proibindo que separassem os filhos menores de 12 anos do pai ou da mãe e prevendo formas de recolhimento para aqueles que fossem abandonados.

Texto claramente ingênuo da lei, fadada ao desrespeito, um tema que seria objeto de intensa polemica nas décadas seguintes. A lei, conhecida como "do ventre livre", estabelecia que a partir de então os filhos de escravos nasceriam libertos ("ingenuos"). No entanto, tal liberdade permanecia condicionada à vontade do Senhor, à medida em que este, ao "criá-los" até os 8 anos de idade, adquiria o direito de usufruir de seu trabalho até que completassem 21 anos, ou então entregá-los ao Estado, recebendo, neste caso, uma indenização.

Não era de se esperar, em primeiro lugar, que os legisladores se posicionassem contra os Senhores e, muito menos, que os poderosos donos de escravos abrissem mão de seus "bens", considerando-se, sobretudo, que a economia agrícola da época era essencialmente escravocrata. Manter os filhos de escravos era certamente um negócio vantajoso, pois como afirmam Lima e Venâncio: "a esmagadora maioria dos proprietários preferiu continuar a utilizar os serviços dos filhos de suas escravas, já que dos 400 mil ou mais 'ingenuos' registrados até 1885, apenas 118 haviam sido confiados ao governo, o que representa menos de 0,1%" (1991, p. 66).

Mesmo assim, a nova dimensão que a lei de 1871 impôs para a sociedade brasileira não deve ser subestimada. No que se refere à mudança de percepção da sociedade em relação à criança, os passos na direção da abolição da escravatura constituíram marco importante. Crianças, cujos destinos eram traçados no âmbito restrito das famílias de seus donos, tornar-se-iam objeto de responsabilidade e preocupação por parte do governo. É possível que esses fatores tenham, inclusive, precipitado a emergência de um maior rigor da legislação penal nos anos que se seguiram, pois, até então, ricos e pobres, senhores e escravos, ocupavam funções sociais legalmente delimitadas.

Para compreender a importante transformação que começava a se delinear neste final de século, é preciso levar em consideração alguns aspectos da sociedade da época. As rápidas mudanças que se processavam ao longo da segunda metade do século XIX demandavam do Estado brasileiro uma nova organização das forças políticas em ação. Importante lembrar que se tratava de um país que se urbanizava e caminhava na direção da industrialização, mas cuja mentalidade era essencialmente rural-agrária e escravocrata.

Nesta conjuntura, marcada pelas transformações das cidades, onde se via com temor o crescimento e a concentração das populações urbanas, ganhavam particular relevo os conhecimentos médicos sobre higiene, notadamente sobre controle e prevenção de doenças infecto-contagiosas.[8]

---

8. De acordo com as estatísticas, só no Rio de Janeiro, a população dobrou entre 1872 e 1890, passando de 266 mil habitantes para 522 mil. Os dados são do Anuário Estatístico do Brasil — 1908/1912, citados

Dada a importância evidente e imediata da prática médica para a vida social urbana, sua influência foi decisiva. Os conhecimentos médicos referentes ao saneamento e à higiene coletiva eram aplicáveis a todos os segmentos da sociedade, por indivíduos de quaisquer classes sociais serem atingidos pelas epidemias. Porém, detectadas as principais causas e dominados os focos das doenças que assolavam a população, não tardaria a emergir novas aplicações dos conhecimentos adquiridos pela chamada medicina higienista. Este ponto é de particular interesse para nós sob dois aspectos: o primeiro refere-se ao fato de ter sido a família alvo privilegiado dos higienistas. Era preciso sanear a família para atingir a sociedade como um todo. E a criança era uma ponte direta de acesso à família. O segundo aspecto diz respeito à correlação de forças que se estabeleceu entre as instâncias médica e jurídica. Voltaremos a este ponto oportunamente. Por ora vale assinalar que, não por acaso, médicos e juristas debruçaram-se sobre a criança, produzindo novos saberes que indicavam a consciência da imporância da infância para o ideal de nação civilizada almejado pelas elites intelectuais que dirigiam o país. No que tange a infância, o movimento higienista não teve expressão significativa no corpo legislativo do período. No entanto, ele viria a contribuir de forma decisiva no sentido de abrir caminho para que outro movimento — o jurídico — assumisse papel protagônico junto à família, como discutiremos adiante.

Os olhares preocupados dos médicos voltaram-se para a criança. Ora, sabiam eles pela prática e, posteriormente, por estatísticas de âmbito internacional, que as mais altas taxas de mortalidade ocorriam na infância, sobretudo no primeiro ano de vida.[9]

---

por José Murilo de Carvalho em seu livro "Os Bestializados" (1987). Há registros de crescimento equivalente em outras localidades. O Boletim Demographico do Município da Capital de São Paulo aponta o salto de 26.040 habitantes para 47.697 entre 1872 e 1886. As causas listadas para explicar o fato são: "imigração, excesso de natalidade sobre a mortalidade e imigrações nacionais" (Bookwalter, 1887).

9. Dr. José Maria Teixeira, um dos formandos da Faculdade de Medicina do Rio de Janeiro em 1876, produziu uma tese sobre a mortalidade infantil nesta capital. Em 1888, seu trabalho foi publicado, após ter sido laureado com um prêmio pela Academia Brasileira de Medicina. O Dr. Teixeira participou do Congresso Internacional de Hygiene, em 1878, no qual faz a seguinte citação: "Nas classes abastadas, ella (a taxa de mortalidade) é de 70 a 80 por 1.000 crianças criadas no proprio domicilio, ella, no entanto varia de 240 a 750 e ate 900 por 1.000 crianças assistidas e confiadas a amas mercenárias" (p. 256). Eram

De uma preocupação claramente geral com a infância, sob o ponto de vista médico, com o objetivo de se conhecerem as causas do fenômeno e de evitá-las, surge um interesse particular relativo às crianças internadas em asilos ou "casa dos Expostos". Amplamente citada na literatura da época, a prática de expor crianças através da "roda" era bastante conhecida. Nestes estabelecimentos, o índice de mortalidade era extremamente elevado, segundo registro de diversas cidades do país, tendo atingido a faixa de 70% nos anos de 1852 e 1853 na Casa dos Expostos do Rio de Janeiro (Teixeira, 1888).[10]

Fundam-se aí as bases da puericultura no Brasil, definida como a "ciência que trata da higiene física e social da criança" (Gesteira, 1957). Os princípios da puericultura, relacionados à "higiene da maternidade e da infância", têm origem em movimento nascido na Inglaterra e na França no século XVIII sobre "as noções da conveniente criação humana" (Lessa, 1952).

No Brasil, os princípios da "hygiene infantil" foram amplamente divulgados por um de seus principais representantes, Dr. Moncorvo Filho, criador do Instituto de Proteção e Assistência à Infância (1891) e incansável porta-voz da "causa da infância", legando-nos uma obra de cerca de 400 publicações em defesa da vida e da saúde. Foi ele um dos mais contundentes denunciadores do descaso do Brasil em relação ao estado de pobreza em que vivia a população. De forma contundente, ele procurava demonstrar seus efeitos maléficos sobre a criança, nunca deixando de apontar que, ao afetarem a criança, comprometia-se o futuro do país.

Concluindo esta parte da história da legislação para a infância, apontamos que nas primeiras décadas após o advento da independência do

---

debatidos na época temas relativos ao tipo de cuidado mais indicado para as crianças, por exemplo, se o leite materno ou artificial; se artificial, de que animal e com que tipo de dispositivo (mamadeira ou diretamente no ubre do animal), bem como o atendimento mais indicado para os expostos, cuja mortalidade era elevadíssima — se nos asilos ou por criadeiras externas (Pederneira, 1855; Santos, 1857; Santos, 1858; Mello, 1859).

10. Estudos referentes ao abandono e à assistência prestada a crianças expostas na Europa desde o período medieval lançam luz sobre o tema para o caso do Brasil. Ver a respeito os belíssimos trabalhos de Boswel (1988), Mollat (1989) e Kertzer (1993).

Brasil, as leis refletem a preocupação fundada na ideologia cristã, no sentido de amparar a infância desvalida, recolhendo-a em estabelecimentos destinados à sua criação. Destacamos que os legisladores se ocuparam com a regulamentação do ensino, tornando-o obrigatório. Houve incentivo para a criação de escolas, buscando-se facilitar o acesso das crianças pobres, embora a porta de entrada das escolas permanecesse aberta somente para uma parte delas.

Por fim, há claramente a intenção de se reprimir a delinquência, as leis penais o atestam. Contudo, parece-nos pelas medidas de então que a delinquência não chega a ser uma ameaça que ultrapassasse o controle das autoridades policiais e judiciárias. Como demonstraremos a seguir, este quadro sofrera uma mudança significativa na passagem do século XIX para o XX e estabelecerá as bases que definirão o desenrolar da trajetória jurídico-assistencial que caracterizará as próximas décadas.

2. "Creanças abandonadas" e "creanças criminosas" Passagem para a República

> "... de todos os infortúnios, o da infância abandonada ou culpada é o mais digno da nossa solicitude. Os doentes, alienados e velhos são certamente carecedores de todo o interesse; mas, a maior parte desses infelizes é composta de miseráveis já no declínio da vida. O menor abandonado, ao contrário, vai crescer: segundo a educação que receber tornar-se-á um perigo para os que o cercam, ou um honrado capaz de formar, por exemplo, núcleos de homens de bem".
>
> Prof. Candido Motta, Deputado pelo Estado de São Paulo, 1909.

Os últimos 20 anos do século XIX foram de intensa transformação no cenário político do país, com profundos reflexos na vida social brasileira. As mudanças ocasionadas pelos esforços no sentido de erradicar a escravatura e, concomitantemente, de se reestruturar o trabalho livre na sociedade da época mesclavam-se com o debate em torno da mudança de regime político que estava a caminho e se concretizou em 1889.

A profunda dimensão de tais fatos emprestou ao país uma agitação especial. Era uma espécie de renascimento, revestido do sonho de emancipação que parecia finalmente concretizar-se. O Brasil firmava-se como uma nação independente, apesar das fortes amarras à ideologia colonialista tão entranhada à cultura que se desenvolvia no país, encabeçada por uma elite que se constituía à imagem do colonizador europeu (Sodré, 1984).

A legislação da época revela em seu conteúdo a preocupação do país em torno de um significativo reordenamento político e social. Estávamos às voltas com o florescimento das ideias de identidade nacional, que dominariam o país a partir da passagem para o século XX.

É dentro deste contexto que se pode entender o surgimento de uma crescente preocupação com a infância. Contudo, uma preocupação diferente da registrada no Brasil Império. Embora predominasse por algum tempo o enfoque de cunho religioso e caritativo na ação de assistência à criança, o Brasil República terá na esfera jurídica o principal catalisador da formulação do problema e da busca de soluções para o mesmo.

O final do século XIX marca, a nosso ver, um novo ciclo em relação à trajetória da legislação sobre a infância que vimos traçando. Considerando-se o período anterior, uma outra criança ocupa um lugar de destaque na história que tem início com o advento da abolição da escravatura, seguido da Proclamação da República — uma criança descrita como "um magno problema". No ano de 1900, Evaristo de Moraes, jurista que se destacava na época por denunciar as péssimas condições em que viviam as crianças recolhidas à Casa de Detenção do Rio de Janeiro, abria seu livro "Creanças Abandonadas e Creanças Criminosas" com as seguintes palavras:

> "Entre os Phenomenos mais apavorantes dos nossos tempos d'agora, derivando por uma parte da dissolução familiar vigente e por outro lado oriundo da crise economica que assignala a transformação do regimen capitalistico — o abandono da infancia apparece a moralistas, a sociologos e a criminologos como digno de toda a attenção, pelas relações directas que tem com a criminalidade urbana"(Moraes, 1900, p. 7).

As primeiras duas décadas do século XX constituem o período mais profícuo da história da legislação brasileira para a infância. É grande o número de leis produzidas, na tentativa de regular a situação da infância, que passa a ser alvo de inúmeros discursos inflamados nas Assembleias das Câmaras Estaduais e do Congresso Federal.

A afirmação revela que Moraes tinha uma leitura política ainda incomum entre os atores sociais da época e se antecipava ao diagnosticar o já reconhecido "problema da infância" relacionado ao contexto capitalista. Por outro lado, ela denotava também a procupação dividida por muitos com as mudanças de valores morais e seus efeitos sobre a vida familiar e, consequentemente, sobre a criança. Veremos que este tipo de preocupação constituirá uma das tônicas do debate que conduzirá a importantes transformações no campo da assistência à infância.

A tônica dos discursos é, à primeira vista, de defesa incondicional da criança — a "gênese da sociedade", dirá o Senador Lopes Trovão (1902). No entanto, uma leitura atenta revela uma oscilação constante entre a defesa da criança e a defesa da sociedade contra essa criança que se torna uma ameaça "à ordem pública", como lemos em praticamente todos os decretos da época; ou então, como elementos que, entre outros desclassificados da sociedade, "perturbam a ordem, a tranquilidade e a segurança pública" (Decreto 847, de 11 de outubro de 1890) (Rizzini, 1993).[11]

"O problema da criança" começa a adquirir uma dimensão política, consubstanciada no que muitos denominavam de "ideal republicano" na época. Não se tratava de ressaltar apenas a importância, mas sim a urgência de se intervir, educando ou corrigindo "os menores" para que estes se transformassem em indivíduos úteis e produtivos para o país, assegurando a organização moral da sociedade.[12]

---

11. Sobre a questão da dualidade na defesa da criança (percebida como "em perigo") e na defesa da sociedade (contra a criança vista como "perigosa"), ver: Rizzini, Irene, 1993, 1994. Venho demonstrando que a dualidade da criança e da sociedade adquire variadas feições em diferentes períodos históricos, de acordo com acontecimentos marcantes da vida social e política do país. E que a dualidade permanece essencialmente a mesma, apesar de profundas mudanças ocorridas no país no presente século, em particular aquelas que se processaram no campo jurídico em relação aos menores de idade.

12. De acordo com a terminologia da época, estarei empregando o termo "menor", nascido do discurso jurídico em ascensão e amplamente utilizado para designar indivíduos que não tivessem atingido

Justiça e assistência: palavras de ordem

Justiça e assistência — uma associação que se firmará nas décadas seguintes, finca suas bases na passagem do século. É importante compreendermos o significado desta associação, cujos reflexos são claramente detectáveis no processo que se desenvolveu nas duas primeiras décadas do século XX e que deu origem à criação de uma legislação especial para a infância — o Código de Menores.

Ninguém melhor do que o Desembargador Ataulpho de Paiva para nos ajudar a lançar luz sobre o importante movimento internacional que revolucionou as concepções vigentes sobre o papel da justiça. Utilizando termos como "o novo Direito", "novos horizontes da Justiça" e "o Direito moderno" em diversos discursos, palestras e artigos que publicou a partir de 1910, Paiva refere-se às ideias deflagradas em congressos internacionais por volta dos anos 1900 e, a partir dai, discute a necessidade de reforma da justiça para os menores no Brasil.

Paiva defenderá que o aumento da criminalidade infantil era um fato incontestável e que a justiça brasileira precisava de uma reforma. Novos conhecimentos, advindos da sociologia, psicologia, psiquiatria e antropologia criminal deveriam ser incorporados para se levar em conta os vários fatores que exerciam influência sobre um indivíduo que cometia um crime. Em artigo publicado no Jornal do Commercio, em 1911, intitulado "A Nova Justiça. Os Tribunaes para Menores", Ataulpho de Paiva discorre sobre as causas da delinquência juvenil, ressaltando "a acção nefasta do mau meio social, com as suas perniciosas suggestoes e a respectiva ausencia de educação...". "O antigo Juiz penal", dirá ele, num dos artigos que publica em 1916, "somente tinha a preoccupação de capitular o delicto e applicar a respectiva pena ao caso occorrente. Nada mais improprio nem menos apto para o exercicio do moderno papel da Justiça" (Paiva, 1911, p. 70).

Que ideias seriam estas a provocar mudanças tidas como drásticas num setor tão conservador quando a justiça penal? A proposta maior que

---

a maioridade penal e civil, variando de acordo com a legislação vigente. Embora em termos jurídicos "menor" designe qualquer indivíduo menor de idade, o termo foi sendo associado aos segmentos empobrecidos e marginalizados da sociedade. Ver a respeito: Rizzini, Irma (1993).

agitava o meio jurídico era a de uma mudança na própria conceituação de 'Justiça'. Visava-se uma humanização da Justiça e do sistema penitenciário. No rastro deste movimento, foi naturalmente contemplado o caso específico da criança. Ganhava força a ideia de que era necessário "compreender a pretensa criminalidade infantil", promovendo o seu afastamento da área penal. Osman Loureiro refere-se à "radical mudança da opinião pública" da época, num "clima de tolerância", que, "retirando-os (os menores) dos vórtices dos castigos comuns, os levaria para o âmbito de um espírito tutelar, de proteção e reforma, recuperando-os" (Loureiro, s.d., p. 344). As palavras-chave de então eram: profilaxia, educação, recuperação e correção. E a ideia síntese seria: "Salvar o menor: eis o lema que sucedeu a antiga preocupação de castigá-lo" (p. 339).

Fervoroso adepto do "Direito moderno", com frequência, Ataulpho de Paiva lançava mão, em seus discursos e escritos, de exemplos do "mundo civilizado", como a criação do primeiro Tribunal para Menores, em Chicago, no ano de 1899 e os ousados Conselhos de Proteção à Criança nos países nórdicos, dos quais participavam pessoas comuns de uma determinada comunidade, já no ano de 1896.

Homem público, que ocupou importantes cargos como jurista no Rio de Janeiro, Paiva foi um insistente defensor do movimento que visava organizar a assistência pública e a beneficência privada. O tema lhe era bem conhecido, tendo sido responsável pela execução do levantamento das estatísticas sobre a assistência pública e privada no Rio de Janeiro, por determinação do Prefeito Pereira Passos (Decreto 441, de 26 de junho de 1903), com o objetivo de organizar as bases do "Officio Central de Assistência no Districto Federal".[13]

Como homem de sua época, Paiva foi influenciado por ideias positivistas incorporadas pela elite intelectual à qual pertencia. Em conferência realizada na Biblioteca Nacional no ano de 1913, defenderá que: "Em nome da doutrina e da experiência contemporaneas reclamava-se para a assistência publica uma classificação juridica entre os factores de civilização e de

13. Ataulpho de Paiva foi presidente da Liga Brasileira Contra a Tuberculose durante cerca de 20 anos; criou inúmeras instituições e campanhas públicas e chegou a ser Membro da Academia Brasileira de Letras.

saneamento moral do meio social". Para em seguida explicar que seria essa uma "transição do regimen de beneficencia espontanea para a philanthropia systematizada" (p. 25). "A assistência doutrinaria e educativa tomou lugar e posição", dizia ele. "A execução positiva do methodo, da ordem e da disciplina passou a ser o grande princípio" (p. 105).

Ainda na conferência de 1913, defende a criação imediata dos Tribunais para Menores, fazendo um apelo público ao Ministro da Justiça, Dr. Herculano de Freitas: "Um simples movimento de sua acção, do seu espirito, pode fazer incorporar ao nosso patrimonio judiciario mais um tribunal que dará esplendor, refulgência e lustre a nossa nacionalidade e a nossa Justiça" (p. 29). Relembra o impacto causado, quando, em 1911, afirmou em artigo publicado pela imprensa: "No Brasil, deixae que eu diga com verdadeira lastima, o Congresso Legislativo nao se apercebeu ainda da importância do assumpto...".

Apelando para a consciência nacional e até mesmo para o pânico, afirmava: "... pode mesmo dizer-se, sem exaggero, que nunca a sociedade teve deante de si questão mais seria e mais grave para a sua segurança e tranquilidade" (Paiva, 1913, p. 67). Paiva mencionava países que, na época, já tratavam de organizar um código especial para crianças.

As palavras aqui citadas estavam nas bocas de muitos e, de fato, iriam se concretizar ao longo da década de 1920, passado o impacto maior da Guerra Mundial deflagrada pouco tempo depois da citada conferência. Nas câmaras municipais e estaduais, particularmente do Rio de Janeiro e de São Paulo, corriam projetos e circulavam debates. O clima estava criado. Vejamos o que refletirão as leis propostas neste período.

A lei e o debate: rumo a uma legislação especial para menores

A história da legislação para a infância toma novos rumos. O país acompanhava o debate internacional e parecia convencido da necessidade de "salvar a criança". Justifica-se, assim a criação de uma intrincada rede de medidas jurídico-sociais.

Tendo como ponto de partida um vasto campo de ação que se descortinava para um jurista na área do direito criminal relativo à infância, justamente em momento fértil, dado o contexto político acima assinalado, o tema foi objeto de regulamentações e debates, que se estenderam até a consolidação das leis de assistência e proteção aos menores, no ano de 1927. Embora o debate ultrapassasse em muito os limites da Justiça, ao ter abraçado várias outras áreas do conhecimento, era perceptível a liderança dos juristas. Estes se associaram às forças policiais, aos setores políticos, às cruzadas médicas e às associações caritativas e filantrópicas. Promoviam debates, publicavam e estabeleciam alianças em várias arenas: no Congresso Federal, nas Câmaras dos Deputados, nos jornais, nas sedes das "Ligas de Beneficência Pública" e associações filantrópicas, nas universidades e nos congressos acadêmicos de âmbito internacional.[14]

A infância foi nitidamente "judicializada" neste período. Decorre daí a popularização da categoria jurídica "menor", comumente empregada nos debates da época. O termo "menor", para designar a criança abandonada, desvalida, delinquente, viciosa, entre outras, foi naturalmente incorporado na linguagem, para além do círculo jurídico.

Não foi um fato passageiro. A observação acima sintetiza toda uma era da história da assistência à infância no Brasil, que perdurara até fins do século XX. Quais teriam sido alguns dos primeiros sinais desta era?

A "repressão da ociosidade"

Estávamos no ano de 1888; ano em que, a 13 de maio, a princesa regente assinava a Lei n. 3.353, declarando extinta a escravidão no Brasil. Ano também em que o país se dividia no inadiável confronto entre monarquistas e republicanos. Neste mesmo ano, a Comissão de Constituição e Legislação

---

14. Sobre o movimento ocorrido em princípios do século XX, de questionamento da caridade (acusada de promover a miséria) e a ascensão da filantropia (assistência científica, visando à reintegração social), ver Rizzini, Irma, 1993, p. 61. Sobre as Ligas, destacavam-se na época: Liga Brasileira contra a Tuberculose, fundada em 1990, hoje Fundação Ataulpho de Paiva e a Liga Brasileira de Hygiene Mental, reconhecida de utilidade pública pelo Decreto n. 4.778, de 27 de dezembro de 1923. As Ligas reuniam grande número de personagens importantes, divididos entre sócios fundadores, honorários e beneméritos e exerciam atividades de prevenção, ação direta, planejamento de programas, divulgação (campanhas), estudo e publicação.

do Paço da Câmara dos Deputados debruçava-se sobre o Projeto n. 33-A, elaborado pelo então Ministro da Justiça e Negócios Interiores, o Sr. Conselheiro Ferreira Vianna, com a missão de preparar um parecer sobre o projeto "Repressão da Ociosidade". Este fantástico documento marca o início de um domínio explícito da ação jurídica sobre a infância. Como demonstraremos, nele se encontram os principais elementos que caracterizarão a trajetória seguida nas décadas seguintes.

Em suas palavras iniciais, a Comissão esclarece que "o pensamento capital do Projeto é a repressão da ociosidade e, parallelamente, a educação da infância culpada e o amparo da velhice invalida e indigente". O projeto tem como proposta a "instituição dos termos de bem viver, transplantada do direito inglez". Termos estes impostos por lei, com previsão para as formas de "correcção dos infractores". Segundo os membros da referida Comissão, o projeto não traria inovações radicais; apenas reafirmaria as disposições já consagradas pela legislação "... si bem que, até o presente, quasi infecundas nos seus resultados."

Muitos outros projetos serão debatidos em diferentes comissões com a mesma finalidade: revitalizar itens já incluídos na legislação, na tentativa de forçar o cumprimento da lei. Como veremos, alguns destes itens de fato servirão de instrumento para o estabelecimento de medidas previstas em lei, porém não implementadas. Exemplo disso é a criação de "instituições correcionaes", regulamentada pelo Código Criminal de 1830, com o objetivo de recolher menores delinquentes, mas que permaneceu no plano da acirrada discussão pelo século XX a dentro.

Como explicar o empenho pela "repressão da ociosidade"? Depreende-se pela documentação literária, jornalística e jurídica da época, que havia toda uma população habitualmente vagando pelas vias públicas.[15] E que, embora proibido por lei, era chegado o momento de impor medidas mais

15. Afirma Caio Prado Jr. em seu célebre livro *Formação do Brasil Contemporâneo*: "O fato é que vai se avolumando uma massa de "desenraizados" no país, produto da enorme distância que historicamente sempre separou as classes dominantes das classes populares. *"Entre estas duas categorias (senhores e escravos) nitidamente definidas e entrosadas na obra da colonização, comprime-se o número, que vai avultando com o tempo, dos desclassificados, dos inúteis e inadaptados; indivíduos de ocupações mais ou menos incertas e aleatórias ou sem ocupação alguma"*. (1957, p. 279-280)

drásticas para impedir o que claramente constituía um incômodo e uma ameaça. As leis da época fazem menção à manutenção da ordem pública e procuram coibir "ações que ofendam os bons costumes, a tranquilidade pública e a paz das famílias".

Em seu livro "Os Bestializados", José Murilo de Carvalho aponta que havia no Rio de Janeiro toda uma população que poderia ser comparada às chamadas classes perigosas ou potencialmente perigosas: "... ladrões, prostitutas, malandros, desertores do Exército, da Marinha e dos navios estrangeiros, ciganos, ambulantes, trapaceiros, criados, serventes de repartições públicas, ratoeiros, recebedores de bondes, engraxates, carroceiros, floristas, bicheiros, jogadores, receptadores, pivetes".[16] Acrescenta, ainda, Carvalho que, em observação feita por Evaristo de Moraes em 1892, havia na capital "gente desocupada em grande quantidade, sendo notável o número de menores abandonados" (1987, p. 18). Em termos de legislação, há inúmeras referências condenando a presença de crianças nas ruas, sendo a mais notável delas aquela sobre "como se deve proceder quanto aos menores vagabundos" (Avisos de 1885 e 1892).

Entende-se a preocupação em reprimir a ociosidade como parte inevitável do processo de transformação das relações socioeconômicas neste período de transição para a ordem capitalista. Abolida a escravatura, como fazer trabalhar voluntariamente o homem "livre", fosse ele ex-escravo ou imigrante? No entender de Sidney Chalhoub (1986), a questão que se colocava era a construção de uma nova ideologia de trabalho, na qual o conceito de trabalho "... se reveste de uma roupagem dignificadora e civilizadora...", que viria "... inclusive, despertar o nosso sentimento de 'nacionalidade', superar a 'preguiça' e a 'rotina' associadas a uma sociedade colonial, e abrir as portas do país à livre entrada dos costumes civilizados — e do capital — das nações europeias mais avançadas"[17] (p. 29).

---

16. O termo "pivette" já era corrente no inicio do século, pelo menos no vocabulário utilizado no Rio de Janeiro, como indica João do Rio, em seu livro "A Alma Encantadora das Ruas". Diz ele: "A hora da noite quando cheguei à delegacia, a autoridade ordenava uma caça aos pivettes, pobres garotos sem teto..." (Rio, 1987, p. 119).

17. Segundo Chalhoub, "A utilidade do projeto (de Repressão da Ociosidade de 1888) foi votada quase que unanimemente pela Câmara, sendo que muitos deputados o viam como 'de salvação pública'

As leis da época invariavelmente faziam menção à manutenção da ordem pública e procuravam coibir ações que ofendessem "os bons costumes, a tranquilidade pública e a paz das famílias". O Projeto 33-A fazia exatamente a apologia do trabalho como solução para todas as distorções da sociedade, sobretudo as morais. A defesa é condizente com o momento histórico e vai girar em torno do argumento de que a decretação de providências legislativas "tendentes à organização do trabalho, pela adopção do princípio da repressão da ociosidade — constitue desde muito uma aspiração nacional. Com a transformação, porém, que acaba de iniciar o novo regimen social, essa necessidade tornou-se palpitante, imprescindivel, inadiavel" (1888, p. 67).

Organização da Justiça – organização da Assistência

Logo nos primeiros meses da República, ainda durante o Governo Provisório, foram decretadas algumas medidas legislativas voltadas à infância desvalida. Foram elas, a criação do "logar de juiz municipal e de orphaos" em diversos estados (Rio de Janeiro, São Paulo, Minas Gerais, Bahia e Piauí) e o Decreto 439 (1890) sobre "as bases para a organização da assistência à infância desvalida", através do qual o governo previa apoio a duas instituições já existentes, até que se criassem outras, destinadas a crianças órfãs, abandonadas e desvalidas. A legislação indicava a preocupação presente com a criança atingida pela pobreza, enfatizando-se as más consequências no futuro (para ela e para o país) — vadiagem e criminalidade. Observemos o rumo seguido pela legislação.

O novo Código Penal brasileiro foi promulgado em outubro de 1890 e veio a constituir o principal marco jurídico dos primeiros tempos da República. Uma crítica posteriormente feita ao Código será justamente a pressa com que foi elaborado, sem que se tivesse a oportunidade de discutir as questões relevantes para o país.[18]

---

para o Império do Brasil". Para ele, "havia um consenso entre os deputados de que a Abolição trazia consigo os contornos do fantasma da desordem" (1986, p. 41).

18. Segundo Corrêa, "Proclamada a república federativa como fórma de governo, em 1889, em substituição á monarchia constitucional , os republicanos legislaram apressadamente, procurando

No que se refere aos dispositivos relativos à infância, o comentário procede. Surpreende o endurecimento da lei em relação ao Código Criminal de 1830, ao rebaixar a idade penal de 14 para 9 anos, numa época de franco debate sobre a prevalência da educação sobre a punição para a criança. Seguem as palavras de Galdino Siqueira, um jurista cujas ideias eram muito respeitadas, em seu "Tratado de Direito Penal Brazileiro": "O Código não dá solução integral ao problema da criminalidade dos menores, quando, entretanto, na época de sua promulgação, a sciencia, pelo estudo do homem e do meio social, já tinha trazido contribuições estimáveis, e o exemplo de outras nações, actualizando medidas adequadas, habilitavam o legislador a estatuir com efficacia e proveito no melindroso e grave assumpto" (In: Corrêa, 1928, p. 12).

O tema não será objeto de maiores considerações jurídicas até 1893, quando o Decreto 145 "autorisa o Governo a fundar uma colonia correccional no proprio nacional Fazenda da Boa Vista, existente na Parahyba do Sul, ou onde melhor lhe parecer e dá outras providências". O decreto traz à tona a velha questão, já prevista em 1830, de separar jovens delinquentes de adultos nas prisões e, em última instância, toda uma discussão sobre a prevenção e a recuperação da criminalidade infantil.

A importância do decreto está no fato de que este abriu caminho para outras determinações, que tardariam ainda alguns anos. Ainda no decorrer da década de 1890, podia-se ouvir o manifesto de alguns republicanos idealistas, que não conseguiam mitigar a decepção diante dos primeiros rumos que a política ia tomando. O Senador Lopes Trovão foi um deles, de particular interesse para nós. Em discurso proferido no Senado, no dia 11 de setembro de 1896, Lopes Trovão refere-se à criança como a "genese da humanidade". Diz ser "urgente tratar do aperfeiçoamento moral... dos futuros defensores da Patria Republicana". Anos depois, em 1902, visivelmente mais impaciente, Trovão reflete sobre o momento em que vivia: "... o presente deve ser da reorganização social", pois que seria um "momento

---

resolver a golpes de decretos velhos problemas, estacando, porém, muitas vezes, diante da magestade do passado, representada pela sabedoria jurídica das leis, onde brilhava a intelligencia culta e liberal dos estadistas do Império" (1928, p. 9-10).

de dissolução moral". Afirma ser preciso tratar das questões relativas aos projetos que ele vinha apresentando: "... um sobre alcoolismo, outro sobre mendigos, outro sobre prostituição, outro sobre menores, e outro sobre colonias correccionaes, ou de precaução, porque dizem com a moral pública e com o futuro das crianças...", cuja situação descreve, "alludindo ao que se passa até em praça pública na Capital" (1902, p. 564-565).

O debate e as leis seguiam paralelamente — voltados, por um lado, à infância desvalida e, por outro, aos delinquentes. O Dr. Moncorvo Filho, médico respeitado e com grande influência em seu meio, criava em 1899, o Instituto de Assistência e Proteção à Infância no Rio de Janeiro — instituição que foi lentamente sendo reconhecida e passou a receber subsídio do governo a partir de 1904 (Decreto n. 1.154). O Instituto em questão destinava-se a "amparar e proteger a infância necessitada" (art. 1°). Tratava-se de um projeto médico, assistencial e filantrópico, que visava proteger as crianças pobres "... prodigalizando-lhes todos os recursos modernos da therapeutica e da hygiene".

Detectamos, nesta mesma época, uma preocupação crescente com a criminalidade infantil. Ao que parece, a preocupação era internacional, sendo objeto de considerações especiais nos congressos sobre Direito Criminal.[19]

O aumento da criminalidade entre os "menores" era descrito como um fato consumado. O Jornal do Commercio publicava em 1911: "A eloquência brutal das cifras attesta o formidavel augmento da criminalidade entre os menores. A França estudou devidamente o assumpto, conseguindo provar

---

19. O Instituto de Assistência e Protecção à Infância no Rio de Janeiro tem sua trajetória documentada por Moncorvo Filho desde sua fundação em 1899 até a criação do 'Departamento da Creança no Brasil', fundado pelo próprio em março de 1919 e reconhecido de Utilidade Pública Municipal pelo Decreto 2340, de 18 de novembro de 1920. Uma espécie de filial do Instituto foi criada em Niterói pelo Dr. Almir Madeira em 1915, com o apoio do Dr. Moncorvo Filho. Almir Madeira, médico muito ativo nos círculos que se constituíram em torno da assistência à infância no início do século, descreve seu trabalho no 'Primeiro Congresso da Creança', realizado na Argentina, em 1916. Em seu texto sobre a proteção à infância em Niterói, relata em entrevista concedida ao jornal *A Noite*, que o "director de Hygiene municipal" declarou que "no mes de abril daquelle anno (1914) tinham fallecido em Nictheroy 100 creancinhas pobres 'por falta de cuidados'". Segundo Madeira, a população da cidade era de 70.000 habitantes.

de modo cabal que em um periodo de treze annos a delinquência juvenil tornara-se seis vezes mais intensa que a criminalidade dos adultos. Nos demais paizes civilizados não é menos verdadeira e alarmante a impressão que produz esse tormentoso movimento, tão cheio de perigos e apprehensões" (Paiva, 1916, p. 67).

Referindo-se à criminalidade entre os menores, Ataulpho de Paiva afirmava: "Já no Congresso Penitenciario de Bruxellas, em 1900, o Sr. De Latour, seu eminente presidente, declarava, com convicção mais profunda, que era preciso fazer echoar em todos os cantos do mundo um grito bem significativo afim de combater, pela santa confraternidade, pela doce compaixão, a peior das miserias humanas" (1916, p. 68). No ano de 1907, a Revista Forense publicava em seu 8º volume, um artigo intitulado "Criminalidade Infantil e Assistência Penal", no qual se lê logo em suas primeiras linhas: "Apavorados com o crescer assustador da criminalidade infantil, os paizes civilisados procuram resguardar-se contra o mal. O carcere, a miseria, o morbus, a sociedade, golpham para a sargeta e as penitenciarias, uma verdadeira phalange de 'candidatos ao crime'" (Lobo, p. 23).

A legislação parece refletir este temor, pois se intensificam as tentativas de regularizar a situação do recolhimento de crianças nas colônias correcionais. Exemplo disso é a Lei n. 947, de 29 de dezembro de 1902, que "Reforma o Serviço Policial no Districto Federal", em cujo texto lê-se: "Fica o Poder Executivo autorizado a crear uma ou mais colonias correccionaes para rehabilitação, pelo trabalho e instrucção, dos mendigos validos, vagabundos ou vadios, capoeiras e menores viciosos que forem encontrados e como taes julgados no Districto Federal".

O tema atingiu a opinião pública, em episódio amplamente documentado pela imprensa. Ao que tudo indica, o Dr. Moncorvo Filho foi o protagonista desta história. A seu convite, o jurista Evaristo de Moraes, figura pública já com certa notoriedade, faz uma visita à Casa de Detenção da capital. A visita ocorre em outubro de 1898.

Foi tamanho o impacto sofrido por Evaristo de Moraes, diante das cenas de crianças misturadas a criminosos adultos, que este publicou diversos artigos, de forma sistemática, entre outubro de 1898 e maio de 1899, nos principais jornais da cidade.

Evaristo de Moraes certamente estremeceu os círculos políticos e a opinião publica da época com suas palavras explosivas:

> "Ora, si é certo que aquelle estabelecimento nem reune as condições d'uma boa prisão para adultos; si é innegavel que o seu regimento interno vai de encontro ás regras mais elementares da 'hygiene moral'; si ninguem ignora a influencia perniciosa das prisões sobre o caracter dos detentos — como qualificar essa remessa de crianças para a Detenção?" (Gazeta da Tarde", 11 de outubro de 1898).

No artigo intitulado "Laboratorio de Crimes", afirmará:

> "Posto em liberdade o novo producto daquelle medonho laboratorio, atirado na rua, não tem seus passos amparados por uma sociedade de patronato, nem os conselhos de qualquer alma caridosa que lhe falle no bem e na virtude, no trabalho e na honra. Lá, já tinha feito suas relações, que não mais abandonará: cá fora, logo as procura, bem cedo as encontra nas lobregas tavolagens e nos sordidos bordeis. Assim se reatam conversas, se completa o ensinamento, se organisam os grupos" ("Tribuna", 19 de outubro de 1898).

E, em 1899, declarará:

> "Em nenhum paiz, beneficamente tonificado pela permanencia das creanças christãs, se encontraram os espectaculos, as scenas, as exhibições que ahi nos apresentam todos os dias, mostrando bem ao vivo nosso desleixo, nosso nenhum cuidado na formação de gerações futuras e tambem a falta de consciencia de legisladores, juizes, homens da policia, que todos permittem, toleram, consentem que a infancia seja abandonada, maltratada, corrompida, explorada e afinal, entregue ao crime, como o mais forte dos seus alimentos, como o mais importante dos seus factores" ("A Imprensa", 7 de abril de 1899).

Já com certo temor no ar, o episódio da Casa de Detenção foi apenas mais um dos elementos em jogo. A infância, por vezes retratada como um "magno-problema", era uma realidade. A partir daí, a ênfase passou a ser dada a uma legislação que abarcasse o problema como um todo: a infância pobre e desassistida ("moralmente abandonada") e a delinquente. Estava instalada a dicotomia.

Foi o que aconteceu em 1906, quando Alcindo Guanabara, jornalista e deputado, Secretário da Liga Brasileira contra a Tuberculose e grande conhecedor do problema da infância, tendo trabalhado como inspetor de uma instituição para menores, apresenta um projeto à Câmara dos Deputados regulamentando "a situação da infância moralmente abandonada e delinquente".

3. Século XX: Passos decisivos rumo ao Código de Menores

Consta que no ano de 1906, Alcindo Guanabara, em sessão de 31 de outubro, "vem sujeitar á consideração da Camara um projeto de lei regulando a situação da infância moralmente abandonada e delinquente". Entre os responsáveis pela elaboração do projeto, está o nome de Mello Mattos, no que parece ser a sua primeira contribuição pública no processo que culminará na aprovação do Código de Menores. A informação é importante, pois nos interessa saber o motivo pelo qual esse processo viria a durar exatamente 20 anos para chegar ao seu desfecho. Principalmente porque, Mello Mattos, um de seus principais atores, já estava, no ano de 1906, em plena ação dentro dos círculos de debate jurídico e político da época.

É nítido o desenrolar das ideias que vigoraram nos projetos de lei apresentados até 1926 e 1927 — quando o Código de Menores foi instituído (Decreto n. 5.083) e consolidado (Decreto n. 17.943 A). Nossa proposta é rastreá-las e analisar as formas pelas quais se desenvolveram.

Em sessão realizada a 31 de outubro de 1906, Alcindo Guanabara submete à Câmara um projeto de lei regulando a situação da infância moralmente abandonada e delinquente. Alguns fragmentos do projeto nos levarão à base da legislação que nascia, conforme destacamos a seguir:

— "Todo menor, em reconhecida situação de abandono moral ou de máos tratos physicos, fica sob a protecção da autoridade publica" (art. 1º);

— "... recolhidos por ordem do juiz de orphaos competente" (art. 11);
— Dispositivos para suspensão e perda do Pátrio Poder (arts. 2º e 3º);
— Aquele que for responsável pelo menor ("pae, tutor ou pessoa sob cuja guarda viva o menor"), poderá requerê-lo de volta, quando apreendido na rua. Ele será encaminhado pelo Curador Geral de Orphãos. O responsável só o terá de volta "uma vez provada a sua capacidade legal e moral para te-lo sob sua guarda" (art. 8º, § 1º);
— Idade criminal: de 9 (Código Penal) para 12 anos; entre 12 e 17 para os que obrarem sem discernimento; os que agirem com discernimento, recolhidos "ás escolas de reforma creadas pela presente lei";
— É criado, na parte urbana da cidade, um estabelecimento, que terá a denominação de "deposito de menores" e será exclusivamente destinado ao recolhimento de "menores que cahirem sob a acção da autoridade publica até que lhes seja dado o destino legal" (Titulo II, art. 7º);
— São criadas "Escolas de Prevenção" para os moralmente abandonados (uma para meninos e outra para meninas), na zona suburbana do Distrito Federal (art. 10);
— "Verificado que o menor tem pae valido e em condições de educal-o e que não obstante o deixa em abandono... multa ou prisão de 1 a 5 dias" (art. 25);
— "Escola de reforma com duas secções independentes: "uma secção industrial para os menores processados absolvidos... e uma secção agricola para os menores delinquentes condemnados" (art. 10).

Seguindo a linha apontada rumo ao Código ou a uma legislação especial para menores, o próximo passo foi um outro projeto de lei apresentado por João Chaves, em 1912. E o que se passou nos seis anos que separam os dois projetos? Uma discussão intensa sobre formas de internação dos menores. Parecia não restar dúvidas sobre o caminho, a questão era como regulamentá-lo.

Foram chamadas à cena as autoridades policiais. Dois chefes de polícia exerceram papel importante nesta época: Alfredo Pinto (1906-1909) e Belisario Tavora (1910-1912). É bastante difícil distinguir a origem — se policial, se jurídica — dos discursos e leis deste período. A autoria parecia ser conjunta, refletindo-se em decretos e na criação de estabelecimentos que iam numa mesma direção: recolher menores, de acordo com uma cuidadosa classificação, visando à prevenção ("escolas premonitórias ou de prevenção para os menores moralmente abandonados") e à regeneração ("escolas de reforma e colônias correcionais para os delinquentes", separando-os de acordo com a idade, sexo e tipo de crime cometido/se absolvidos ou condenados).

Em termos de lei, o destaque será para o Decreto n. 6.994, de 19 de junho de 1908, intitulado "Dos casos de internação", onde se observa a preocupação por parte do governo em incentivar a criação de "colonias correccionaes", através de subsídio por "conta da União, quando nas leis annuaes se votar a verba especial para ella" (art. 9º). Nesta lei encontramos referência quanto à participação das autoridades policiais "na administração da colonia, tanto quanto for necessário para a conservação da boa ordem e regularidade do serviço da colonia" (art. 6º).

Tais colônias, é preciso esclarecer, não eram destinadas exclusivamente a menores. Os menores eram classificados juntamente com outras categorias de desvalidos da sociedade. Conforme estabelecia o art. 51 do Decreto 6.994, de 1908: "A internação na colonia é estabelecida para os vadios, mendigos validos, capoeiras e desordeiros".

A prática de classificar indivíduos de acordo com determinadas categorias resultou da incorporação de conhecimentos em voga, advindos, sobretudo, da antropologia criminal e da psiquiatria. No que se refere aos menores, essa classificação transformou-se em um verdadeiro escrutínio de suas vidas, vasculhando-se aspectos do presente, do passado, de sua família e de sua personalidade. Aqui nos interessa explorar porque teriam sido os menores incluídos nas categorias de vadios e desordeiros, em voga na época. A leitura da documentação encontrada sobre este período nos leva a crer que tal fato se deu, à medida que eram identificados pelo menos dois importantes aspectos da questão envolvendo menores: a) o potencial de perigo para o futuro da nação, pois entendia-se que, entregues ao ócio, certamente engrossariam as fileiras dos vadios, vagabundos e criminosos que vagavam pelas ruas das cidades; b) a noção de que a infância constituía a fase ideal para moldar o indivíduo, educando-o ou reabilitando-o.[20]

Voltando aos passos rumo ao Código, situamo-nos na sala de sessões da Câmara dos Deputados, a 17 de julho de 1912, onde se discute o Projeto nº 94, de João Chaves, que "providencia sobre a infância abandonada e criminosa". Observamos que neste projeto, vai-se mais longe no exercício de classificação dos menores. Propõe João Chaves que devem recair sob tutela da União ou dos Estados, sob decisão do tribunal ou juiz competente, "para o effeito de serem submettidos a conveniente regimem hospitalar ou educativo, os menores de um ou outro sexo: a) materialmente abandonados; b) moralmente abandonados; c) mendigos e vagabundos; d) que tiverem delinquido" (art. 1º).

O projeto sugere um maior afastamento da área penal: "os menores até a idade de 16 annos accusados de qualquer infracção — delicto ou contravenção — não serão objeto de procedimento penal. Da mesma sorte os mendigos e vagabundos até a edade de 18 annos". Nesse sentido, o projeto avança na proposta de existirem juízes e tribunais especiais para menores.

Em contrapartida, há duas características importantes na direção da judicialização anteriormente apontada: um escrutínio da vida do menor e um controle sobre sua família. O menor será "posto á disposição do Governo e passará por um processo investigativo de seus antecedentes no Tribunal Juvenil, composto por um jurista penitenciarista, um médico physiologista e psyquiatra, e um pedagogo... encarregados de constatar os factos da accusação, tomando informações detalhadas e precisas sobre seu estado physico e mental, herança, precedentes, relações de família e educação" (Parágrafo único).

O projeto trata também de detalhes sobre a suspensão, destituição e restituição do Pátrio Poder, de acordo com circunstâncias, que vão desde o cometimento de crime por parte do pai ou da mãe (inclusive poligamia

20. Ligado a esses dois fatores, há um outro que ganhara força alguns anos mais tarde, qual seja a utilização da mão-de-obra infantil e juvenil, tanto para o setor agrícola, quanto para o industrial, visando a educação moral e profissional dos menores, "aproveitando e treinando como factor de riqueza o elemento nacional" (Decreto n. 12.893, de 1918). Voltaremos a este ponto oportunamente.

ou abandono de seus filhos), até situações que comprometam a saúde e a moralidade dos filhos. Observa-se aqui uma entrada mais nítida no âmbito, até então restrito da família, como reflete a mudança na terminologia empregada para designar os responsáveis pela criança. De "pai, tutor e pessoa que tenha a guarda do menor" (1906) introduz-se "pai, mãe, filhos e relações familiares". O próprio termo "família" aparece pela primeira vez na legislação estudada.

Após cuidadosa classificação do menor, este era encaminhado para estabelecimentos, de acordo com "o regime educativo" considerado adequado: "Se o menor for considerado normal, será submetido a regime educativo de preservação (... se não for vicioso ou pervertido) ou de reforma (se for portador de costumes imorais e de más tendências)" (art. 13º).

O projeto segue citando estabelecimentos de toda a sorte para o recolhimento de menores e prevendo "favores" por parte do governo para quem se dispusesse a criá-los, tais como dispensa de impostos, transporte gratuito e subvenção em dinheiro por três anos. Propõe a criação de creches, dispensários, asilos, "estabelecimentos para anormaes" e até colocação familiar.

Em seu artigo 33, o projeto prevê, ainda, a criação de um estabelecimento na parte urbana da cidade (do Distrito Federal), com a denominação de "Depósito de Menores", até que o menor receba um destino legal por parte do Tribunal Juvenil. E, na zona suburbana da cidade, duas escolas de preservação (para meninos e meninas); um estabelecimento para "menores anormaes" e duas escolas de reforma destinadas a "melhorar o caracter dos menores viciosos ou pervertidos, delinquentes ou não, pela educação e pelo trabalho" (art. 40). A escola de reforma para o sexo masculino teria uma seção industrial e outra agrícola "com o intuito de transformar os internos em operarios agricolas capazes de applicarem os ensinamentos da sciência" (art. 44, Parágrafo único).

Podemos afirmar que as ideias básicas a respeito do que fazer estavam formadas, sendo o Projeto de 1912 uma síntese que as reflete bem. Nele encontramos a demanda para que o Estado assumisse a responsabilidade de exercer uma "tutella official"; o papel proeminente do juiz e do tribunal especializados nos assuntos concernentes aos menores, ocupando seu espaço na administração da Justiça; a fixação da idade penal em 14 anos, sendo a menor idade um atenuante às penas; o escrutínio sobre a vida do menor e sobre os seus antecedentes, assim como o controle sobre a sua família, através do poder de suspender, destituir e restituir o Pátrio Poder. Por fim, previa a criação de estabelecimentos que cuidassem da educação ou da reforma dos menores, de acordo com as características de cada caso.

Estas ideias irão evoluir lentamente. Embora não tenhamos encontrado referências específicas que explicassem a extensão de quase duas décadas até que se regulamentasse uma legislação especial de menores, consideramos duas hipóteses que nos parecem plausíveis: uma que realmente não constava das prioridades do governo, conforme diversas vezes apontaram Moncorvo Filho e Ataulpho de Paiva; e outra que houve uma guerra mundial neste período, o que deve ter influído de forma a desviar as atenções em torno da assistência à infância.

O fato é que o tema volta à tona com força nos anos que se seguem à guerra. Apontamos, logo em 1916, o primeiro Congresso Americano da Criança, realizado em Buenos Aires. Este será o primeiro encontro entre os países americanos, os quais manterão uma sistematicidade de debates em congressos realizados a cada quatro anos, sob a coordenação da Organização dos Estados Americanos (OEA).[21] O debate ultrapassa fronteiras, atinge fóruns políticos internacionais e ganha novos aliados.

O que se vai assistir daqui para a frente serão as estratégias encontradas para levar o país à decisão política de assumir a "organização geral da assistência", a que tantos atores se referiam. Nesse sentido, pleiteava-se que se documentasse efetivamente a assistência pública e privada existente, conforme constava no Decreto n. 441, de 1903.

O discurso começa a assumir um contorno nitidamente utilitarista, demonstrando-se em que medidas as várias propostas de organização da assistência atendiam aos interesses do Estado. Interessante exemplificar com a documentação deixada pelos atores envolvidos. Para fins de

---

21. IGLESIAS, Susana, VILLAGRA, Helena, BARRIOS, Luis. *Un viaje a través de los espejos de los Congresos Panamericanos del Nino*. In: Del revés al derecho. UNICEF/UNICRI/ILANUD, Buenos Aires: Galerna, 1992.

preparação do Congresso, criou-se um comitê brasileiro, subdividido em seções, de acordo com áreas, como por exemplo, seção de direito, higiene, educação, etc. Consta do terceiro boletim, que participavam das seções de direito e de legislação industrial nada menos do que 23 atores, subdivididos em presidentes, secretários e vice-presidentes, fora os palestrantes. Entre os participantes constavam: Prof. Alfredo Pinto, ex-Chefe de Polícia da Capital Federal, fundador do Asylo de Menores Abandonados; Senador Dr. Milciades Sa Freire, Membro-Fundador e Benemérito do Instituto de Protecção e Assistência à Infância do Rio de Janeiro; Dra. Myrthes de Campos, advogada e Dama da Assistência à Infância (RJ); Dr. Deodato Maia, Advogado e Chefe de Polícia do Estado do Sergipe; Dr. Julio Benedicto Ottoni, Industrial, Capitalista, Presidente efetivo do Instituto de Proteção e Assistência à Infância (RJ) e Secretário do Centro Industrial; Prof. General Serzedello Corrêa, Presidente Honorário do Instituto de Proteção e Assistência à Infância e ex-Prefeito Municipal (RJ); Senador Alcindo Guanabara, Secretário da Liga contra a Tuberculose; Dr. Lemos Brito, Deputado Estadual, orador eleito da Associação de Imprensa da Bahia, membro da Sociedade de Criminologia; Dr. Evaristo de Moraes, Advogado e Jornalista do Rio de Janeiro.

Pela importância dos nomes e posições ocupadas dos participantes, acreditamos poder afirmar sem margem de erro, que a matéria era objeto de interesse político na época. Vai ficando cada vez mais claro porque nos anos seguintes os argumentos concentrar-se-ão na tese de que o Estado só teria a ganhar ao regulamentar a assistência à infância. Assim é que nos anos de 1918 e 1919, o destaque é para a criação e organização, pelo Ministério da Agricultura, "dos patronatos agricolas, para educação de menores desvalidos, nos postos zootechnicos, fazendas-modelo de criação, nucleos coloniais e outros estabelecimentos do Ministerio". Vale a pena conhecer a argumentação utilizada para justificar a legislação:

> "— Considerando que ao Governo cabe, por todos os modos, impulsionar o movimento de transformação economica do país, pelo augmento progressivo de sua capacidade productora;
>
> — Considerando a necessidade de 'cuidar do elemento productor';

— Considerando que o ensino profissional tornará cada vez mais fructuosa a producção agro-pecuaria, ao mesmo passo que concorrerá para restabelecer o equilibrio entre a população das cidades e a população dos campos, necessário pela fascinação que as grandes capitaes soem exercer no espirito da mocidade desapparelhada para o exercício de qualquer emprego ou actividade honesta;

— Considerando, mais, que é dever do Governo 'contribuir para augmentar a população rural e formar o verdadeiro agricultor brasileiro, aproveitando e treinando como factor de riqueza o elemento nacional';

— Considerando, finalmente, ser ao mesmo tempo obra de previsão social e economica[22] empregar na formação do gremio rural, donde há de promanar o engrandecimento real futuro do paiz, os menores abandonados ou sem meios de subsistência por falta de occupação legitima" (Actos do Poder Executivo, p. 99-100,

Decreto 12.893, assinado por Wenceslau Braz P. Gomes e J. G. Pereira Lima).

Encontramos outra informação valiosa no Decreto 13.706, de 25 de julho de 1919, que dá nova organização aos patronatos agrícolas: "Os patronatos agricolas são exclusivamente, destinados ás classes pobres, e visam a educação moral, civica, physica e profissional de menores desvalidos,[23] e daquelles que, por insufficiência da capacidade de educação na família, forem postos, por quem de direito, à disposição do Ministerio da Agricultura, Industria e Commercio".

Os dados apresentados fornecem algumas pistas de uma trilha interessante a ser seguida sobre o debate e a prática em torno da utilização da mão-de-obra infantil e juvenil, a partir das transformações ocorridas na economia do país, nas primeiras décadas do século XX. Há indícios de que o assunto já era objeto de avançadas considerações no âmbito da legislação paulista, como se vê, por exemplo, no projeto do Deputado Candido Motta (1900) e no Decreto Estadual n. 844, de 10 de outubro de 1902. Resta saber até que ponto experimentou-se efetivamente o aproveitamento de menores nos setores industrial e agrícola daquele estado e seus resultados.

22. Grifo da autora.

23. Idem.

Segundo citação de Alfredo Russel, em conferência realizada na OAB/RJ em 1916, Motta chegou a propor a divisão dos menores em classes "escolar", "industrial" e "agrícola", de acordo com uma cuidadosa seleção. Há várias referências indicando que os mais "viciosos" eram encaminhados para atividades agrícolas.

Uma outra pista a ser seguida refere-se à regulamentação do trabalho infantil. Deve haver bons motivos que expliquem a omissão em termos legislativos. Há um decreto bastante precoce (1891), que estabelece providências para regularizar o trabalho de menores nas fábricas da Capital Federal, ao que parece jamais respeitado. Em 1911 e 1917, o Deputado Nicanor Nascimento traz a questão à Câmara do Rio de Janeiro, estabelecendo oito horas de trabalho diário para menores de 15 anos de idade para o setor comercial. E, em 1912, o Projeto n. 94 finalmente propõe oito horas diárias de trabalho no campo. É tudo o que temos neste período.

A Lei n. 4.242, de 5 de janeiro de 1921, que "fixa a Despesa Geral da Republica dos Estados Unidos do Brasil para o exercicio de 1921", assinada pelo Presidente Epitácio Pessoa, indica que o caminho político havia sido encontrado. O artigo 3º da referida lei autorizava o governo a organizar o serviço de assistência e proteção à infância abandonada e delinquente. É o tema central da lei, que discorrerá em minúcias sobre os pontos centrais acima sintetizados. Foi uma vitória reconhecida por todos. Em seus comentários sobre a legislação de menores desde o Código Criminal de 1830, Aldovrando Corrêa, afirma: "Si em 1864 não attendia o governo ao problema dos menores delinquentes, máu grado sua importância na republica, vencido meio século, o caminho ainda é longo e a energia da jornada demanda sacrificios, nao obstante o triumpho de 1921, enkistado na cauda do orçamento das despezas da nação" (1928, p. 9).

Em 1922, o tema ganha ampla dimensão ao ser objeto de dois congressos: o I Congresso Brasileiro de Proteção à Infância, presidido pelo Dr. Moncorvo Filho, coincidindo com o III Congresso Americano, tendo à frente o Dr. Olinto de Oliveira. O discurso é mais aberto do que nunca em relação à importância do tema, no que diz respeito à grandeza dos interesses em jogo. Diz o Dr. Moncorvo Filho, em abertura noticiada como revestida de grande pompa: "Ao saudar-vos, Srs. Congressistas, pelo deslumbramento que viestes emprestar a este tentamen em pról do melhoramento da nossa raça, seja-nos licito traduzir-vos, num mixto de orgulho e de jubilo, o que sentimos nesta hora, ante a majestade deste recinto e a imponência desta solennidade, vendo aqui tantas dedicações pela mais sublime causa da humanidade: a protecção da creança.[24]

De 1923 a 1927, sem dúvida o período mais profícuo em termos de leis, assistimos ao avolumar de capítulos, artigos e incisos, procurando-se cobrir, com todo o detalhamento possível, a organização da assistência e proteção à infância abandonada e delinquente.

Ainda em 1923, o Decreto n. 16.273, trata de reorganizar a Justiça do Distrito Federal, incluindo a figura do Juiz de Menores na administração da Justiça. Consta que Mello Mattos foi o primeiro juiz de menores da América Latina, tendo proferido seu primeiro despacho em processo do dia 6 de março de 1924.[25]

Em 1924, o Decreto 16.300 institui a Inspectoria de Hygiene Infantil, como parte do Departamento Nacional de Saúde Pública. Estão aí os resultados da persistência de Moncorvo Filho, sobretudo no que se refere aos artigos sobre assistência à primeira infância, inspeção sanitária escolar e profilaxia de doenças transmissíveis próprias das primeiras idades, que ele já desenvolvia há anos.

No mesmo ano, aprovou-se o regulamento do Conselho de Assistência e Proteção dos Menores (Decreto 16.388), que viria posteriormente a ser embutido no Capítulo V, da Parte Especial, do Código de Menores de 1927. Trata-se de um texto que impressiona pela determinação em abarcar todos os possíveis detalhes sobre o "problema dos menores":

— "Promover por todos os meios ao seu alcance a completa prestação de assistência aos menores sem recursos, doentes ou debeis";

— "Occupar-se do estudo e resolução de todos os problemas relacionados com a infância e adolescencia";[26]

---

24. Grifo da autora.

25. A informação consta do livro *Direito do Menor*, do ex-juiz de menores (RJ), Dr. Alyrio Cavallieri, que tece o seguinte comentário: "O primeiro juiz menorista de tal modo se dedicou ao amparo direto que ganhou o apodo carinhoso de 'Mellinho das crianças'" (1978, p. 14).

26. O termo "adolescencia" aparece pela primeira vez nos documentos jurídicos consultados nesta pesquisa. A nosso ver, este aspecto merece ser melhor investigado. Contudo, acreditamos que,

— "Vigiar, proteger e collocar os menores egressos de qualquer escola de preservação ou reforma, os que estejam em liberdade vigiada e os que forem designados pelo respectivo juiz";

— "Auxiliar a acção do juiz de menores e seus commissários de vigilância";

— "Exercer a acção sobre os menores na via publica, concorrendo para a fiel observância da lei de assistência e protecção aos menores";

— "Visitar e fiscalizar estabelecimentos de educação de menores, fábricas e oficinas onde trabalhem...";

— "Fazer propaganda... com o fim não só de prevenir os males sociaes tendentes a produzir o abandono, a perversão e o crime entre os menores, ou comprometer sua saúde e vida, mas tambem de indicar os meios que neutralizem os effeitos desses males".

Conforme consta do texto da lei, tratava-se de uma associação de utilidade pública, cujo patrimônio se constituía por "doações, heranças, legados que receba e pelas subvenções oficiais, contribuições de seus membros, subscrições populares etc." (art. 4º). Como "conselheiros" são listados membros de instituições certamente influentes, designados a prestarem serviços gratuitos e considerados de benemerência pública. São citados, entre outros: diretores do Colégio Pedro II, do Instituto Benjamin Constant, da Assistência Nacional a alienados; representante da Prefeitura Municipal, do Instituto da Ordem dos Advogados Brasileiros, da Academia Nacional de Medicina.

O decreto de 1924 foi assinado por João Luis Alves, Ministro da Justiça e Negócios Interiores, que vinha seguindo de perto o movimento que ora descrevemos.[27] O "tom" empregado destoa da trilha jurídica que vimos percorrendo neste texto. Podemos arriscar uma suposição — a de que estes senhores que vinham promovendo congressos e se empenhando no

---

pelo menos sob o ângulo da Justiça, o fato esteja relacionado a uma preocupação mais específica com a juventude, fase na qual há maior incidência de criminalidade.

27. A afirmação é feita com base no fato de que foram muitos os decretos assinados por ele no período em que esteve na pasta do Ministério. Anos mais tarde, importante instituição para menores no Rio de Janeiro viria a receber o seu nome.

movimento aqui analisado, teriam todo o interesse em se manterem participantes ativos no processo que se seguiria.[28]

Chegamos finalmente ao Código de Menores. O Decreto de 1926 instituía o Código e, em 1927, o Decreto n. 17.943-A consolidava as leis de assistência e proteção aos menores. De um ano para outro, o Decreto praticamente duplicou, incorporando novos capítulos e artigos. O Código de 1926 era composto pelos seguintes capítulos: Cap. I. Do Objecto e fim do Código (art. 1º — "O Governo consolidara as leis de assistência e protecção aos menores, addicionando-lhes os dispositivos à guarda, tutela, vigilância, educação, preservação e reforma dos abandonados ou delinquentes, dando redação harmônica e adequada a essa consolidação, que será decretada como Código de Menores"); II. Das creancas das primeiras idades; III. Dos infantes expostos; IV. Dos menores abandonados; V. Dos menores delinquentes; VI. Do trabalho dos menores; VII. Da vigilância sobre os menores; VIII. Dos varios crimes e contravenções; IX. Do juízo de menores do Districto Federal; X. Disposições diversas.

Tendo sido a lei consolidada no ano seguinte, deter-nos-emos no texto de 1927. Em seu artigo 1º, o Código estabelecia que: — "O menor, de um ou outro sexo, abandonado ou delinquente, que tiver menos de 18 annos de idade, será submettido pela autoridade competente ás medidas de assistencia e protecção contidas neste Codigo". De forma complementar, o artigo 54 esclarecia que: — "Os menores confiados a particulares, a institutos ou associações, ficam sob a vigilância do Estado, representado pela autoridade competente", reconhecidamente o Juiz de Menores, após legislação de 1924.

Além dos capítulos incorporados ao Código de 1926, foram introduzidos os seguintes: Da inibição do Pátrio Poder e da remoção da tutela, da liberdade vigiada, das medidas aplicáveis aos menores abandonados.[29]

---

28. Caso a posição esteja correta, eles abriram uma outra trilha rumo ao Código. De fato, o Conselho de Assistência e Protecção aos Menores viria a ser introduzido no Código de Menores de 1927 (Parte Especial, capítulo V).

29. Na realidade tais tópicos já eram contemplados no decreto de 1926, mas foram ampliados e organizados em capítulos separados.

O Código de 1927 é extremamente minucioso, contendo 231 artigos. A extensão do texto faz com que destoe dos demais projetos e decretos que o antecederam; contudo, a sua lógica segue o caminho que vimos percorrendo ao longo dos anos, mantendo-se os dispositivos centrais da evolução apontada.

A impressão que se tem é que através da lei em questão procurou-se cobrir um amplo espectro de situações envolvendo a infância e a adolescência. Parece-nos que o legislador, ao propor a regulamentação de medidas "protectivas" e também assistenciais, enveredou por uma área social que ultrapassava em muito as fronteiras do jurídico. O que o impulsionava era "resolver" o problema dos menores, prevendo todos os possíveis detalhes e exercendo firme controle sobre os menores, através de mecanismos de "tutela", "guarda", "vigilância", "educação", "preservação" e "reforma".[30]

Como assinalamos, a lei já estava constituída em seu conteúdo básico desde os Decretos n. 4.242 de 1921 e n. 16.272 de 1923. Seu detalhamento provavelmente resultou da redação conjunta de vários juristas, ansiosos por elaborar uma lei a mais completa possível. Havia muitos atores envolvidos, que não poderiam simplesmente ignorar os interesses e possivelmente as pressões em jogo na época sobre matérias a serem contempladas na lei.

Em termos dos dipositivos que a compõem, a lei será mais minuciosa quanto às atribuições da autoridade competente, o juiz de menores e sobre a atuação do juizado de menores. Um grande número de situações se encaixa na sua esfera de ação. Seguem alguns exemplos:

— Infantes com menos de 2 anos de idade, criados fora das casas dos pais, bem como os menores nos "asylos dos expostos" são "objecto de vigilancia da autoridade publica, com o fim de lhes proteger a vida e a saúde" (art. 2°).

— "Pessoa que quizer alugar-se como nutriz" — deve obter "attestado da autoridade policial do seu domicilio" (art. 6°). — A inspeção e

30. O termo educação aqui era empregado de forma restrita, aludindo-se aos menores, portanto, aqueles que estavam sujeitos à ação do juizado, ou seja, todas as modalidades de abandonados e delinquentes. Chamamos a atenção para o fato de que a documentação jurídica deste período, em contraste com o que apontamos em relação à legislação do século XIX, sequer faz referência às questões relacionadas à educação pública. O fato nos parece da maior importância e merece estudo aprofundado.

a vigilância executadas pela Inspetoria de Hygiene Infantil poderiam se dar em qualquer data ou local: nas residências (família ou pessoas que tivessem menores sob sua guarda); nas escolas, nas vias públicas, nos estabelecimentos de recolhimento e internação de menores, nas oficinas, indústrias etc.

— Suspende-se o Pátrio Poder ao pai ou à mãe: "que por abuso de autoridade, negligencia, incapacidade, impossibilidade de exercer o seu poder, faltar habitualmente ao cumprimento dos deveres paternos".

— Quanto aos menores considerados abandonados (há uma longa lista de possibilidades), caberia à autoridade competente: ordenar a apreensão, providenciar sobre a sua guarda, educação e vigilância, separando-o após cuidadosa classificação (idade, instrução, profissão, saúde, abandono ou perversão do menor e a situação social, moral e econômica dos pais ou tutor), recolher vadios e mendigos e apresentá-los à autoridade judicial.

— Os menores delinquentes, contando idade inferior a 14 anos, não seriam "submettido(s) a processo penal de especie alguma", mas cabia à autoridade competente tomar "as informações precisas"... sobre sua vida e da família.

— "Se o menor fôr abandonado, pervertido, ou estiver em perigo de o ser, a autoridade competente promoverá a sua collocação em asylo, casa de educação, escola de preservação, ou o confiará a pessôa idonea, por todo o tempo necessario à sua educação, comtanto que não ultrapasse a idade de 21 annos".

— Se não for abandonado, pervertido ou em perigo de o ser... escola de reforma por 5 anos; se abandonado, pervertido ou em perigo de o ser... escola de reforma "por todo o tempo necessario à sua educação, que poderá ser de 3 annos no mínimo, e de 7 annos no máximo".

A legislação reflete um protecionismo, que bem poderia significar um cuidado extremo no sentido de garantir que a meta de resolver o problema do menor efetivamente seria bem sucedida. Ao acrescentar à categorização de menor abandonado ou pervertido, a frase "... ou em perigo de o ser", abria-se a possibilidade de enquadrar qualquer um no raio de ação de competência da lei. A intenção é ainda mais óbvia no concernente aos menores caracterizados como delinquentes. Uma simples suspeita, uma desconfiança, o biotipo ou a vestimenta de um jovem poderiam dar margem a que este fosse sumariamente apreendido. Diz a lei: "Si o menor não tiver sido preso em flagrante, mas a autoridade competente para a instrucção criminal achar conveniente não o deixar em liberdade, procederá de accôrdo com os §§ 2º e 3º (confiado, 'mediante termo de responsabilidade, à sua propria familia, pessôa idonea, instituto de ensino de caridade', art. 86, § 4º)".

A introdução do Capítulo X, que trata "Da vigilancia sobre os menores", emprestará um tom policial investigativo ao Código, estabelecendo ampla liberdade a que a autoridade pública competente fiscalize qualquer local onde existam menores e proceda a investigações que considere necessárias. Apesar de já termos indicado essa tendência em decretos anteriores, o Código de 1927 vai muito mais longe, ao exercer vigilância sobre o que poderia ser exibido a menores, vetando-lhes tudo aquilo que fizesse "...temer influencia prejudicial sobre o desenvolvimento moral, intellectual ou physico, e possam excitar-lhes perigosamente a phantasia, despertar instinctos máos ou doentios, corromper pela força de suas suggestões" (art. 128, § 4º).[31]

Mesmo procurando-se considerar a importância e o peso do moralismo, sobretudo nos círculos jurídicos mais conservadores, é difícil imaginar tamanha invasão nas vidas das pessoas. Um episódio interessante, ocorrido pouco tempo depois da aprovação do Código de Menores, nos permite captar o impacto causado pela lei na sociedade de então. Vejamos o que aconteceu quando o juiz de menores cumpriu a lei, mas confundiu menores e crianças...

Conta-nos Corrêa que o Dr. Mello Mattos "prohibiu a representação de determinada revista theatral em espetaculo dedicado a menores, impedindo a entrada dos mesmos por intermedio da policia, nas casas de diversoes,

31. Por exemplo, menores de 14 anos só poderiam ir ao cinema desacompanhados de seus pais em "sessões diurnas, nas quaes sejam exhibidas peliculas instructivas ou recreativas, devidamente approvadas pela autoridade fiscalizadora" (art. 128, § 1º).

declarando immoral a peça" (1928, p. 101). Houve intensa reação, argumentando-se que "o juiz não podia zelar mais que o pae".

Os jornais da época vão retratar, sobretudo, o desagrado do meio empresarial, que obviamente se viu prejudicado diante da interferência: "A Portaria do Juiz de Menores provoca Forte Agitação nos Meios Theatrais" (Correio da Manhã, 20/12/1927). "E, em sinal de protesto, a maioria das empresas resolve fechar as suas casas de espetáculos". No dia 29 de dezembro, reportarão, ainda, as manchetes "Os Theatros e Cinemas em Crise: Ainda a Famosa Portaria do Juiz Mello Mattos".

É nítida a provocação dos empresários ao fechar as portas, incitando a opinião pública contra a atitude do juiz. O fato é que o caso chegou à Côrte de Appellação, que acabou suspendendo o juiz do exercício de suas funções. Sem dúvida nenhuma, houve um embate de forças. O juiz perdeu e o episódio deixou claro que seriam estipuladas fronteiras mais precisas para a ação da legislação.

Talvez mais importante que o próprio episódio inusitado, tenha sido a reação esboçada pelos "meios jurídicos do paiz e nas camadas cultas da sociedade carioca, ao ter o digno Juiz cumprido as normas da nova legislação". O relato é de Corrêa, que acompanhou de perto o ocorrido e afirma: "...de todos os pontos do paiz vieram os applausos à attitude do mesmo. Raros foram os jornaes contrarios que, sophismando, reclamavam contra a interpretação litteral da lei — que, feita para menores abandonados e delinquentes — deveria, como lei restricta, especial 'reconhecer o patrio poder',[32] deixando socegados e frequentando espectaculos immoraes os filhos acompanhados de seus paes" (p. 101). O próprio Correa exibe orgulhosamente matéria que publicou na Gazeta de Piracicaba, afirmando: "Si ao paes não importa nem constrange as scenas immoraes das revistas, danças e outras modalidades da ruina actual dos costumes, ao Juiz compete intervir fazendo valer a lei contra estes cidadãos em beneficio dos menores moralmente[33] abandonados" (p. 103)[34].

32. Grifado por Corrêa.

33. Grifado por Corrêa.

34. Houve pelo menos mais uma reação digna de referência, por ter, inclusive, sido objeto de resposta por parte de Mello Mattos. Em seu artigo: "Em Defesa do Código de Menores", o juiz relata o

Considerações finais

Observa-se que uma das importantes contribuições do Código de 1927 foi a introdução do Capítulo IX, sobre a regulamentação do trabalho infantil e juvenil. Trata-se de uma questão que, estranhamente, não parecia constituir objeto de discussão e polêmica nas décadas que antecederam a promulgação da lei. Contudo, o fato de ter a matéria justificado a elaboração de um novo capítulo, nos leva a crer que sua importância era reconhecida, ainda que não aparecesse nas leis e projetos anteriores ao Código.

Sobre o trabalho, estabelecia a lei logo em seu primeiro artigo, a proibição de que fossem empregados menores com idade inferior a 12 anos, em todo o território da República. Seus dispositivos impunham restrições rigorosas quanto aos locais, horários e pessoas que empregassem menores, exercendo vigilância e inspeção dos mesmos, sob pena de multa ou prisão celular para os infratores. A jornada de trabalho permitida a menores de 18 anos será fixada no limite de seis horas por dia, "interrompidas por um ou vários repousos, cuja duração não pode ser inferior a uma hora" (art. 108).

Ao refletirmos sobre os motivos pelos quais a questão do trabalho infantil não constituía tema significativo nos debates e por que os setores industriais e comerciais, que certamente contavam com a força de trabalho infantil, não confrontaram os legisladores da época, seguem algumas observações. A primeira ideia que nos ocorre é que, tendo a questão sido objeto de regulamentação desde 1891, e jamais cumprida, não suscitava maiores preocupações. Parece-nos, também, que havia uma espécie de

---

caso de Lauro O. Santos, advogado de Belo Horizonte, que impetrou uma ordem de *habeas-corpus* ao Tribunal da Relação do Estado de Minas em favor de seus filhos menores "afim de que cesse o constrangimento illegal, que estão soffrendo em sua liberdade de locomoção..." (p. 135). O juiz aproveita o caso para defender o Código, alegando que as leis não se baseiam em "exorbitancias", como alega o impetrante, e sim em princípios morais, pois que: "É fóra de duvida a influencia desses espetaculos sobre a mentalidade e a moralidade dos menores (e até dos adultos...!)". Ele vai mais longe, revelando o absoluto conflito de ideias: "Não se pode confiar ao arbitrio dos paes o ingresso dos filhos menores nesses espetaculos, porque a experiencia quotidiana tem demonstrado que mesmo entre os mais cultos não existe o necessario escrupulo a esse respeito" (p. 139).

consenso por parte das elites sobre a necessidade de educar o jovem das classes populares para o trabalho — o que dispensava maiores elucubrações sobre o assunto. Sobre a ausência de uma reação pública por parte dos empresários, é bastante possível que, em primeiro lugar, não quisessem se expor e provocar uma "visita" a uma fábrica, uma usina ou a um estaleiro, a exemplo daquela ocorrida na Casa de Detenção décadas atrás. Por fim, pode-se supor que, após o episódio no qual o juiz foi publicamente intimidado, ao ser suspenso do exercício de suas funções, não teria ele coragem de invadir uma fábrica e prender os donos que não estivessem cumprindo a lei. Dada a posição social que ocupavam, faz mais sentido concluir que, se não reagiram, é porque não era preciso.[35]

A regulamentação do trabalho atingia também a ocupação do espaço das ruas — uma preocupação já presente no início do século XX. A lei assegurava que: "Nenhum varão menor de 14 annos, nem mulher solteira menor de 18 annos, poderá exercer ocupacção alguma que se desempenhe nas ruas, praças ou lugares publicos; sob pena de ser apprehendido e julgado abandonado, e imposta ao seu responsavel legal 50$ a 500$ de multa e 10 a 30 dias de prisão cellular" (art. 112).

A proibição expressa da permanência de menores nas vias públicas não se restringia à questão do trabalho. Ela vinha sendo mencionada em legislações anteriores, mas aparecerá de forma explícita e detalhada em diversos artigos do Código de 1927.

Havia a intenção de que se restringisse o acesso e a permanência nas ruas, de pessoas caracterizadas como desclassificadas — era esse mesmo o termo utilizado na época. O movimento jurídico, social e humanitário,

---

35. É preciso que se esclareça que a exploração da força de trabalho infantil, notadamente na indústria têxtil, era um fato documentado nas primeiras décadas do século XX. Bandeira Junior refere-se a "considerável... número de menores, a contar de 5 anos ocupados em serviços fabris no ano de 1901, na condição de aprendizes, sem qualquer remuneração. O jornal *Fanfulla*, numa edição de 1917, faz menção aos 'pequenos e improvisados operários (que) podem produzir tanto quanto os adultos, recompensados, entretanto, com mísero salário' (Moura, 1991, p. 113). Marx, ao descrever os métodos de acumulação primitiva, reporta-se a 'crianças arrancadas de seus lares para trabalhar'; 'roubo e internação de crianças como aprendizes dos *work-houses* pertencentes às diversas paróquias' e 'deportação de milhares de crianças abandonadas' para que fossem exploradas pela indústria fabril, onde se necessitava de 'dedos pequenos e ágeis'" (1985, p. 107-109).

que tornou possível a criação de uma legislação pela indústria fabril, onde se necessitava de 'dedos pequenos e ágeis'" (1985, p. 107-109).

A legislação dirigida aos menores de idade vinha a legitimar o objetivo de manter a ordem almejada, à medida que, ao zelar pela infância abandonada e criminosa, prometia extirpar o mal pela raiz, livrando a nação de elementos vadios e desordeiros, que em nada contribuíam para o progresso do país. Para atingir a reforma almejada para "civilizar" o Brasil, entendia-se ser preciso ordená-lo e saneá-lo. Designada como pertencente ao contingente de "menores abandonados e delinquentes" (portanto potencialmente perigosos), a população jovem que fugia aos mecanismos sociais de disciplina, foi um dos focos para a ação moralizadora e civilizadora a ser empreendida. Sob o comando da Justiça e da Assistência, julgou-se estar, desta forma, combatendo os embriões da desordem. Traços desta história assombram o país até os dias de hoje.

Referências bibliográficas

BOOKWALTER, Leroy King. *Boletim Demographico do Município da Capital de São Paulo*. S.l.: s.n., 1887.

BOSWEL, John. *The kindness of strangers*: The abandonment of children in western Europe from late antiquity to the Renaissance. New York: V. Books, 1988.

CARVALHO, Jose Murilo. *Os bestializados*. Rio de Janeiro: Companhia das Letras, 1987.

CAVALLIERI, Alyrio. *Direito do menor*. Rio de Janeiro: Freitas Bastos, 1986.

CHALHOUB, Sidney. *Trabalho, lar e botequim*: O cotidiano dos trabalhadores no Rio de Janeiro da *belle époque*. São Paulo: Brasiliense, 1986.

CONGRESSO Brasileiro de Protecção à Infância. *Primeiro Congresso Americano da Creança*. Rio de Janeiro: Comite Nacional Brazileiro —3° Boletim, maio e junho de 1916.

CORRÊA, Aldrovando Fleury P. *Commentários ao Codigo de Menores*. São Paulo: Livraria Acadêmica, Saraiva & C. Editores, 1928.

COUTO, Antonio Maria. *Diccionario da maior parte dos termos homonymos e equívocos da língua portugueza*. Lisboa: Typografia de Antonio Joze da Rocha, 1842.

ESTATUTOS do Departamento da Criança no Brasil. Reconhecido de Utilidade Pública Municipal pelo Decreto n. 2.340, de 18 de novembro de 1920. Rio de Janeiro: Empreza Graphica Editora, 1923.

FIGUEIREDO, Candido de. *Novo diccionário da língua portuguesa*. Lisboa: Tavares e Cardoso e Irmão, 1889, 2 v.

FUNABEM. *Coletânea de leis*. Brasília: Ministério da Previdência e Assistência Social, 1964-1974.

GESTEIRA, Martagão. *Puericultura: (higiene física e social da criança)*. 3. ed. Rio de Janeiro: Atheneu, 1957.

GUSMÃO, Saul. *O problema dos menores*. Rio de Janeiro: Imprensa Nacional, 1944.

______. *Em defesa dos menores*. Rio de Janeiro: Imprensa Nacional, 1945.

IGLESIAS, Susana; VILLAGRA, Helena; BARROS, Luis. Un viaje a traves de los espejos de los Congresos Panamericanos del Niño. In: *La condicion juridica de la infancia en America Latina*. Buenos Aires: Galerna, 1992.

KERTZER, David I. *Sacrificed for honor*: Italian infant abandonment and the politics of reproductive control. Boston: Beacon Press, 1993.

LESSA, Gustavo de Sa. *Assistência à infância: a experiência inglesa e suas lições*. São Paulo: Nacional, 1952.

LIMA, Lena Lage; VENANCIO, Renato Pinto. O abandono de crianças negras no Rio de Janeiro. In: *História da criança no Brasil*. São Paulo: Contexto/CEDHAL, 1991.

LOBO, Hélio. *Criminalidade infantil e assistência penal*. Rio de Janeiro: Revista *Forense*, dez. 1907, p. 23-28, v. 8, n. 48.

LOUREIRO, Osman. *Legislação de menores*. In: Dos crimes especiais. Rio de Janeiro: Jose Konfino Editor, s.d.

MADEIRA, Almir. *A protecção à infância em Nictheroy*. Buenos Ayres: Primeiro Congresso Americano da Creança, 1916.

MARX, Karl. *A acumulação primitiva*. São Paulo: Global, 1985.

MELLO MATTOS, Jose Candido de Albuquerque. Os menores delinqüentes e o novo projecto do Código Penal. *Revista de Jurisprudência Brasileira*. Rio de Janeiro. v. 1, n. 2, p. 233-235, outubro de 1928.

______. Em defesa do Codigo de Menores. *Archivo Judiciário*. Districto Federal (RJ), jul./set. 1928, v. 7, p. 135-151.

______. O trabalho dos menores de 18 annos. Revista *Forense*. Rio de Janeiro, jan./jun. 1929, v. 52, p. 122-128.

MOLLAT, Michel. *Os pobres na idade média*. Rio de Janeiro: Campus, 1989.

MONCORVO FILHO, Arthur. *Movimento da pediatria em 1898*. Discurso proferido na Sociedade de Medicina e Cirurgia do Rio de Janeiro, na sessão de 21 de fevereiro de 1899.

______. *Amparemos a infância*. Discurso pronunciado em 22 de novembro de 1915 na solennidade do 1º aniversario da installação do Instituto de Protecção e Assistência à Infância de Nictheroy. Rio de Janeiro: Typ. Villas Boas & C., 1915.

______. *Representação dos médicos do Servico de Inspecção Sanitária Escolar remettida ao Exmo. Sr. Presidente da Republica*. Rio de Janeiro, 29 de março de 1916.

MORAES, Evaristo de. *Creanças abandonadas e creanças criminosas no Rio de Janeiro*. Rio de Janeiro: Guimarães, 1900.

______. *Ensaios de patologia social: vagabundagem, alcoolismo, prostituição, lenocinio*. Rio de Janeiro: Leite Ribeiro, 1921.

MOTTA, Candido Nogueira. *Os menores delinqüentes e o seu tratamento no Estado de São Paulo*. São Paulo: /s.e./, 1909.

MOURA, Esmeralda Blanco. Infância operária e acidente de trabalho em São Paulo. In: *História da criança no Brasil*. São Paulo: Contexto/CEDHAL, 1991.

PAIVA, Ataulpho de. *Justica e assistência: os novos horizontes*. Rio de Janeiro: Typ. do Jornal do Commercio, 1916.

______. *Justica internacional*. A codificação e a junta de Jurisconsultos do Rio de Janeiro. Artigo publicado no Jornal do Commercio em 1912. In: Justiça e assistência, 1916.

______. *A nova justiça. Os tribunaes para menores*. Artigo publicado no Jornal do Commercio em 1911. In: Justiça e assistência, 1916.

PEDERNEIRA, Manoel Velloso Paranhos. *Que regimem será mais conveniente para creação dos expostos da Santa Casa de Misericordia...* Rio de Janeiro: Empreza Typ. Dous de Dezembro de Paula Brito, 1855. (Tese apresentada na Faculdade de Medicina do Rio de Janeiro).

PRADO Jr., Caio. *Formação do Brasil contemporâneo.* 5. ed. São Paulo: /s.e./, 1957.

PRIMEIRO Congresso Brasileiro de Protecção à Infância e Terceiro Congresso Americano da Creança. *Actas das reuniões das secções.* Rio de Janeiro: Imprensa Nacional, 1922.

RENAULT, Delso. *O Rio antigo nos anuncios de jornais.* Rio de Janeiro: Francisco Alves, 1984.

RIO, João do. *A alma encantadora das ruas.* Rio de Janeiro: /s. e./, 1987.

RIZZINI, Irene. *Cem anos de luta por uma nova legislação para a infância.* Brasília: INESC, 1993.

______. *Brasil: 100 anos de evolucion da legislacion para la infância.* Madrid: Ministerio de Assuntos Sociales, 1994.

______. *A criança e a lei no Brasil: revisitando a história.* Rio de Janeiro: EDUSU, 2000.

______. *O século perdido* (1997). 2. ed. São Paulo: Cortez, 2008.

RIZZINI, Irma. *História da assistência à infância no Brasil: análise de sua construção.* Rio de Janeiro: EDUSU-CESPI/USU, 1993.

RUSSEL, Alberto Mourão. *Relatórios Juízos de Menores do Distrito Federal.* Rio de Janeiro: Juízo de Menores do Distrito Federal, 1947/1948.

SANTOS, Jose Vieira dos. *Que regime será mais conveniente para criação dos expostos da Santa Casa de Misericórdia, attentas as nossas circunstancias especiaies?* Rio de Janeiro: Typ. de J. X de Souza Menezes, 1859. Tese apresentada na Faculdade de Medicina do Rio de Janeiro.

SANTOS, Luiz Delfino dos. *Utilidade dos hospícios.* Rio de Janeiro: Typ. Universal de Laemmert, 1857. Tese apresentada na Faculdade de Medicina do Rio de Janeiro.

SANTOS, Wanderley Guilherme. *Cidadania e justiça: a política social na ordem brasileira.* Rio de Janeiro: Campus, 1987.

SIQUEIRA, Galdino. *Tratado de Direito Penal Brazileiro.* S.l.: s.n., s.d.

SODRÉ, Nelson Werneck. *A ideologia do colonialismo: seus reflexos no pensamento brasileiro.* 3. ed. Petrópolis: Vozes, 1984.

TEIXEIRA, Jose Maria. *Mortalidade de crianças no Rio de Janeiro.* Rio de Janeiro: Typographia Central de Brown & Evaristo, 1888. Tese apresentada na Faculdade de Medicina do Rio de Janeiro.

TROVÃO, Lopes. *Discurso do senador Lopes Trovão.* Sessão em 29 de outubro de 1902.

Imprensa – Artigos de jornais

BRITO, Lemos. Assistência aos menores. Rio de Janeiro: *Vanguarda*, ago. 1948.

MORAES, Evaristo de. Criança na detenção. *Gazeta da Tarde*, Rio de Janeiro, 11 out. 1898.

Relação de leis (1824-1927)[36]

1824 — BRASIL. Constituição do Império, outorgada em 25 de março. Título VIII. *Das Disposições gemes, e garantias dos direitos civis, e politicos dos cidadãos brasileiros.*

1827 — BRASIL. PROJETO do Codigo Criminal apresentado em sessão de 4 de maio de 1827 pelo Deputado Bernardo Pereira de Vasconcellos.

1828 — BRASIL. N. 8. Imperio, 10 de janeiro de 1828. Pede uma relação de todos os collegios e casas de educação existentes nas provincias e dá providências relativas aos mesmos estabelecimentos.

36. Esta relação de leis foi elaborada em projeto de pesquisa desenvolvido em 1993/1994, coordenado pela professora Irene Rizzini, com a participação de Alicia Regina Moura Sales e Renilda Alcantara Coutinho (Rio de Janeiro: CESPI/USU). Parte importante deste material referente à legislação encontra-se no site do CIESPI. Ver em <www.ciespi.org.br> a BASE LEGIS. Trata-se de um acervo da legislação brasileira referente à criança e ao adolescente de 1824 a 2007, projeto que contou com a parceria de Fundação Escola Superior do Ministério Público do Rio Grande do Sul (FMP/RS).

1829 — BRASIL. Parecer aos Projetos do Código Criminal oferecido pelos Srs. Vasconcellos e Clemente Pereira, sessão em 31 de agosto de 1829.

1830 — BRASIL. LEI de 16 de dezembro de 1830. Manda executar o Código Penal. Código Criminal do Império do Brasil.

1831 — BRASIL. LEI de 26 de outubro de 1831. Prescreve o modo de processar os crimes publicos e particulares e dá outras providências quanto aos policiaes.

1835 — BRASIL. LEI N. 4, de 10 de junho de 1835. Determina as penas com que devem ser punidos os escravos, que matarem, ferirem ou outra qualquer offensa physica contra seus senhores etc.; e estabelece regras para o processo.

1838 — BRASIL. LEI N. 60, de 20 de outubro de 1838. Fixando a Despeza e Orçamento a Receita para o anno financeiro de 1839 a 1840.

1846 — BRASIL. DECRETO N. 407, de 23 de setembro de 1846. Dispensando as Leis de amortisação a favor do Recolhimento de Santa Theresa da Cidade de São Paulo, e do Convento de Santa Theresa desta Côrte.

1850 — BRASIL. DECRETO N. 678, de julho de 1850. Dá regulamento para a Casa de Correcção do Rio de Janeiro.

1850 — BRASIL. DECRETO N. 682, de 11 de julho de 1850. Altera os arts. 95 e 96 dos Estatutos reformados do Recolhimento das Orphãs da Santa Casa da Misericordia da Côrte, confirmados por decreto de 27 de outubro de 1842.

1851 — BRASIL. DECRETO N. 630, de 17 de setembro de 1851. Autorisa o Governo para reformar o ensino primario e secundario do Municipio da Côrte.

1852 — BRASIL. N. 190 — Justiça — Aviso de 17 de julho de 1852. Ao Presidente da Provincia de São Paulo. Declara que as disposições do art. 10 l., do Código Criminal, são também aplicavéis aos escravos menores.

1854 — BRASIL. DECRETO N. 1.331-A, de 17 de fevereiro de 1854. Approva o Regulamento para a reforma do ensino primário e secundário do Município da Côrte.

1858 — BRASIL. DECRETO N. 2.160, de 1° de maio de 1858. Manda proceder a huma nova matricula geral de todos os escravos sujeitos à taxa.

1858 — BRASIL. DECRETO N. 994, de 22 de setembro de 1858. Concede não so ao Hospital de Misericordia da Cidade de São João D'El Rei quatro loterias para o estabelecimento, e manutenção de hum Recolhimento de expostas, mas também huma loteria á Matriz da Villa de Oliveira.

1859 — BRASIL. N. 44, FAZENDA em 17 de março de 1859. Sobre matrícula de escravos menores de doze anos.

1859 — BRASIL. N. 312. Aviso de 20 de outubro de 1859. Declara que a menor, filha de pai incognito, e que tem mãi viva, he Orphã em face das Leis do Paiz.

1863 — BRASIL. N. 478 — Justiça — Aviso de 17 de outubro de 1863. Ao Presidente da Provincia do Maranhão. Approva solução dada ás duvidas sobre o art. 13 do Código Criminal.

1863 — BRASIL. DECRETO N. 3.183, de 18 de novembro de 1863. Manda observar o Regulamento que com este baixa para a adminssão de meninas pobres no Collegio de Macaúbas.

1870 — BRASIL. N. 275, de 21 de setembro de 1870. Cria um collegio para meninos indígenas.

1871 — BRASIL. LEI N. 2.040, de 28 de setembro de 1871. Declara de condição livre os filhos de mulher escrava que nascerem desde a data desta lei, libertos os escravos da Nação e outros, e providência sobre a criação e tratamento daquelles filhos menores e sobre a libertação annual de escravos.

1874 — BRASIL. DECRETO N. 5.532, de 24 de janeiro de 1874. Crêa 10 escolas publicas de instrucção primaria, do primeiro grão, no Municipio da Côrte.

1875 — BRASIL. DECRETO N. 5.849, de 9 de janeiro de 1875. Approva o Regulamento do Asylo de meninos desvalidos.

1883 — BRASIL. DECRETO N. 8.910, de 17 de março de 1883. Dá novo Regulamento ao Asylo de Meninos Desvalidos.

1888 — BRASIL. LEI N. 3.353, de 13 de maio de 1888. Declara extinta a escravidão no Brasil.

1888 — BRASIL. LEI N. 3.396, de 24 de novembro de 1888. Orça a Receita Geral do Império para o exercício de 1889 e dá outras providências.

1888 — Projeto N. 33-A. Repressão da ociosidade. Sessão em 10 de julho de 1888. Paço da Camara dos Deputados.

1889 — BRASIL. DECRETO N. 10.244, de 31 de maio de 1889. Crêa um Conselho de Assistência para a Casa de S. José, Colônia de S. Bento e Asylo do Conde de Mesquita.

1890 — BRASIL. DECRETO N. 301, de 5 de abril de 1890. Declara a entrancia da comarca da União, marca o ordenado do respectivo promotor publico e crêa o logar de Juiz municipal e de orphãos no termo do mesmo nome, no Estado do Piauhy.

1890 — BRASIL. DECRETO N. 314 A, de 10 de abril de 1890. Crêa o logar de juiz municipal e de orphãos no termo da Barra do Pirahy, no Estado do Rio de Janeiro.

1890 — BRASIL. DECRETO N. 318, de 11 de abril de 1890. Declara a entrancia da comarca de Serrinha, marca o ordenado do respectivo promotor publico e crêa o logar de juiz municipal e de orphãos do termo do mesmo nome, no Estado da Bahia.

1890 — BRASIL. DECRETO N. 324, de 12 de abril de 1890. Declara a entrancia da comarca de S. Miguel dos Guanhães, marca o ordenado do respectivo promotor publico e crea o logar de juiz municipal e de orphãos no termo do mesmo nome, no Estado de Minas Gerais.

1890 — BRASIL. DECRETO N. 344, de 19 de abril de 1890. Crêa o logar de juiz municipal e de orphãos no termo de S. Manoel, Estado de S. Paulo.

1890 — BRASIL. DECRETO N. 438, de 31 de maio de 1890. Declara de nenhum efeito o decreto n. 321 de 11 de abril de 1890 e prorroga o prazo concedido para a organização da companhia.

1890 — BRASIL. DECRETO N. 439, de 31 de maio de 1890. Estabelece as bases para a organisação da assistência á infância.

1890 — BRASIL. DECRETO N. 847, de 11 de outubro de 1890. Promulga o Código Penal.

1890 — BRASIL. DECRETO N. 1.030, de 14 de novembro de 1890. Organiza a Justiça Federal.

1891 — BRASIL. DECRETO N. 1.313, de 17 de janeiro de 1891. Estabelece providencias para regularisar o trabalho dos menores empregados nas fabricas da Capital Federal.

1891 — BRASIL. Constituição de 24 de fevereiro de 1891. Título IV. Dos cidadãos brasileiros. Secção. Das qualidades do cidadão brazileiro.

1892 — BRASIL. N. 6, Aviso de 22 de março de 1892. Como se deve proceder quanto aos menores vagabundos.

1893 — BRASIL. DECRETO N. 145, de 11 de julho de 1893. Autoriza o Governo a fundar na colonia correccional no proprio nacional Fazenda da Boa Vista, existente na Parahyba do Sul, ou onde melhor lhe parecer e dá outras providências.

1893 — BRASIL. PROJETO N. 250, Sessão de 21 de agosto de 1893. Substitui o Código Penal publicado pelo Decreto n. 847 de 11 de outubro de 1890.

1896 — BRASIL. N. 104, de 1896. Discurso do Senador Lopes Trovão. Parecer de 11 de Setembro de 1896.

1897 — BRASIL. DECRETO N. 2.457, de 8 de fevereiro de 1897. Organisa a Assistencia Judiciaria no Districto Federal.

1899 — BRASIL. DECRETO. N. 628, de 28 de outubro de 1899. Amplia a acção penal por denuncia do Ministerio Publico, e dá outras providências.

1902 — BRASIL. Discurso do Senador Lopes Trovão. Sessão em 29 de outubro de 1902.

1902 — BRASIL. LEI N. 947, de 29 de dezembro de 1902. Reforma o serviço policial no Distrito Federal.

1903 — BRASIL. DECRETO N. 4.753, de 28 de janeiro de 1903. Approva o Regulamento da Colonia Correcional dos Dous Rios.

1903 — BRASIL. DECRETO N. 4.780, de 2 de março de 1903. Approva o regulamento para a Escola Correccional Quinze de Novembro.

1903 — BRASIL. DECRETO N. 441, de 26 de julho de 1903. Crea o Officio Geral de Assistência.

1903 — BRASIL. DECRETO N. 442, de 26 de junho de 1903. Altera algumas disposições do decreto n. 282, que dá Regulamento ao Ensino Profissional.

1904 — BRASIL. DECRETO N. 1.154, de 7 de janeiro de 1904. Autoriza o Governo a ceder ao Instituto de Proteção e Assistência á Infância do Rio de Janeiro um dos próprios nacionaes existentes nesta capital ou a dar ao mesmo Instituto, mensalmente 500$ para aluguel de casa.

1906 — BRASIL. Sessão em 31 de outubro de 1906. Sr. Alcindo Guanabara, vem sujeitar á consideração da Camara um projeto de lei regulando a situação da infância moralmente abandonada e delinquente.

1908 — BRASIL. DECRETO N. 6.863, de fevereiro de 1908. Dá novo regulamento á Casa de Detenção do Distrito Federal.

1908 — BRASIL. DECRETO N. 6.994, de 19 de julho de 1908. Dos casos de internação.

1910 — BRASIL. DECRETO N. 8.233, de 22 de setembro de 1910. Approva o regulamento do patronato official dos liberados ou egressos definitivos da prisão no Distrito Federal.

1911 — BRASIL. DECRETO N. 8.824 A, de 7 de julho de 1911. Manda provisoriamente depositar na Colonia Correccional de Dous Rios as praças dos corpos de Marinha que tiverem de cumprir pena correccional e da outras providências.

1911 — BRASIL. PROJETO. Sessão de 15 de julho de 1911. Sr. Nicanor Nascimento. Dá regras para contractos de locação de serviço entre patrões e empregados do commercio.

1912 — BRASIL. PROJETO N. 94, de 17 de julho de 1912. Providencia sobre a infância abandonada e criminosa. Projeto de João Chaves.

1912 — BRASIL. PROJETO N. 322, de 17 de setembro de 1912. Reorganiza o ensino da Escola Quinze de Novembro e dá outras providências.

1914 — BRASIL. DECRETO N. 1.001, de 13 de novembro de 1914. Crêa uma commissão especial de história e estatística de assistencia publica e Privada.

1915 — BRASIL. LEI N. 2.992, de 25 de setembro de 1915. Modifica os arts. 266, 277 e 278 do Código Penal.

1916 — BRASIL. DECRETO N. 11.945, de 9 de fevereiro de 1916. Divide em duas a Curadoria Geral de Orphãos do Distrito Federal.

1917 — BRASIL. Projeto. Sessão em 25 de outubro de 1917. Sr. Nicanor Nascimento. Do contrato de trabalho.

1918 — BRASIL. DECRETO N. 12.893, de 28 de fevereiro de 1918. Autoriza o Ministro da Agricultura a crear patronatos agrícolas, para educação de menores desvalidos, nos postos zootechnicos, fazendas-modelo de criação, nucleos coloniaes e outros estabelecimentos do Ministerio.

1919 — BRASIL. DECRETO N. 13.706, de 25 de julho de 1919. Dá nova organização aos patronatos agrícolas.

1920 — BRASIL. DECRETO N. 2.340, de 18 de novembro de 1920. Considerada de utilidade publica municipal para todos os efeitos o Departammento da criança no Brasil.

1921 — BRASIL. LEI N. 4.242, de 5 de janeiro de 1921. Fixa a despesa geral da República dos Estados Unidos do Brasil para o exercício de 1921.

1923 — BRASIL. DECRETO N. 16.272, de 20 de dezembro de 1923. Approva regulamento da assistência e proteção aos menores abandonados e delinquentes.

1923 — BRASIL. DECRETO N. 16.273, de 20 de dezembro de 1923. Reorganiza a Justiça do Distrito Federal.

1923 — BRASIL. DECRETO N. 16.300, de 31 de dezembro de 1923. Approva o regulamento do Departamento Nacional de Saúde Pública.

1924 — BRASIL. DECRETO N. 16.388, de 27 de fevereiro de 1924. Approva o regulamento do Conselho de Assistencia e Protecção dos Menores.

1924 — BRASIL. DECRETO N. 16.444, de 2 de abril de 1924. Approva regulamento do Abrigo de Menores do Distrito Federal.

1924 — BRASIL. Lei N. 2.059, de 31 de dezembro de 1924. Dispõe sobre o processo de menores delinquentes.

1925 — BRASIL. DECRETO N. 3.828, de 25 de março de 1925. Dá regulamento á lei n. 2.059 de 31 de Dezembro de 1924.

1926 — BRASIL. DECRETO N. 17.181, de 8 de janeiro de 1926. Resolve dar á Casa de Prevenção e Reforma, a denominação de Escola Alfredo Pinto.

1926 — BRASIL. Constituição do Brasil, de 7 de setembro (emenda de 1891).

1926 — BRASIL. DECRETO N. 5.083, de 1 de dezembro de 1926. Institue o Código de Menores.

1927 — BRASIL. DECRETO N. 17.943-A, de 12 de outubro de 1927. Consolida as leis de Assistência e Proteção aos menores.

PARTE 2

Pontos de partida para uma história da assistência privada à infância no Brasil

Capítulo III

Rostos de Crianças no Brasil

*Esther Maria de Magalhães Arantes**

Notas metodológicas

Enfrentar a chamada questão da criança no Brasil é percorrer um campo complexo, tão variadas, e muitas vezes nebulosas e dramáticas, as situações que empiricamente se apresentam. Difícil não se perder nesta variedade de situações, como também no emaranhado de práticas, programas e instituições constitutivos da parafernália responsável pelo atendimento a esta criança.

Acoplados a este dispositivo, constituindo-o e por ele sendo constituídos, proliferam agentes e discursos com inspirações e pretensões também as mais diversas: do discurso "piedoso" da caridade ao discurso de "denúncia" do militante, passando pelo discurso "competente" daqueles a quem se atribui a responsabilidade pela gestão do problema.

Assim, noções como infância "desvalida" ou "infeliz", constitutivas da antiga caridade e quase hoje desaparecidas, ainda se misturam às "faltas" e "desvios" resultantes das teorias da carência e marginalidade sociocultural,

* Professora da Pontifícia Universidade Católica do Rio de Janeiro (PUC-Rio) e Universidade do Estado do Rio de Janeiro (UERJ).

bem como a outras noções nascidas do jargão médico-jurídico-policial como "doente", "irregular", "perigoso", "incorrigível".

A difusão dessas noções na vida social, ao mesmo tempo em que serve de baliza quanto ao embaralhamento das práticas, constitui-se, por outro lado, em verdadeiro logro ao pesquisador, militante ou trabalhador da área, na medida em que essas noções ou identidades são tomadas como sendo a natureza mesma das crianças.

Para se aventurar por esse terreno, ao menos duas possibilidades se apresentam ao pesquisador: tomar as categorias do "campo" como verdades e, a partir daí, enumerar e descrever os diferentes momentos da trajetória da criança e da assistência a ela prestada, admitindo uma relação de exterioridade de uma em relação à outra (a infância postulada como objeto natural e a assistência como política pública a partir de um centro gerador, o Estado) ou, colocar em cheque as noções dadas de antemão no "campo", desnaturalizando-as através de uma análise histórico-genealógica.

Preferimos a segunda opção, não por desprezo às análises descritivas e factuais, mas porque as estratégias de poder-saber neste setor são hoje por demais evidentes. Adicionalmente, as políticas públicas voltadas para a infância, no sentido em que comumente são definidas, só tiveram lugar no Brasil a partir da República.

Neste sentido, as análises de Michel Foucault sobre sujeito-poder--verdade são referências privilegiadas, por recobrirem um domínio de práticas que, investindo o corpo, são produtoras de modos históricos de subjetividade.

Não se trata, em Foucault, conforme críticas costumeiramente a ele dirigidas, de desconsiderar as relações de classe, minimizar o papel do Estado ou desqualificar a função do técnico do campo social. Trata-se apenas de reconhecer que os mecanismos de dominação e assujeitamento não decorrem mecanicamente dos mecanismos de exploração, embora os pressuponha, e que o poder centralizador do Estado, enquanto se exercendo sobre sujeitos civis não exclui a existência de um outro tipo de poder ou governo (biopoder) exercido sobre indivíduos vivos (Foucault, 2003).

Pela análise genealógica, as identidades aparecerão, não como natureza humana, mas como produções históricas, a partir de práticas múltiplas que se imbricam e se agenciam.

Havendo descontinuidade das práticas, novas identidades emergirão na paisagem enquanto objetos para um sujeito do conhecimento. Neste sentido, tanto as crianças "tábulas rasas" dos primeiros jesuítas quanto os "expostos" e "desvalidos" da antiga caridade, bem como os "abandonados" e "irregulares" da República aparecerão como rostos datados, em descontinuidade uns em relação aos outros — perpassados todos, no entanto, pela herança de exclusão que marca a história do Brasil desde o descobrimento.

Pretende-se assim, com este estudo, operar um deslocamento: não mais escrever um texto que confirme a ilusão desses objetos — irregular, carente, delinquente etc. — mas escrever um texto que evidencie os mecanismos dessas fabricações.

O governo através das crianças – Os primeiros jesuítas

"Para quem vivia no mundo europeu do século XVI, recém se libertando da hegemonia católica e já se engalfinhando em novas lutas religiosas que representavam mais constrangimentos e menos liberdade, a visão que se deslumbrou nas praias da costa brasileira foi realmente extasiante (...). Os navegantes e aventureiros normandos, ingleses, irlandeses e até alemães trouxeram de volta às suas pátrias as histórias impressionantes desse paraíso sem maldade nem desonras, cheio de bonança e abundância, com igualdade e generosidade de todos e para todos. E com uma brutalidade que lhes parecia ingênua e insensata, como de crianças (Gomes, 1991, p. 37).

Tentemos, por um momento, imaginar este instante, já que aos olhos do historiador:

> "A tentativa de implantação da cultura europeia em extenso território, dotado de condições naturais, se não adversas, largamente estranha à sua

tradição milenar, é, nas origens da sociedade brasileira, o fato dominante e mais rico em consequências. Trazendo de países distantes nossas formas de convívio, nossas instituições, nossas ideias, e timbrando em manter tudo isso em ambiente muitas vezes desfavorável e hostil, somos ainda hoje uns desterrados em nossa terra. Podemos construir obras excelentes, enriquecer nossa humanidade de aspectos novos e imprevistos, elevar à perfeição o tipo de civilização que representamos: o certo é que todo o fruto de nosso trabalho ou de nossa preguiça parece participar de um sistema de evolução próprio de outro clima e de outra paisagem" (Holanda, 1988, p. 3).

O estado da terra – O tempo antigo do Brasil

Cinco décadas após o descobrimento, duas preocupações ocuparam os portugueses: como povoar a terra, assegurando a conquista e o tráfico das riquezas, e como governar povos que, segundo diziam, não tinham "fé, lei, e rei" (Barléu, 1974, p. 22)?

Dos primeiros escritos sobre esta Índia Brasílica, inúmeras são as referências às maravilhas do clima, fauna e vegetação, como também aos escândalos que aqui se cometiam, herança do "tempo antigo" do Brasil, anterior ao estabelecimento do governo geral e da chegada dos jesuítas, ambos em 1549.[1]

Tais escândalos foram inicialmente atribuídos aos costumes praticados pelos da terra mas, principalmente, aos desregramentos dos cristãos que para cá vieram nas primeiras levas. Nas palavras dos primeiros jesuítas:

> "(...) é fóra de dúvida que não quererão chegar-se ao culto da fé cristã; pois são de tal fórma barbaros e indomitos, que parecem aproximar-se mais á natureza das feras do que á dos homens. O que não é tanto para admirar com a detestavel maldade dos proprios Cristãos, nos quais acham não só o exemplo de vida como favor e auxílio para cometerem delitos" (...)" (Anchieta, 1988, p. 56).

1. Segundo Afrânio Peixoto, apenas a cobiça das terras brasileiras e a pirataria moveram a colonização portuguesa (Navarro e outros, 1988, p. 38).

Censuravam os jesuítas aos portugueses os castigos desmesurados infligidos aos índios, principalmente aos já convertidos e cristãos:

> "O que mais espanta aos Indios e os faz fugir dos portugueses, e por consequencia das igrejas, são as tiranias que com eles usam, obrigando-os a servir toda a sua vida como escravos, apartando mulheres de maridos, pais de filhos, ferrando-os, vendendo-os etc. (...)" (idem, p. 342).

Censuravam-lhes também pela pouca ou nenhuma preocupação com a conversão dos gentios e por estarem, os próprios portugueses, vivendo em estado de pecado grave, inclusive o clérigo:

> "(...) e desta maneira viviam e vivem ainda agora muitos em perpétuas trevas sem terem mais que nomes de cristãos, de maneira que assim se haviam com eles e ainda agora se hão, como se não fossem suas ovelhas; nem os Bispos fazem muito caso disso, pois com os Indios livres visto está que não se faz diligência nenhuma no que toca a sua salvação, quais como de gente que não tem alma racional nem foi criada e redimida, para a Glória" (idem, p. 330).

Por último, censuravam ainda os portugueses por dizimarem os índios, não percebendo que da aliança entre eles dependia um Brasil português e cristão:

> "A gente que de 20 anos a esta parte é gastada nesta Baía, parece cousa, que se não pode crêr; porque nunca ninguém cuidou, que tanta gente se gastasse nunca, quanto mais em tão pouco tempo; porque nas 14 igrejas, que os Padres tiveram (...) se chegam ou passam de 80.000 almas."
> Ver agora os engenhos e fazendas da Baía, achá-los-ão cheios de negros da Guiné, e mui poucos da terra e se perguntarem por tanta gente, dirão que morreu, (...)" (idem, p. 385-6).
> "(...) e em todas estas guerras foram sempre à sua custa, com seus mantimentos e armas, onde morreram muitos, porque não tão sómente pelejavam contra seus contrários, mas serviam aos Portugueses, e lhes buscava de comer, sem por nenhuma cousa destas terem nenhum premio" (idem, p. 387). Tais eram considerados os vícios da época e tantos, não apenas em terras portuguesas

como em holandesas, que aqui se divulgava: "Além da linha equinocial não se peca" (Barléu, 1974, p. 49).

Acresce-se aos males oriundos dos cristãos os da terra, chegando os jesuítas a longos inventários, como o clássico texto de Anchieta "Dos impedimentos para a conversão dos Brasis e, depois de convertidos para o aproveitamento nos costumes e vida Cristã" (Anchieta, 1988, p. 341-2). Dentre os impedimentos, cita Anchieta o possuírem os índios muitas mulheres, beberem vinhos, as guerras que faziam aos seus contrários, o serem pouco constantes no trabalho e, sobretudo, faltar-lhes temor e sujeição. Muitas são as referências jesuíticas a tais impedimentos:

> "(...) não são sujeitos a nenhum rei ou capitão, só têm em alguma conta os que alguma façanha fizeram, digna do homem valente, e por isto comumente recalcitram, porque não ha quem os obrigue a obedecer; os filhos dão obediencia aos pais quando lhes parece; finalmente, cada um é rei em sua casa e vive como quer; pelo que nenhum ou certamente pouco fruto se póde colher, deles, se a fôrça e o auxilio do braço secular não acudirem para domá-los e submetê-los ao jugo da obediência". (Idem, p. 55)
>
> "O que mais crêm e de que lhes nasce muito mal é que em alguns tempos alguns de seus feiticeiros, que chamam Pagés, inventam uns bailes e cantares novos, de que estes Indios são mui amigos, e entram com eles por toda a terra, e fazem ocupar os Indios em beber e bailar todo o dia e noite, sem cuidado de fazerem mantimento (...). Cada um dêstes feiticeiros (...) vem dizendo que o mantimento ha de crescer por si, sem fazerem plantados (...). Outros dizem que as velhas se hão de tornar moças (...), que os que os não receberem se hão de tornar em pássaros (...). De modo que bem se pode crer que ali particularmente obra o demonio (...)" (Idem, p. 339).
>
> "(...) Mas por duas cousas principalmente entendo que se lhes não deve administrar o Baptismo. Uma, é não terem Rei a quem obedeçam, nem moradia certa, mudando-se de aldêa todos os annos (...). A outra (...) o uso de comer carne humana (...)" (Navarro, 1988, p. 76-7).

Feito o inventário dos males e desgovernos, os remédios não tardariam, através do braço secular com o auxílio dos bons ensinamentos e costumes pertencentes à medicina da alma ou polícia cristã.

> "Os Padres incitam sempre os Indios, que, façam sempre suas roças e mantimentos, pera que se fôr necessário, ajudem com eles os Portugueses por seu resgate, como é verdade, que Muitos Portugueses comem das aldeias, por onde se pode dizer, que os Padres da Companhia são pais dos Indios assim das almas como dos corpos" (Anchieta, 1988, p. 390).
>
> "(...) ficam os meninos na escola, onde aprendem a ler e escrever, contar e outros bons ensinamentos pertencentes á polícia cristã" (idem, p. 389).

Na luta pela conquista das terras e das almas, Estado e Igreja foram incansáveis, podendo-se concordar que "tirar o medo aos cristãos, senhorear gentio pela guerra, amedrontá-lo com grandes ameaças (...)" foram estratégias de governo, a partir de 1549 (Rodrigues, J. H. In: Abreu, 1982c, p. 14).

Os remédios – O governo dos Brasis

Dos grandes impedimentos sentidos para a conversão dos gentios, que resume tudo o mais que se seguirá, eram lhes faltar "rei, lei e fé". Suprir estas ausências era tarefa considerada árdua, mas não impossível, para aqueles que fizeram desta terra o seu empreendimento. O fato de andarem os índios soltos, sem prestarem obediência a um rei e sem se encontrarem organizados por um poder centralizador nos moldes dos Estados europeus, dificultava a conversão. Segundo o Irmão Pero Correia:

> "(...) e si tivessem um Rei, convertido este, converter-se-iam todos. Mas como não há um Rei para a conversão destes, é necessário que para cá venham muitos Irmãos (...) (Cópia da carta de Pero Correia, pessoa que esteve muito tempo no Brasil e um dos primeiros da Terra; serve a Deus com grande fervor na Companhia de Jesus", In: Navarro, 1988, p. 121).

Quanto à ausência de lei, os primeiros remédios bem sucedidos foram as ações empreendidas por Mem de Sá, terceiro governador geral do Brasil, sujeitando todos às leis de Deus e do Estado e, em consequência, dizimando milhares de índios. As inúmeras cartas dos jesuítas são unânimes em comemorar esta sujeição, tomando-a como marco de governabilidade:

> "Todos êstes impedimentos e costumes são mui faceis de se tirar se houver temôr e sujeição, como se viu por experiência desde do tempo do governador Mem de Sá até agora; porque com o os obrigar a se juntar e terem igreja, bastou para receberem a doutrina dos Padres e perseverar nela até agora, e assim será sempre, durante esta sujeição (...)" (Anchieta, 1988, p. 341).
>
> "O primeiro remédio, e que já succede bem, foi fazer ajuntar os de quatro aldeias em uma só (...) e serve isto também pera melhor se poderem remediar seus erros e peccados (...)" (Translado de uma carta do Padre Antônio Pires, da Bahia, de 19 de julho de 1558. In Navarro, 1988, p. 225).
>
> "Todos, assi gentios como christãos, guardam a lei de Christo, uns por serem obrigados, e outros por se apparelharem pera bautisar, e se afazerem ao jugo do Senhor (...). E isto despois de Deus deve-se ao Senhor Governador e á sua prudência e zelo (...) ordenou que houvesse em cada povoação destas um dos mesmos Indios, que tivesse carrego de prender em um tronco os que fizessem cousa que pudesse estorvar a conversão, e isto quando nós lho dizemos. E hão tanto medo a estes troncos, que, despois de Deus, são elles causa de andarem no caminho e costumes que lhes pômos, (...) ao menos não estorverem aos pequenos, nem os mettam em seus maus costumes (...) e não se permittirem feiticeiros entre elles (...) vêm á hora da morte a pedirem o bautismo e morrerem christãos. E alguns, si escapam da doença (posto que são mui raros), dizem maravilhas do bautismo" (Carta do Padre Ruy Pereira aos Padres e Irmãos da Companhia da Província de Portugal, da Bahia a 15 de setembro de 1560". In Navarro, 1988, p. 285-286).

Estando os índios sob sujeição, estava aberto o caminho para a conversão e o trabalho escravo, que entre nós persistiu até 1888, apenas um ano antes da Proclamação da República.

Se a "ausência" de rei e lei pôde, desta forma, ser equacionada, ainda que pela força, restava a difícil questão da fé. É em relação a esta questão que se descortina toda a pedagogia da época — massacre cultural tão terrível como os sofrimentos infligidos aos corpos — e que motivou, por ocasião dos 500 anos do descobrimento da América, que o Papa João Paulo II pedisse perdão pelos excessos da catequização entre nós.

Antes de prosseguirmos, porém, façamos breve menção à relação Estado e Igreja, à época. No Regimento de Tomé de Souza, assinado por D. João III, encontram-se as principais diretrizes do governo geral. Pela ordem: 1) "o serviço de Deus e o exalçamento da nossa santa fé"; 2) "o serviço meu e proveito dos meus reinos e senhorios"; e 3) "o enobrecimento das Capitanias e povoações das terras do Brasil e o proveito dos naturais dela".

Ordenava ainda D. João III que se realizasse a catequese dos índios bem como o seu aldeamento e o ensino dos meninos:

> "Porque parece que será grande inconveniente, os gentios, que se tornarem cristãos, morarem na povoação dos outros e andarem misturados com eles (...). E aos meninos, porque neles se imprimirá melhor a doutrina, trabalhareis por dar ordem como se façam cristãos e que sejam ensinados e tirados de conversação dos gentios; e aos capitães das outras capitanias direis da minha parte, que lhes agradecerei muito ter cada um cuidado de assim o fazer em sua capitania; e os meninos estarão na povoação dos portugueses e em seu ensino folgaria de se ter a maneira que vos disse" (Leite, 1954, p. 6-7).

Assim combinados, em relação aos índios, os esforços das missões jesuíticas consistiriam em

> "(...) fazê-los de bárbaros homens, e de homens cristãos, e de cristãos perseverantes na fé" (idem, p. 12).

Que se dobre o infiel ao reconhecimento da verdade única, ainda que isto signifique negar a sua própria existência. Que se transforme em súdito de El-Rei de Portugal e que se regozije, mesmo que na condição de escravo.

Separação, medo, morte por imaginação – A medicina da alma

Uma das primeiras iniciativas dos jesuítas, auxiliados pelo governo geral, foi isolar o índio do colono.

> "A experiência convenceu-o (ao padre Manoel da Nóbrega) da necessidade, para colher resultado útil e duradouro, de isolar o indígena do colono, para aperfeiçoá-lo ao trabalho moderado, resguardando-lhes a segurança pessoal e garantir-lhe economia independente" (Abreu, 1982, p. 160).

Outras separações se fizeram necessárias aos olhos da época, para impor aos índios o casamento monogâmico e oficializado pelo sacramento e perseverá-los na doutrina. Era necessário recusar o sexo fácil, cobrir a pele nua dos índios, separar meninos de adultos e mulheres de homens, bem como desmoralizar os Pajés, retirando-lhes qualquer influência sobre os índios.

> "O metodo que se adota nestas missões, é ensinar e explicar a doutrina cristã aos Indios e Africanos reunidos em um lugar, batizar, ouvir-lhes as confissões, separá-los das concubinas e sujeitá-los ás leis do matrimonio: o que nesta província é trabalho quotidiano, necessário e utilíssimo á salvação das almas" (Anchieta, 1988, p. 407).

Já em 1551, Nóbrega ordenou uma casa de recolhimento para os meninos e outra para as índias.

> "As indias forras, que há muyto que andão com os christãos em peccado, trabalhamos por remediar por nom se irem ao sertão já que são christãas, e lhes ordenamos huma casa a custa dos que as tinhão para nella as recolher e dali casarão com alguns homens trabalhadores pouco a pouco. Todas andão com grande fervor e querem emendar-se de seus peccados e se confessão já as mais entendidas e sabem (-se) muy bem accusar. Com se ganharem estas se ganha muytas, porque são mais de 40 soo nesta povoação, afora muytas outras que estão polias outras povoaçõis, e accarretão outras do sertão asi já christãas como ainda gentias. Algumas destas mais antigas pregão ãs outras (...). Ganhamos tambem que estas nos trarão meninos do gentio para insinarmos e (criarmos) em huma casa que para isso se ordena, (e já se faz, e trabalha) nella com muyta pressa e fervor todo ho povo asi homens como molheres".[2]

---

2. Nóbrega, M., *Cartas dos Primeiros Jesuítas do Brasil*. In: Leite, 1954, p. 286. Ambas as casas parecem ter sido, respectivamente, o princípio do Recolhimento de Moças, de Olinda e o Colégio de Pernambuco, também em Olinda. Ver notas 7, 8 e 9, p. 286.

Em outra carta, Nóbrega volta a se referir à casa de recolhimento para as índias:

> "Damos ordem a que se faça huma cassa pera recolher todas as moças e molheres do gentio da terra que há muitos annos que vivem entre os christãos, e sam christãs e tem filhos dos homeins branquos; e os mesmos homeins que as tinhão ordeno esta cassa, porque ali douctrinadas e governadas por algumas velhas delas mesmas, pollo tempo em diante muitas casarão e ao menos vivirão com menos occasiom de peccados; e heste hé ho milhor meio que nos pareceo por se nam tornarem ao gentio" (Nóbrega, In Leite, 1954, p. 292).

Quanto aos meninos:

> "Temos também em casa comnosco alguns filhos dos Gentios, que atraimos para nós de diversas partes e êstes até abominam os costumes paternos a tal ponto que (...) passando com os nossos Irmãos pela aldeia em que morava a mãe, dando-lhe os mesmos licença para ver sua mãe, não a saudou no entanto e passou além; assim, antepõem em tudo ao amor dos pais o nosso. Louvor e glória a Deus, de quem todo o bem procede" (Anchieta, 1988, p. 52-3).

Pensando os índios como matéria dócil, folhas em branco ou tábulas rasas, acreditavam tudo neles poder imprimir, mediante o medo e o terror.

> "(...) e foi com esta gente o padre Nobrega com uma cruz na mão, que dava grande consolação aos Christãos e espanto e terror aos Indios (...) Estão agora os Negros tão medrosos, que qualquer jugo de bem viver que lhes fôr posto o aceitarão, ainda que seja por temor e medo dos Brancos" (Carta que o Padre Antônio Pires escreveu no Brasil, da Capitania de Pernambuco, aos Irmãos da Companhia, de 2 de Agosto de 1551. In Navarro, 1988, p. 105-6).
>
> "(...) nos mandou o Padre (...) a confessar os que se havia de bautisar ao outro dia, a qual confissão, como já saberão, não é mais que peca lhe fazer detestar a vida passada e conhecer a que querem tomar (...)" (Carta do Padre Leonardo do Valle, da Bahia para os Irmãos". In Navarro, 1988, p. 356).
>
> "(...) porque têm grandissimo desejo de conhecer a Deus e de saber o que hão de fazer para se salvar, porque temem muito a morte e o dia de Juizo e o Inferno, de que têm já alguma notícia. Depois que Nosso Senhor trouxe ao

> carissimo Pero Corrêa a ser nosso Irmão, nas praticas que lhe faz sempre lhe mando tocar nisso e o temor os mette em grande confusão" (Outra carta do Padre Leonardo Nunes, de São Vicente, a 20 de Junho de 1551. In Navarro, 1988, p. 92).

Pode-se creditar à medicina da alma parcela de responsabilidade na devastação dos povos indígenas.[3] No entanto, dentre tão numerosas e tantas mortes, escapava aos jesuítas o sentido das "mortes por imaginação" — que tanta perplexidade lhes causavam.

> "Muito trabalho nos dá a imaginação desta gente nos taes tempos de doenças, porque quasi tantos parece morrem della como com a peste" (Carta do Padre Leonardo do Valle da Bahia para o Padre Gonçalo Vaz, Provincial da Companhia de Jesus de Portugal, aos 12 de Maio de 1563 In Navarro, 1988, p. 414).
>
> "No dia seguinte baptisou o Padre Provincial a cento e setenta e tres, guardando-se o modo e ordem acostumados. Logo depois (...) foi-se à povoação de Santiago e dahi a quinze dias ao Espirito Santo, para que se mudasse aquella povoação, porque, por ser o sitio mui doentio, morriam muitos e muito a miudo, e porque neste comenos achei-me ali, direi como testemunha de vista que havia dias em que morriam ora quatro, ora tres, e o commum não passava dia em que não morressem, pelo que andavam elles mui tristes e desconsolados, vendo tanta mortandade entre si, e não ha que duvidar sinão que era para cortar o coração de lastima ver tantos meninos orphãos, tantas mulheres viuvas e a doença e enfermidade tão continua nelles que parecia pestilencia. Andavam attonitos e como que pasmados vendo o que por elles passava. Não usavam seus cantares e bailes, mas tudo era tristeza e pela aldêa não se ouvia sinão choros e gemidos pelos defuntos. Acudiu o Padre Provincial, e a primeira cousa que fez foi trabalhar por lhes deitar aquella melamcolia fóra, provocando-os a que folgassem e se regosijassem, porque são elles dados tanto a o imaginar e embebevecem-se tanto nisto, que morrem de pura imaginação" (Carta do Padre Antonio Blasquez do Brasil,

3. Segundo Darcy Ribeiro, o que mais devastou os povos indígenas "foram as pestes europeias de extremada virulência que grassavam de tribo a tribo, em cadeias de contaminação generalizada". Outras pragas foram o "genocídio e o extermínio cultural, o etnocídio, induzido tanto pela própria burocracia oficial protecionista, como pela ação missionária" e ainda pela "opressão psicológica" e "pela desmoralização de suas crenças e indução da ideia de sua inferioridade" (In Gomes, 1988, p. 10-1).

da cidade de Salvador, Bahia de Todos os Santos, para o Padre Mestre Geral Diogo Laynez e aos mais Padres e Irmãos da Companhia, de 23 de Setembro de 1561. In Navarro, 1988, p. 338-9).

"(...) são algo melancólicos e se querem morrer com aprender sòmente a morte na imaginação ou com comer terra; ou lhes digam que se hão de morrer ou lhes ponham medo morreram brevissimamente" (Anchieta, 1988, p. 442).

O governo através das crianças

Cedo puseram-se os padres a utilizar índios recém-convertidos na catequização de outros índios, não apenas pela dificuldade da língua mas, principalmente, porque os convertidos seriam exemplo e espelho para os demais.

Necessitando de "bons línguas" e "bons espelhos", um tanto descrentes da eficácia da conversão de índios adultos pelos hábitos já formados, e contraditoriamente, acreditando serem os índios tábulas rasas onde tudo se podia imprimir, voltaram-se os jesuítas, prioritariamente, para a educação das crianças.[4]

"(...) só aos pequenos acho com boa inclinação, si os tirassemos de casa de seus paes, o que não se poderá fazer sem que Sua Alteza faça edificar um collegio nesta cidade com destino a essas crianças para as educar, de maneira que com os maus costumes e malicia dos paes se não perca o ensino que si ministra

---

4. É necessário ter em conta a ambiguidade da palavra criança quando referida ao índio. Mesmo os índios adultos foram tratados como menores: incapazes do ponto de vista jurídico, psicológico e social.

A Carta Régia de 1798 diz textualmente que os índios são "crianças órfãs". Esta condição jurídica é reafirmada pela Regência, em 1831. Na República, pelo Código Civil de 1916, essa condição se modifica para a de "menor de idade", "relativamente capaz" (Gomes, 1991, p. 77).

Segundo o autor: "Até os liberais e amigos dos índios, como o general Couto de Magalhães, achavam que essa era a maneira correta de se tratar os índios: como crianças, guiando-os na sua vontade, admoestando-os e punindo-os no seu erro, e procurando o melhor para eles pelo trabalho, a obediência e a religião" (idem, p. 81).

aos filhos" ("Extracto de uma carta do Padre João de Azpilcueta Navarro da índia do Brasil a 28 de Maço de 1550". In Navarro, 1988, p. 77).

Parte deste empenho também se devia à esperança de que algumas destas crianças da terra se tornassem Irmãos da Companhia.

"Ao grande zêlo da conversão dos Brasis ajuntava outro que lhe era consequente, convem a saber: grandissimo cuidado e dilingencias de criar Irmãos da Companhia que pudessem ser instrumento desta conversão. Por esta causa ajuntava em casa moços pequenos mestiços e outros de todo Portugueses, nascidos na terra, por serem línguas.[5] E trabalhava pelos fazer chegar até onde alcançasse sua habilidade, assim no espirito como no estudo, e por não deixar cousa por intentar para êste fim, determinava mandar a Portugal alguns (...)"[6] (Anchieta, 1988, p. 479-80).

Construindo casas e colégios, atraindo para junto de si os filhos dos índios e mestiços, amparando órfãos portugueses e brasileiros, ocupando-se das famílias e dos filhos dos portugueses, foram os jesuítas, por mais de duzentos anos, os educadores do Brasil.[7]

"Todo este tempo que aqui temos estado nos hão mandado de Portugal alguns dos meninos órfãos, os quais havemos tido e temos connosco sustentando-os com muito trabalho e dificuldade; o que nos moveu que aqui também recolhessemos alguns órfãos principalmente dos mestiços da terra, pera assim os amparar e ensinar, porque é a gente mais perdida desta terna, e alguns peores que os mesmos Indios.

Como disse no quadrimestre de Agosto e durante esse tempo pretendemos conquistar um dêstes como um Indio, porque neles está muita parte da edificação ou destruição da terra como também porque como linguas e intérpretes para nos ajudarem na conversão dos Gentios e dêstes os que fossem aptos e

5. Padres e meninos "linguas" eram aqueles que, por dominarem o português e a língua da terra, podiam servir como intérpretes.

6. Sobre o Padre Manoel da Nóbrega.

7. Quando do governo do Marquês de Pombal, em 1755, há uma cisão entre Coroa e Igreja, no que se refere ao tratamento a ser dado aos índios, tendo a Companhia de Jesus sido expulsa do território brasileiro (Gomes, 1991, p. 74-5).

> tivessem as qualidades recolhê-los para Irmãos e os que não fossem tais dar-lhe vida por outro modo. (...) que será mui grande serviço de Deus tê-los e criá-los na mesma conta que os Indios e quando chegarem a anos de discreção mandá-los a Espanha, onde há menos inconvenientes e perigos para serem ruins que aqui (...)" (Anchieta, 1988, p. 77-78).

Em 1585 a Companhia de Jesus já havia fundado no Brasil três Colégios (Bahia, Rio de Janeiro e Pernambuco) e cinco Casas (Ilhéus, Porto Seguro, Espírito Santo, São Vicente, São Paulo). Nos Colégios e nas Casas haviam, de ordinário, escola de ler, escrever e algarismo, classes de humanidade, latim, cursos de arte, lições de casos de consciência e teologia. Diferentemente das Casas, que se sustentavam com esmolas, tinham os Colégios renda própria — dotações do Rei de Portugal. Tanto os Colégios quanto as Casas tinham a seu cuidado aldeias, nas quais alguns dos padres residiam. Quanto aos que residiam nos Colégios e Casas, por exemplo, descreve Anchieta, em relação à Bahia:

> "Tem êste Colegio tanta gente por ser seminário, e nele se criam os noviços, escolares, línguas, e estão os velhos, que ha muitos anos que trabalham, e quanto aos escravos são tantos porque muitos não fazem por um, e tambêm são oficiais de vários oficios, como pedreiros, carpinteiros, ferreiros, carreiros, boieiros e alfaiates, e é necessário comprar-lhes mulheres por não viverem em mau estado e para êste efeito na roça têm a dita povoação com suas mulheres e filhos, as quais tambem servem para plantar e fazer os mantimentos, lavar a roupa, anilar e serem costureiras etc." (idem, p. 422-423).

Quanto às atividades neste Colégio:

> "As ocupações dos nossos com os próximos são: uma lição de teologia que ouvem dois ou três estudantes de fóra, outra de casos de conciência que ouve outros tantos e uma e outra alguns da casa, um curso de artes que ouvem dez de fora e alguns de casa, escola de ler, escrever e contar que tem até setenta rapazes filhos dos Portugueses, duas classes de humanidades, na primeira aprendem trinta e na segunda quinze escolares de fóra e alguns de casa" (idem, p. 423).

Quanto às aldeias:

> "Tem êste Colegio três aldeias de Indios cristãos livres a seu cargo, que terão duas mil e quinhentas pessoas (...). Tem nelas suas casinhas, cobertas de palmas, bem acomodadas e igrejas capazes, onde ensinam aos Indios as cousas necessarias á sua salvação, lhes dizem missa e ensinam a doutrina cristã duas vezes cada dia, e também em cada uma ensinam aos filhos dos Indios a ler, escrever, contar e falar portguês, que aprendem bem e falam com graça, ajudar as missas, e desta maneira os fazem polidos e homens. (...) Em uma delas lhes ensinam a cantar e tem seu côro de canto e flautas para suas festas, e fazem suas danças á portuguesa com tamboris e violas, com muita graça, como se fossem meninos portugueses (...) e põem uns diademas na cabeça de penas de passaros de várias côres, e (...) assim pintados e mui galantes a seu modo fazem suas festas muito apraziveis, que dão contento e causam devoção por serem feitas por gente tão indomita e barbara, mas, pela bondade divina e diligência dos nossos, feitos já homens politicos e cristãos" (idem, p. 424).

Outro aspecto da pedagogia jesuíta foi permitir adaptações nos rituais religiosos e utilizar, quando necessário à conversão de adultos e crianças à fé católica, costumes dos próprios índios, como: permitir a eles assistirem à missa nus ou seminus junto com os portugueses, cantar cantigas religiosas em sua língua e pelo tom de seus instrumentos musicais, e mesmo admitir a confissão com intérprete aos que não sabiam falar o português.

> "(...) e isto para os atrahir a deixarem os outros costumes esentiais e, permitindo-lhes e aprovando-lhes estes, trabalhar por lhes tirar os outros; e assi o pregar-lhes a seu modo em certo toom andando passeando e batendo nos peitos, como elles fazem quando querem persuadir alguma cousa e dizê-la com muita eficacia; e assi trosquiarem-se os meninos da terra, que em casa temos, a seu modo. Porque a semelhança é causa de amor. E outros costumes semelhantes a estes".[8]

8. Carta de Nóbrega ao Pe. Simão Rodrigues, Lisboa, onde consulta sobre a justeza destes procedimentos, na medida em que nunca haviam sido usados anteriormente pela igreja e tendo estes procedimentos sido criticados pelo bispo D. Pedro Fernandes, em seu primeiro sermão no Brasil (In *Comissão do IV Centenário*, op. cit., p. 407-8). Ver também p. 357-366.

E esta talvez tenha sido a primeira lição aprendida pelos jesuítas em terras do Brasil: nada ensinamos se não somos ou nos tornamos semelhantes ao outro.[9]

Os filhos dos escravos – O lucro através das crianças

O apresamento de naturais da África, transformados em escravos, para servirem nas plantações de cana no Brasil, não constitui novidade no cenário português e espanhol da época. Em 1541, estimava-se em 10 a 12 mil os escravos levados anualmente a Portugal:

> Dificilmente se encontraria habitação onde não houvesse pelo menos uma negra. A gente mais rica tinha escravos de ambos os sexos, e não faltava quem tirasse bons lucros da venda dos filhos de escravos" (Holanda, 1988, p. 23).

No Brasil o tráfico negreiro foi intenso, mesmo considerando as pressões existentes após meados do século XIX, conforme estatísticas relativas ao total de "entradas" ou "importações":

Ano	Número de entradas
1845	19.463
1846	50.354
1847	56.172
1848	60.000
1849	54.000
1850	23.000
1851	3.287
1852	700

Fonte: Holanda, 1988, p. 44.

Em 1727, o rei de Portugal proibiu que se falasse língua indígena no Brasil, para que a portuguesa se tornasse oficial.

9. Segundo Mércio P. Gomes. "a grande experiência que os índios tiveram com a religião católica foi mais de ordem social do que propriamente religiosa" (Gomes, 1991, p. 58).

Embora como toda colonização, implantada de "fora para dentro", o modo de colonização realizado no Brasil visava, fundamentalmente, aliar à abundância de terras o trabalho escravo. As terras do Brasil só foram ocupadas e defendidas à medida em que representavam riquezas a serem transferidas e acumuladas.[10] Desta forma, em que pese a retórica da cristianização de povos selvagens e primitivos, índios e africanos só entraram no empreendimento colonial na condição de escravos.

> "Não é possível o fabrico do açúcar sem o auxílio dos negros, que de Angola e outras partes da Africa se transporta em grande número para o Brasil. Dos livros da alfândega consta que nos anos de 1620, 1621, 1622 e 1623, num quadriênio, só do pôrto de Angola foram levados para a capitania de Pernambuco, com grande lucro para o rei da Espanha, 15.430 peças" (Barléu, 1974, p. 42).

No entanto, registros históricos frequentemente apontam um temor por parte dos governantes com a massa negra e mestiça que se avolumava.

> "Um após o outro, os governantes coloniais se alarmaram ante o número crescente de negros —
> Assumar, que governou Minas entre 1717 e 1721, passou toda a sua gestão aterrado com a possibilidade de uma insurreição escrava — e desqualificaram das mais diversas formas a gente mestiça que ia surgindo a partir dos inevitáveis uniões mistas" (Souza, In Del Priore, 1991, p. 35).

Na categoria de "peças", eram os escravos vendidos em logradouros públicos, cuja cotação dependia das qualidades da "mercadoria". Segundo relatos de Barléu, três eram as classes de escravos existentes no território holandês: os "índios", os "trazidos do Maranhão" e os "africanos". Quanto a estes,

> "(...) são os angolanos os mais trabalhadores. Os ardras muito preguiçosos (...). Os de Calabar teem pouco valor (...). Os negros da Guiné, os da Serra Leoa e os do Cabo Verde são menos próprios para a escravidão, porem mais

10. Diferentemente das "colônias de povoamento". Ver CUPERTINO, Fausto, 1977.

polidos (...) Os do Congo e Sonho são os mais aptos para o trabalho, de sorte que é do interesse da Companhia tomar em conta o tráfico dêstes (...)"[11]

Embora os europeus, com as exceções de praxe, pouca curiosidade manifestassem em relação à humanidade dos povos escravizados, encontramos em Barléu um relato curioso sobre as razões que nos levariam a ter cores diversas.

> "É pouco verissimil ser a negrura dos íncolas devida à adustão do sol (...). De sorte que a causa da côr da cutis parece dever-se atribuir antes às qualidades ocultas da terra, do céu e do ar (asilos, oh! pesar! da humana ignorância) ou ao temperamento inato dos homens, recebido dos pais, ou a uma e outra cousa, principalmente quando, mesclando-se entre si brancos e negros, nascem os trigueiros, corrigida a negrura por uma coloração mais clara, por se confundirem os elementos geradores" (Barléu, 1974, p. 63-64).

Também a brutalidade com a qual ia se fazendo a colonização levou a que os europeus se indagassem sobre serem as suas atitudes dignas de povos cristãos. Longas discussões foram feitas sobre o direito natural e a justiça dos homens. Em Barléu encontramos uma exposição um tanto "angustiada" sobre ser ou não lícito aos cristãos possuírem escravos.

> "A lei faz escravos, não a natural, que manda nasçamos todos livres, mas o direito das gentes, contrário à natureza, é verdade, mas, não obstante, introduzido não sem razão (...).
> Também os cristãos, nos primórdios da Igreja, tiveram escravos (...) Entretanto em época posterior, aboliu-se a escravidão entre os cristãos, abrandados pela doutrina e espírito de Cristo (...).
> Depois que a avidez do ganho medrou ainda mesmo entre os cristãos, que abraçaram fé mais pura e mudada para melhor abrindo caminho com a guerra e com as armas, também os holandeses voltámos ao costume de comprar e vender um homem apesar de ser êle imagem de Deus, resgatado pelo sangue de Cristo e senhor do universo, escravo apenas por vício da natureza e do engenho" (Barléu, 1974, p. 192-3).

---

11. Refere-se Barléu à Companhia das Índias Ocidentais.

E termina a exposição com a frase grega, a qual não é necessário nada acrescentar ou comentar

> "De sorte que nesta época na qual os cristãos dominam o Brasil, poderia um escravo qualquer lamentar, exclamando: 'Que misera sorte, ó Júpiter e Deuses, é ser escravo de um senhor louco'" (Barléu, 1974:193).

Quanto aos castigos destinados aos negros, não eram menores do que os infligidos aos índios. Por volta de 1850, em visita ao Brasil, relata Thomas Ewbank ter encontrado nas ruas do Rio de Janeiro toda forma de deformidade física entre os escravos, decorrentes de suas parcas condições de vida e dos castigos recebidos, entre os quais

> "Agentes estrangeiros de comissões interessados na questão do cativeiro, decepcionam-se frequentemente. Estas visitam os engenhos uma ou duas vezes por ano. Os agricultores, informados de suas visitas, vestem decentemente os seus escravos e untam-nos bem, de modo a darem a impressão de macios e em boas condições. Depois de uma visita, um observador ficou de tal modo satisfeito, que escreveu um relatório lisonjeiro em torno do tratamento dos escravos. O outro continuou os seus inquéritos e apareceu inesperadamente numa fazenda e ali topou com o que não esperava, um negro sendo cozido até a morte por qualquer ato de insubordinação. O seu senhor havia convidado, de acordo com os hábitos em tais casos, os proprietários e vizinhos para assistirem à tragédia" (Ewbank, 1976, p. 324-5).

Ao lado do tráfico negreiro surgiu uma outra prática ligada à escravidão colonial. Trata-se da produção de crianças para a escravidão, ou "pecuária negreira". Embora no Brasil tal "pecuária" não passasse de empreendimento isolado (Cupertino, 1977, p. 22), em visita à fazenda Macacos, dos frades Carmelitas da Igreja da Lapa do Rio, Ewbank constatou que

> "Dos escravos, apenas seis eram homens, os restantes, aproximadamente cinquenta, eram mulheres. Os proprietários acham mais rendoso criar negros que plantar café. Os rapazes a certa idade são mandados para a cidade e entregues a ofícios pelos quais ganham dez vezes mais do que se fossem utilizados trabalhando na terra" (Ewbank, 1976, p. 276).

Uma outra "fazenda de criar escravos" é relatada por Mott:

> "Melchior Yvan, que esteve por cerca de um mês no Rio de Janeiro, diz a certa altura, ter pernoitado na Casa de um fazendeiro de aspecto 'misterioso' cujo vizinho lhe afirmou, mais tarde tratar-se de um francês, que se dedicava à *l'élevage de nègre*" (Mott, 1979, p. 63-64).

Sendo o trabalho manual totalmente desqualificado, existindo como marca de servidão, restava aos brancos, para algum ganho extra ou mesmo para sua sobrevivência, alugar as escravas como amas-de-leite ou ocupar os escravos em alguns ofícios menos qualificados.

> "Assim, qualquer pessoa com fumaças de nobreza podia alcançar proveitos derivados dos trabalhos mais humildes sem degradar-se e sem calejar as mãos" (Holanda, 1988, p. 29).

Quanto aos filhos das escravas, indaga Mattoso sobre a idade na qual deixavam de serem percebidos como "crianças" e passavam a serem vistos como "escravos" (Mattoso, In Del Priore, 1991, p. 78). Aponta a existência de duas idades, na faixa de crianças ainda muito jovens — de 0 a 7 e de 7/8 a 12 anos — distinção referendada em documentações várias, incluindo inventários, testamentos, cartas de alforria e a própria legislação civil e eclesiástica:

> "É por demais conhecido que, para a Igreja, a idade de razão de todo cristão jovem situa-se aos 7 anos de idade, idade de consciência e de responsabilidade. Para a Igreja, aos sete anos a criança adquire foro de adulto: de ingênuo torna-se alma de confissão. Por sua vez, na sua parte de direito civil, o Código Filipino, mantido em vigor durante todo o século XIX, fixava a maioridade aos 12 anos para as meninas, e aos 14 anos para os meninos. Finalmente, a lei de 28 de setembro de 1871 (Lei do Ventre Livre), ao colocar em poder e sob a autoridade dos senhores os filhos de escravos nascidos ingênuos, obriga a estes 'crial-os e tratal-os até a idade de oito anos completos'" (idem, p. 80).

A partir de 7 anos, entrava a criança para o mundo do trabalho na condição de "aprendiz" ou "moleque" e aos 12/14 anos já se constituía plenamente como força de trabalho escrava.

Os filhos de ninguém – Os primeiros brasileiros

Em torno da grande propriedade colonial, impedido de qualquer atividade produtiva independente, cresce um contingente de pobres e desclassificados: são mamelucos e mestiços — os primeiros brasileiros. Segundo Darcy Ribeiro, será necessário

> "aprofundar muito mais o nosso conhecimento sobre o papel do convívio dos índios com a civilização, debaixo das opressões do escravismo, e sobre as condições em que mulheres apresadas eram prenhadas para parir filhos que não se identificam com a etnia materna e que eram rechaçados pela paterna. Esses filhos de ninguém é que, ao se avolumarem, iam constituindo uma terceira camada de gente, nem nativa nem europeia, que seriam os primeiros brasileiros" (In Gomes, M., 1991, p. 10).

Condição semelhante é vivida pelo filho da escrava negra.

> "O olhar mais próximo é o olhar de mãe; do pai nada se sabe. Em Salvador, entre 1870 e 1874, em 85 batismos de crianças escravas, todos, absolutamente todos, são batismos de crianças ilegítimas. Mas é também verdade que, para o mesmo período, a taxa de ilegitimidade atinge 62% da população livre. Por outro lado, os inventários silenciam sobre o estado civil dos escravos recenseados: todas as mulheres de nossa amostra são mães solteiras. Mas mães solteiras que nem sempre poderão cuidar de suas crianças, mesmo as que estão em tenra idade. Porque a criança escrava não somente se vê privada de referência paterna, mas frequentemente falta-lhe também a materna" (Mattoso, In Del Priore, 1991, p. 83).

Outro contingente populacional igualmente desclassificado vai progressivamente se fixando nas cidades — estas ainda de bases muito frágeis nos dois primeiros séculos da colonização, totalmente assentadas na economia de base agrário-exportadora (Cupertino, 1977). No entanto, diferentemente do campo, o ambiente das cidades era malvisto pelas famílias de bem, e em carta dirigida ao rei de Portugal, em 1767, o conde de Cunha, primeiro vice-rei do Brasil, descreve o Rio de Janeiro como

> "só habitado de oficiais mecânicos, pescadores, marinheiros, mulatos, pretos boçais e nus, e alguns homens de negócios, dos quais muito poucos podem ter esse nome, sem haver quem pudesse servir de vereador, nem servir cargo autorizado, pois as pessoas de casas nobres e distintas viviam retiradas em suas fazendas e engenhos" (Holanda, 1988, p. 59-60).

Esta oposição entre campo e cidade irá perdurar até recentemente em nossa história — motivo pelo qual o campo será visto como ideal para a cura e ressocialização de loucos, delinquentes e menores, onde se construirão asilos, colônias e internatos.

No entanto, sendo campo e cidade verso e reverso de um mesmo modelo de colonização, incapaz de absorver o contingente populacional em contínuo crescimento, tem início aí a história do povo brasileiro, até hoje dividido em cidadãos de primeira e segunda categoria — o que dá à nossa história um caráter de permanência, continuidade e repetição do mesmo.

> "Criou-se aqui, desde os nossos primórdios, um sujeito histórico de poder, sempre articulado transnacionalmente, que se mantém, sem ruptura, até os dias de hoje, onerando poderosamente a construção de uma nação soberana" (Boff, 1994, p. 11).

É sem perder de vista este fio condutor, esta marca inaugural que não cessa de se reproduzir, que podemos falar de rupturas e descontinuidades das práticas que incidiram sobre a criança no Brasil e mesmo de uma história específica da criança — lembrando que tal história, na medida em que privilegie as estratégias institucionais em relação à criança pobre, muito dificilmente deixará de se confundir com uma história da assistência.

A antiga caridade – Sobre expostos, órfãos e desvalidos

O abandono de recém-nascidos não constitui fato recente no Brasil. Nos períodos Colonial e Império, crianças deixadas nas portas das igrejas, conventos, residências e nas ruas dos principais centros urbanos

"(...) eram frequentemente devoradas por cães, porcos ou outros animais. Outras vezes, morriam de fome ou de exposição aos elementos" (Orlandi, 1985, p. 75).

"Expostos", "enjeitados", "deserdados da sorte" ou da "fortuna", "infância desditosa" ou "infeliz" foram denominações de uso corrente no período, referindo-se aos recém-nascidos abandonados. Para eles, destinou-se a "Roda":[12]

"(...) aparelho, em geral de madeira, do formato de um cilindro, com um dos lados vazados, assentado num eixo que produzia um movimento rotativo, anexo a um asilo de menores. A utilização desse tipo de engrenagem permitia o ocultamento da identidade daquele(a) que abandonava. (...) A manutenção do segredo sobre a origem social da criança resultava da relação promovida entre abandono de crianças e amores ilícitos. Os espaços especialmente destinados a acolher crianças visavam, num primeiro momento, absorver os frutos de tais uniões. Com o tempo essas instituições passaram a ser utilizadas também por outros motivos (...) Casa dos Expostos, Depósito dos Expostos e Casa da Roda eram designações correntes no Brasil para os asilos de menores abandonados" (Gonçalves, In Almeida, 1987, p. 37-8).

Tal era a situação, que uma carta régia de 1693 ordenava ao governador da Capitania do Rio de Janeiro, Antonio Paes Sandi, que fossem os expostos criados às custas do poder público. No entanto, como tem sido muitas vezes a regra no Brasil, esta carta permaneceu esquecida e apenas em 14 de janeiro de 1738 criou-se a Roda no Rio de Janeiro,[13] a partir de uma doação feita por Romão de Mattos Duarte. Outras duas Rodas foram criadas no Brasil no século XVIII: a da Bahia, em 1726, antecedendo a criação da Roda do Rio de Janeiro, e a de Recife, em 1789. No Rio de Janeiro, além da Roda dos Expostos da capital, duas outras foram criadas no interior do Estado: a de Campos e a de Cabo Frio.

Para as meninas órfãs, na época do Provedor Manoel Corrêa Vasques, foi inaugurado o Recolhimento das Órfãs da Santa Casa da Misericórdia

---

12. A Roda não é um dispositivo originário do Brasil, tendo existido em diversos países europeus como França, Itália, Espanha e Portugal. Ver Gonçalves, 1987, p. 44; Orlandi, 1985, p. 50, e Leite, 1991, p. 98.

13. A Roda do Rio de Janeiro foi desativada em 1938, segundo Ubaldo Soares (1959).

do Rio de Janeiro, em 15 de setembro de 1740, a partir de doações de 50.000 cruzados feita pelo Capitão Francisco dos Santos e Marçal de Magalhães Lima. O Recolhimento funcionou em estabelecimento anexo ao Hospital Geral da Santa Casa até o ano de 1842. Por decreto de 14 de março de 1852, foi criado por D. Pedro II o Recolhimento de Santa Thereza, destinado a meninas desvalidas, ficando também sob a administração da Santa Casa do Rio de Janeiro. Em 1866, os dois Recolhimentos passaram a funcionar no prédio destinado ao Recolhimento das Desvalidas de Santa Thereza.

Quanto à Casa dos Expostos da Côrte, por um longo tempo também funcionou ao lado do Hospital da Santa Casa, mudando várias vezes de local, até se estabelecer onde atualmente se encontra o Educandário Romão Duarte, no bairro do Flamengo.

> "A Casa dos Expostos, hoje "Educandário Romão de Mattos Duarte", passou por verdadeira via crucis, até estabelecer-se no endereço atual. Esteve na rua Santa Teresa até 1850; depois, de 1850 a 1860, no Cais da Glória, na rua da Lapa; Rua dos Barbonos, atual Evaristo da Veiga de 1860 a 1906; depois Praia do Flamengo ns. 82/3 e Rua Senador Vergueiros, de 1906 a 1911; e por fim, a sede definitiva, na Rua Marquês de Abrantes, 48, em terreno que pertencia ao Conde D'Eu, genro do Imperador D. Pedro II" (Zarur, 2003, p. 26).

Segundo Dahas Zarur, no período de 1840 a 1911, foram recolhidas na Roda do Rio de Janeiro 43.750 crianças.[14] Dados relativos a longos períodos também podem ser encontrados nos Relatórios do Ministério do Império, além de estatísticas anuais:

Número de Crianças Lançadas na Roda dos Expostos do Rio de Janeiro

Período	Número de entradas
1738-1850	21.630
1851-1888	25.625
1738-1888	47.255

Fonte: Relatórios do Ministério do Império

14. ZARUR, Dahas. Educandário Romão de Mattos Duarte. 4. ed. Rio de Janeiro: Binus Artes Gráficas Ltda., 2003, p. 26.

Dentre as diversas explicações apontadas para o número crescente de recém-nascidos depositados na Roda — ou seja, para que os senhores pudessem alugar as escravas como amas-de-leite; para proteger a honra das famílias, escondendo o fruto de amores considerados ilícitos; para evitar o ônus da criação de filhos das escravas, em idade ainda não produtiva; pela esperança que tinham as escravas de que seus filhos se tornassem livres, entregando-os à Roda; ou apenas para que os recém-nascidos tivessem um enterro digno, já que muitos eram expostos mortos ou adoecidos — uma outra razão frequentemente escapa ao pesquisador da história social da criança: as inúmeras epidemias de febre amarela, cólera e varíola que se abateram sobre o Rio de Janeiro, por exemplo, de 1853 a 1879, fazendo grande número de vítimas, dizimando famílias inteiras e deixando crianças órfãs ou em estado de necessidade (Soares, In Orlandi, 1985, p. 78-80).[15]

Em que pese, no entanto, o espetáculo doloroso da exposição de crianças nas ruas, segundo Russel-Wood, o que de fato determinou a criação de casas de recolhimento para os expostos

> "(...) foi a atitude muito católica de ver em cada criança morta não um corpo mutilado, mas uma alma que não recebera batismo da Igreja Catolica" (Russel-Wood, In Orlandi, 1985, p. 75).

As frequentes mudanças de local da Casa da Roda tanto se deve ao desejo de acomodar melhor o crescente número de recém-nascidos expostos, como também para melhorar as condições de salubridade do ambiente e diminuir a taxa de mortalidade — o que mostra o avanço da investida médico-higienista em um setor até então considerado prioritariamente caritativo. Estes médicos higienistas, inicialmente favoráveis à existência da Roda enquanto medida de prevenção do aborto e do infanticídio, com o passar do tempo iniciam um movimento para sua extinção, sendo o médico baiano Martagão Gesteira um de seus maiores expoentes no Brasil.

Constata-se, nos Relatórios do Ministério do Império, uma crescente preocupação em demonstrar que os índices elevados de mortalidade dos

---

15. Orlandi cita como referência Oscar Macedo Soares, mordomo do Hospital N. S. da Saúde "Hospício de N. S. da Saúde". In "Notícias dos diversos estabelecimentos mantidos pela Santa Casa de Misericórdia da cidade de São Sebastião do Rio de Janeiro", 1908.

recém-nascidos não eram devidos a maus-tratos recebidos na Casa dos Expostos, mas ao fato de serem as crianças já depositadas mortas ou moribundas. Assim, as estatísticas buscam discriminar o número de crianças depositadas vivas das depositadas adoecidas e mortas. Veja-se, por exemplo, o Relatório de 1850, que corresponde ao Ano Compromissal 1849-1850:

> "Na Roda dos expostos, Estabelecimento que se acha annexo á mesma Santa Casa, houve no período indicado (de 31 de maio de 1849 a 30 de junho de 1850), o seguinte movimento, pelo que respeita ás creanças que forão alli expostas:
>
> | | | | |
> |---|---|---|---|
> | Passarão do anno anterior | 50 | Fallecêrão | 460 |
> | Entrarão vivas | 571 | Sahirão | 153 |
> | Lançadas na roda já mortas | 43 | Ficárão se creando | 51 |
> | Total | 664 | Total | 664 |
>
> Cumpre porêm advertir que no número de 460 fallecidos, além das 43 que forão lançadas já mortas, muitas outras entráram extremamente maltratadas, e algumas prestes a expirar. Desde a instituição deste Estabelecimento se tem nelle recebido 21.630 expostos, e o dos menores de 8 annos que se crião externamente sobe a 344" (Relatório do Ministro do Império, 1850, p.36)

Para resguardar a credibilidade dos procedimentos higiênicos utilizados na Casa dos Expostos, no Relatório do Ministro do Império de 1866 os dados são apresentados tomando-se o tempo decorrido entre a entrada da criança e sua morte, indicando que o breve lapso de tempo transcorrido entre uma situação e outra, se devia ao fato da criança ter sido depositada doente.

> "Durante o ano entraram para a casa 528 crianças, já existiam nela 107 e voltaram 94, cuja criação havia sido confiado a pessoas externas, faleceram 244, sendo a mortalidade de 33,47%, assim distribuída:
>
> 1 dia a 1 mês:........................135
> 1 mês a 3 meses:......................66
> 3 a 6 meses: 15
> 6 meses a 1 ano: 17
> 1 ano a 3 anos:.........................10
> 3 anos a 6 anos: 1
> Total: 244"

Inicialmente, as crianças entregues à Roda eram dadas a serem criadas por amas-de-leite ou negras-de-aluguel. Só mais tarde, segundo Ubaldo Soares, iniciou-se o movimento de reuni-las em internatos — movimento este atribuído à iniciativa de Miguel Carvalho, então provedor da Santa Casa de Misericórdia do Rio de Janeiro. Consta que desde 1903, preocupado com as taxas de mortalidade infantil, vinha este provedor tentando abolir o sistema das criadeiras externas à Roda — o que teria acontecido definitivamente em 1913 (Soares, 1959).

Por observações próprias e também por influência da medicina europeia, difundia-se entre os médicos brasileiros a ideia da mortalidade infantil associada ao aleitamento mercenário — para o qual se ofereciam mulheres brancas e negras, nacionais e estrangeiras. Passaram então a reivindicar uma regulamentação sobre a matéria. Em 1901, funda Moncorvo Filho, o Instituto de Proteção e Assistência à Infância do Rio de Janeiro, dando início ao exame médico das nutrizes.

Com a investida médico-higienista a partir de meados do século XIX, com a extinção das Rodas e o início de uma legislação específica sobre a criança nas primeiras décadas do século XX, a criança pobre deixa de ser objeto apenas da caridade e passa a ser objeto de políticas públicas. Todo um novo ciclo se inicia.

Antecedentes da criação da rede de assistência à infância no Brasil

Pode-se dizer que durante três séculos e meio, as iniciativas em relação à infância pobre no Brasil foram quase todas de caráter religioso.

> "Sob o manto do catholicismo continuava a desenvolver-se a beneficiência, fundando-se instituições que acolhiam os peregrinos e como as antigas albergarias, enterravam os mortos, educavam e dotavam os órphãos desvalidos etc." (Moncorvo Filho, 1926, p. 30).

Já em 1584 escrevia Anchieta:

> "Em todas as Capitanias ha Casas de Misericordia, que servem de hospitais, edificados e sustentados pelos moradores da terra com muita devoção, em

que se dão muitas esmolas, assim em vida como em morte, e se casam muitas órfãs, curam os enfermos de toda a sorte e fazem outras obras pias, conforme a seu instituto e a possibilidade de cada uma e ainda o regimento delas nos principais da terra. Há também muitas confrarias em que se esmeram muito e trabalham de a levar adeante com muito cuidado e devoção"[16] (Anchieta, 1988, p. 329).

Excetuando-se algumas cartas régias onde se demonstrava preocupação com a situação de abandono e indigência das crianças e pequenas dotações às instituições caritativas — que em sua maioria, viviam de esmolas, donativos e contribuições de seus associados ou mesmo sustentando-se em parte com o trabalho das próprias crianças — o Estado só veio a se manifestar mais concretamente após 1850, quando da criação do Imperial Instituto de Meninos Aprendiz de Marinheiro (1873); Asilo de Meninos Desvalidos, posteriormente Cegos (1854);[17] Imperial Instituto de Meninos Surdos (1855); Escola de Instituto Profissional João Alfredo (1875);[18] Escola Quinze de Novembro (1889), todos no Rio de Janeiro. Também foram fundados, em São Paulo, o Instituto Disciplinar (1902) e o Instituto de Educando Artífices (1869); em Minas, o Instituto João Pinheiro (1909).

De um total de 32 instituições de recolhimento para menores e 22 associações e estabelecimentos de assistência extra-asilar existentes no Rio de Janeiro entre 1738 e 1930, analisadas por Rizzini, apenas 7 e 3 são, respectivamente, iniciativas do Estado — ainda assim, incluindo a Casa de Detenção, o Asilo de Mendicidade e a Colônia Correcional, onde podia-se encontrar crianças, embora esta não fosse uma finalidade específica destes estabelecimentos (Rizzini, 1993, p. 130-190).

Grande parte destes estabelecimentos destinados a acolher crianças "órfãs", "necessitadas", "desvalidas" ou "viciosas" dispunha-se a oferecer algum tipo de ensino manual, prático ou profissionalizante. O próprio Governo, através do Decreto n. 1.331-A, de 1 de fevereiro de 1854, ordenou

16. A fundação da Santa Casa da Misericórdia do Rio de Janeiro, em 1582, é atribuída a José de Anchieta. Ver Irma Rizzini, 1993, p. 161.

17. Sobre o Imperial Instituto de Meninos Cegos, ver Araújo, 1993.

18. Sobre o Asilo de Meninos Desvalidos, ver Lopes, 1994.

que os menores encontrados vagando em estado de necessidade fossem recolhidos e a eles ministrado algum tipo de instrução.

No entanto, quando analisamos mais de perto em que consistia o ensino ministrado pela caridade, constatamos que ele não apenas era o mínimo suficiente para a incorporação da criança nos postos mais baixos da hierarquia ocupacional, como também era atravessado por subdivisões das próprias categorias de órfãos, abandonados e desvalidos como, por exemplo, órfão branco e órfão de cor, filho legítimo e ilegítimo, pobre válido e inválido, criança inocente e viciosa. Ou seja, um ensino marcado pelos preconceitos da época, que visava apenas a manutenção do ordenamento social, como se pode ver:

- Asilo Agrícola Santa Isabel (fundado em 1886):

  "É destinado a meninos vagabundos ou destituídos de amparo da família, que aí receberão educação moral e religiosa, instrução primária, elementos de instrução profissional, ensino agrícola de caráter prático".[19]

- Asilo Bom Pastor (fundado em 1891):

  "Promover a regeneração das mulheres que se desviaram do caminho do bem e da virtude".

- Asilo Nossa Sra. do Amparo (fundado em 1914):

  "Educar as meninas em misteres domésticos, preparando mães de família cristãs".

- Asilo de São Cornélio (fundado em 1900):

  "As internas são ministradas cursos de lavagem, engomagem e trabalhos manuais".

- Casa de Preservação (fundada em 1907);

  "O serviço profissional é dado nas oficinas de carpinteiro, vassoureiro e ferreiro".

- Orfanato Santa Maria (fundado em 1872):

  "Formação de empregadas domésticas e semelhantes" — para "meninas de cor".

19. Todas as informações a seguir foram retiradas do cadastramento feito por Irma Rizzini, 1993.

- Orfanato Santo Antonio (fundado em 1905):

  "Asilar e dar instrução primária e ensino doméstico às meninas orfãs, desvalidas, visando formar futuras criadas e esposas de operários".

- Órfãs Brancas do Colégio Imaculada Conceição (fundado em 1854):

  "Formação religiosa, moral e prática de boas empregadas domésticas e donas de casa" — para "órfãs brancas".

- Recolhimento das Órfãs (fundado em 1740):

  "Recolher e educar órfãs filhas de legítimo matrimônio — (...) não só amparar meninas pobres, mas também criar para a sociedade mulheres estimáveis por suas virtudes domésticas".

Especificamente em relação às meninas, observa-se grande preocupação dos estabelecimentos caritativos com sua honra, separando-as em "puras" e "impuras". Caso ocorresse o defloramento, a menina não mais seria considerada inocente, não podendo mais conviver com as outras meninas. No entanto, a separação das meninas pelo critério da honra não se limitou a este período histórico e nem mesmo aos estabelecimentos caritativos. Um dos diretores do Serviço de Assistência ao Menor (SAM), criado em 1941 e que foi substituído em 1964 pela Fundação Estadual de Bem Estar do Menor (FUNABEM), descrevendo os horrores que lá aconteciam, menciona a triste situação de meninas que haviam sido desvirginadas e que eram consideradas indignas. Assim, o próprio SAM separava em diferentes internatos as meninas virgens das não virgens.

Transcrevemos, abaixo, alguns preceitos ensinados às moças-de-boa-família em colégio religioso, nas primeiras décadas do século XX, que tanto preparava as futuras "mães de família cristã" e as "mulheres estimáveis por suas virtudes domésticas" quanto para o magistério.[20] Tais preceitos

20. Trata-se de apontamentos escolares cedidos por aluna do Colégio Nossa Senhora das Dores, em Uberaba, Minas Gerais, da década de 1920. Como encontram-se nestes cadernos escolares anotações posteriores, sem que se possa discriminar com exatidão o que foi matéria estritamente ensinada neste Colégio e o que se adicionou posteriormente, preferimos situar o conteúdo dos cadernos como

demonstram como as ideias da medicina higienistas alastravam-se pelo Brasil afora, não se limitando à capital do Brasil.

- Sobre a importância da puericultura

  "na era cristã, após grande declínio, houve renascimento espiritual. Jesus Cristo amou a criança, elevando-a nos conceito dos povos (...). A posição da criança foi sempre melhorando, posição essa que culminou nos tempos atuais com o aparecimento da Puericultura. Todos os povos atuais compreendem a necessidade da puericultura e tratam de proteger a criança. No assunto, o Brasil está bem desenvolvido. Já possui órgão oficial encarregado de definir os conhecimentos de puericultura e daí nasceram leis de proteção à maternidade e à infância".

- Sobre a saúde

  "Tanto mais perfeita é a saúde quanto mais são observados os preceitos da higiene. Entre as condições de saúde está em primeiro lugar a hereditariedade."

- Fatores de degenerescência humana

  "álcool — é um veneno traiçoeiro que vai matando aos poucos, sem sentir. O homem que ingere álcool, suicida-se em pequenas doses. Tem-se verificado que os homens que vivem mais de 100 anos, nunca beberam uma gota de álcool. Ao contrário, os que d'ele fazem usos, morrem sempre cedo (...). Os bebedores acabam sempre: ou loucos, ou na miséria. Se o mal se limitasse só a eles, não haveria tanto dano à sociedade. Mas não: estende-se aos filhos, bem como aos descendentes até a 4ª geração. Os filhos de bebedores nascem degenerados: uns: com os beiços rachados; outros: com os pés tortos; outros vesgos; uns idiotas; outros surdo-mudos; outros com

---

pertencentes ao período 1920-40. Não se trata aqui de verificar a "autoria" dos escritos, mas de constatar a difusão das ideias higienistas — uma vez que não foi possível distinguir o que são anotações livres de aulas e o que são cópias de lições a partir do quadro-negro ou livros. É possível, e mesmo provável, que tais anotações tenham tido por base livros muito difundidos na época. Uma observação encontrada nos cadernos nos autoriza a assim pensar: "Existe um outro livro, *O Guia das Mães*, feito por um alemão". Para uma listagem dos principais livros de puericultura de autores brasileiros ver Orlandi, 1985, p. 166-174.

convulsões etc. A morte do ébrio é a mais horrível de todas; morre como se tivesse o corpo cheio de labaredas. Tem-se a impressão de que um fogo interno lhe queima as entranhas".

- Exame médico pré-nupcial

  "Cuja finalidade é zelar pela humanidade, impedindo a união de seres doentes portadores de tara. Nos países evoluídos há uma compreensão perfeita do exame pré-nupcial e é previsto por lei e os pretendentes a eles se submeterem com o máximo de naturalidade".

- Eugenia

  "Estabelece regras e princípios que determinam a formação de gerações sadias (...) Exige a eugenia que o homem ao escolher uma companheira e vice-versa não despreze a questão biológica do matrimônio, para evitar degenerações. Para isto indica uma apurada educação dos jovens, exigindo que os noivos estejam em boas condições sanitárias, livres de taras para que não se inferiorize a prole".

- Medidas eugênicas

  "São divididas em dois grupos: positivas e negativas. As primeiras são de caráter estimulantes para a creação de bons elementos humanos à procreação. As segundas, de caráter profilático, determinam meios para o impedimento da procriação defeituosa. Para que as medidas eugênicas produzam efeito, é necessário uma vasta divulgação dos ideais da Eugenia por meio de campanhas bem orientadas com o objetivo de formar a consciência dos povos. Isto seria mais eficiente do que as leis proibitivas. Toda campanha teria, no seu conjunto, orientações científicas, educativas e sanitárias".

- Medidas eutécnicas

  "Visam melhorar os indivíduos nas manifestações de suas tendências (...). Como medidas eutécnicas temos: a higiene pré-natal, a puericultura, a educação física, a higiene da alimentação, a higiene mental (...). A observância das medidas eutécnicas constitui um hábito, um hábito salutar que pode melhorar as sociedades".

- Hábitos mentais sadios

  "O indivíduo é o que ele pensa. Os seus hábitos são reflexos dos seus pensamentos. A higiene de pensar é de suma importância para o desenvolvimento da criança. Se nos treinarmos desde pequenos no modo de pensar, nos tornaremos pessoas úteis".

- Proteção à criança

  "No seio da sociedade é a criança digna de todo respeito, acatamento e cuidado. Há muitos motivos para a criança afastar-se do ambiente familiar: ou porque lhe faltam os pais por morte ou por outras circunstâncias, outras vezes quando mais crescida, devido o meio impróprio ou por ciência de instituição educacional é a criança enviada a colégio, ficando assim a cargo dos professores a missão da família".

- Aleitamento

  "A alimentação natural da criança é o leite materno (...) Hoje, porém, é moda elas não darem de mamar. Os médicos combatem este proceder.

  Só deve dar-se outra alimentação no caso dos médicos atestarem e pelas seguintes causas: mãe tuberculosa (...), alcóolatras, epiléticas (...). Há outras causas que impedem a amamentação devida a doenças das crianças. (...) Não sendo possível o aleitamento materno, recorre-se ao aleitamento mercenário, artificial ou misto. (...). Diz a estatística que uma mãe estando amamentando seu filho já mais velho pode amamentar o filho de outra, mesmo em idade menor. A experiência já foi feita no Rio de Janeiro. Quando a criança tem um mês, o leite tem a composição para um mês; de cinco meses, para cinco meses de idade".

A estas ideias correspondia a "arte de cultivar as crianças" ou puericultura, dirigida predominantemente à educação das crianças ricas.

A arte de cultivar as crianças

Sob o rótulo "arte de cultivar as crianças", entendiam os médicos higienistas do começo do século XX a puericultura da pré-fecundação, a intra-uterina e a extra-uterina. Postulavam a predominância do fator genético para a saúde da prole e advogavam o casamento eugênico, cientificamente planejado.

> "Os homens criadores escolhem os animais destinados à procreação, seleccionam paciente, perseverantemente. Elles veem que deste modo asseguram a posse de Mas crias, fortes, sadias. Pois somente os homens pais não sentem a necessidade da escolha para ter filhos sãos? Pela seleção se consegue conservar os caracteres úteis, vantajosos e banir os nocivos, desagradáveis. (...) em prol da infância aconselhamos e pedimos a seleção dos esposos, effectuada pelo matrimônio".[21]

Na escolha do cônjuge deveriam prevalecer os critérios eugênicos, devendo-se evitar os casamentos precoces, tardios e os desproporcionados em idade; os casamentos consanguíneos e entre portadores de taras degenerativas ou doenças contagiosas. Deveriam as famílias cuidarem em não casar suas filhas com "avariados", ou seja, "debochados", "alcoólatras", "tuberculosos" e "sifilíticos".

Assim como o criador de animais e o agricultor, deveriam as famílias se tornarem "puericultores": cultivadores de crianças. Para tanto, o melhor método era a prevenção. Daí a ênfase nos exames pré-nupciais, devendo os noivos apresentarem exames de sanidade mental e atestado de saúde, além de exercerem a temperança não fumando, não bebendo e mantendo-se castos e puros.

Na arte de cultivar as crianças, o higienismo médico se colocou como o melhor aliado do Estado e a ele pode ser creditado, em grande parte, o surgimento do sentimento de infância no Brasil. A criança surge como futuro do homem e da pátria devendo sua autonomia ser desenvolvida.

> "Devemos respeitar na criança a sua individualidade e jamais dizer-lhe que 'menino não é gente'. Menino é gente, precisamos fazer-lhe compreender e como tal praticar.

---

21. Trabalho apresentado por Alfredo Ferreira de Magalhães, 1930, na Comemoração do primeiro centenário da Academia Nacional de Medicina — Bahia, *Estabelecimento dos Dois Mundos* — 25 — Rua Conselheiro Saraiva, 25, 1930.

Não mais ouçamos dizer-se que — 'menino não se governa, não tem liberdade'. — D'este modo teremos o desprazer de formar homens incapazes de tomar qualquer iniciativa, de praticar e exercitar a vontade".

Estes ensinamentos e advertências não têm, no entanto, por objetivo, as crianças pobres. Alerta o expositor, baseado em autor estrangeiro, que:

"(...) as altas virtudes de uma elite de nada servem si nas camadas inferiores se accumularem seres, cuja decadência nos inquieta"[22] (Idem, p. 46).

O que fazer, então, pergunta o expositor, com as crianças vítimas de pais esquecidos de seus deveres, crianças sem provisão de suas necessidades, desamparadas, criminosas, inferiores física e moralmente? A assistência deverá alcançar a todas — sendo que esta assistência, mais do que caridade, significará defesa da sociedade e proteção ao homem honesto e de bem.

"Quando recolhemos um pequeno ser atirado sosinho nas tumultuosas marêtas dos refolhos sociais, victimas de paes indignos ou de taras profundas, não é elle que nós protegemos, são as pessôas honestas que defendemos; quando tentamos chamar ou fazer voltar à saúde physica ou moral seres decadentes e fracos, ameaçados pela contaminação do crime, é a própria sociedade que defendemos contra aggresões das quais, para ella mesma, o abandono das crianças constituem uma ameaça ou um preságio".

— Inquestionavelmente o problema da criança é o máximo problema do Estado.

A protecção dos meninos infelizes é ao mesmo tempo a protecção dos nossos filhos; devemos ter o máximo interesse em alcançar para os meninos desgraçados uma certa dose de moralidade e felicidade, de saúde e de bem-estar".[23]

Parece claro, aos nossos olhos, que a rede de assistência à infância pobre começa a ser pensada ali, onde a "arte de cultivar as crianças" é apenas um privilégio e uma marca das classes abastadas.

---

22. Cita M. Prins, um dos expositores no "Primeiro Congresso Internacional de Proteção à Infância, de Bruxelas", Bélgica, em 1913, conforme nota do autor.

23. Fonseca, 1961, v. I, p. 137. Refere-se nesta passagem, à criação do Imperial Instituto de Meninos Cegos e Imperial Instituto dos Surdos-Mudos.

Da antiga caridade à filantropia esclarecida

Com a chegada da Côrte Portuguesa ao Brasil e o processo de modernização que se instala a partir daí, a medicina, progressivamente, ganha espaço na vida social. No início do século XX, com a República, o projeto disciplinar higienista encontrava-se solidamente delineado.

> "A conversão do universo familiar à ordem urbana foi um dos objetivos fundamentais da medicina social através da higiene, em seu projeto de normalização da vida social brasileira" (Muricy, 1987, p. 70).

É necessário, no entanto, discriminar aqui duas políticas médicas. Segundo Moncorvo Filho, só a partir do século XVIII começaram a aparecer vagas referências a atos que refletiam alguma preocupação com a infância. A criança em geral e a criança pobre, em particular, não eram ainda objetos de cuidados especiais. Quando muito, ministrava-se algum ensino à criança rica e assistia-se caritativamente à criança pobre. Quando, mais, tarde, se mencionava a família pobre, era com o propósito de servir de contra-exemplo à família rica:

> "(...), no processo de definição da 'família', a higiene dirige-se exclusivamente às famílias de extração elitista. Não interessava ao Estado modificar o padrão familiar dos escravos (...)
> Esses últimos, juntamente com os desclassificados de todos os tipos, serão trazidos à cena médica como aliados na luta contra a rebeldia familiar. Escravos, mendigos, loucos, vagabundos, ciganos, capoeiras etc..., servirão de antinorma, de casos-limites de infração higiênica. A eles vão ser dedicadas outras políticas médicas" (Costa, 1983, p. 33).

Segundo Moncorvo Filho, só por volta de 1872 Pediatria e Filantropia se juntaram.

> "Sem dúvida alguma não se compreende hoje Philantropia sem o prestimoso concurso da sciência e longe lá vae o tempo em que o altruísmo mal entendi-

do se cifrava na distribuição de esmolas em moeda ou no encerramento das creancinhas em asylos (...)" (Moncorvo Filho, 1926, p. 92).

No entanto, não obstante os esforços de alguns médicos, entre eles Moncorvo Pae, as tentativas de se construir um programa de Assistência à infância desvalida subvencionada pelo Estado, apenas na década de 1920 encontraria condições de florescer. Mesmo a tentativa de Moncorvo Pae de acrescentar uma cadeira de "moléstia de creanças", no currículo da Faculdade de Medicina do Rio de Janeiro não encontrou, de imediato, ressonância e apoio.

> "A ignorância dos mais elementares princípios de higiene popular, a falta de interesse por parte da administração até hoje pelas condições das creanças brasileiras, maxime da classe pobre, tem agravado cada vez mais a situação a tal respeito, de modo a attingir a mortalidade das creanças no Rio de Janeiro proporções consideraveis, pois ella se pode calcular approximadamente na razão de 460 por 1.000, incluindo os nascidos mortos, ou de 410 por 1.000 até a idade de 7 anos, excluindo esses últimos" (idem, p. 97).

A investida neste setor, até então prioritariamente caritativo, (por parte de médicos e outros agentes, entre os quais juristas, políticos, educadores e assistentes sociais), visava fundamentalmente uma maior racionalidade da assistência através da intervenção do Estado. Neste sentido, contamos com exaustivo trabalho de Irma Rizzini, sobre o período 1890-1927.

> "O modelo de assistência, que é delimitado neste período, parte da recusa ao modelo caritativo, acusado de fomentar a miséria e a improdutividade do pobre.
>
> O projeto da assistência nacional, metódica e baseada nos cânones científicos, atende aos anseios de disciplinização da sociedade, do novo regime político. (...)
>
> Impõe-se um novo modelo de atendimento à infância abandonada e delinquente onde o asilo funcionaria com 'uma microssociedade, onde os preceitos da higiene médica são obedecidos, onde a educação é dirigida para o trabalho e onde o poder disciplinador atinge o efeito moral desejado da introjeção da vigilância pelos internos'" (Rizzini, 1993, p. 97).

Segundo a autora, toma impulso, nas primeiras décadas do século XX, a ideia da assistência extra-asilar que, no entanto não se imporá como modelo, continuando o asilamento da criança até o final da década de 1980. Cabe então perguntar em que consistiu o deslocamento da assistência prestada pela "antiga" caridade para a "nova" filantropia e posteriormente, a partir da criação da FUNABEM na década de 1960, para a "moderna" política de bem-estar do menor.

Com a crescente intervenção do Estado na assistência, a partir da década de 1920, tem início a formalização de modelos de atendimento, não se constatando, no entanto, diminuição da pobreza ou de seus efeitos. Assim, a pretendida racionalização da assistência, através da inclusão de especialistas do campo social, longe de concorrer para uma mudança nas condições concretas de vida da criança e de sua família, foi muito mais uma estratégia de medicalização e criminalização da pobreza. O caso do Serviço de Assistência ao Menor (SAM), estabelecido no início dos anos 40, é exemplar neste sentido. Pensado para ser um grande pólo irradiador da nova racionalidade, acabou por ser conhecido, no final da década de 1950, como "famigerado" ou "escola do crime" (Nogueira Filho, 1956). O mesmo se passou com a FUNABEM. Criada na década de 60 em substituição ao SAM, ao final dos anos 80, fazia a sua própria autocrítica, condenando o modelo "correcional-repressivo", adotado nas duas décadas de sua vigência.

Recolhida a instituições "higiênicas" ou "pedagógicas", a criança pobre passou a ser constantemente submetida a observações, exames, avaliações: no caso das meninas, exame ginecológico, para se detectar a integridade do hímen; exame da ossatura, para verificação da idade; testes, para aferição da inteligência e personalidade; inquéritos, a respeito da vida pregressa e entrevistas psicossociais, para avaliação das condições familiares.

Maria Esolina Pinheiro, uma assistente social com trabalho pioneiro no Rio de Janeiro dos anos 30, publica em seu livro *Serviço Social — Documento Histórico*:

> "Resultado dos exames do Laboratório de Biologia Infantil:
>
> Exame psiquiátrico: Caráter instável — mitomana
>
> Psicológico: Subnormal
>
> Neurológico: Superemotiva

Clínico: Nada de anormal para o lado do aparelho genital
Psicotécnico: Aproveitável: 4º ano primário
Ginecológico: Virgo intato, sem sinais de violência
Bacteriológico: negativo para gonococos no material colhido no fundo da vagina" (Pinheiro, 1985, p. 98).

Absorvendo os efeitos da pobreza como demanda por tratamento e ressocialização e, respaldados na legislação em vigor, ficaram os técnicos e as instituições de atendimento autorizados a intervirem diretamente sobre o corpo, o tempo, as formas de se vestir e alimentar das crianças e de suas famílias.

Para compreendermos todo este processo teríamos que nos aprofundar, o que não é possível nos limites deste texto, nas questões de como se deu o agenciamento entre as várias instâncias que compuseram até a Constituição Federal de 1988, a "rede de proteção à criança", em suas tentativas de diminuir o número e os efeitos da miséria e do abandono, sem, contudo, alterar as condições concretas de vida da classe trabalhadora.

Considerações finais — A propósito das noções de criança e menor

No Brasil colônia não existia "a criança", pensada como categoria genérica, em relação à qual pudéssemos deduzir algum direito universal, pois não existia o pressuposto da igualdade entre as pessoas, sendo a sociedade colonial construída justamente na relação desigual senhor/escravo. O que existiam eram categorias específicas, como os "filhos de família", os "meninos da terra", os "filhos dos escravos", os "órfãos", os "desvalidos", os "expostos" ou "enjeitados"; ou ainda, os "pardinhos", os "negrinhos", os "cabrinhas" etc.[24]

Os chamados "filhos legítimos de legítimo matrimônio" não colocavam problemas à ordem social, pois que, justamente, encontravam-se sob o

24. Ver Arantes, E. M.; Brito, L. T.; Rodrigues, H. C. Adolescência, ato infracional e cidadania no Rio de Janeiro: 1900-2000. A construção do "jovem perigoso". Edital FAPERJ 2003/4 — Direitos Humanos Para Todos. Ver também Arantes e Tonim, 2006.

controle do "pai de família", que tinha poderes quase ilimitados. Da mesma forma os meninos "da terra", contidos nos colégios jesuítas ou nas aldeias, e os "negrinhos", propriedades do senhor, encontravam-se controlados socialmente através destas relações de tutela e posse. Os "expostos" e os "órfãos", embora sem o suporte familiar, encontravam nos estabelecimentos mantidos pela caridade, como as Casas da Roda e os Recolhimentos das Órfãs, o seu guardião legal.

Na Colônia e Império, as categorias que colocavam problemas à ordem social eram as gentes "sem-eira-nem-beira" — os mendigos, os viciosos, os vadios — fenômeno tão bem descrito por Laura de Mello e Sousa no livro "Os desclassificados do ouro". Essa gente dita desclassificada não tinha como se inserir na estrutura dual da sociedade. Não eram escravos propriamente falando, porque não haviam sido comprados, e também não eram senhores, não podendo ocupar posições na estrutura burocrática e administrativa da Colônia. Existiam como uma espécie de "mão-de-obra-escrava", temida como sendo "a pior raça de gente", mas, ao mesmo tempo, reserva útil, objeto de recrutamento forçado sempre que o Estado necessitasse de milícias para o combate aos quilombolas e aos índios, ou para a construção de estradas, prisões e demais edificações e serviços.

O problema modifica-se quando, a partir da Lei do Ventre Livre e da Abolição, os escravos adquirem a condição de livres e, portanto, de "filhos" e "pais de família", sem, contudo, adquirirem as condições materiais para o exercício pleno da cidadania. Foi quando crianças e adolescentes pobres, agora identificados como "menores abandonados material e moralmente",[25] passaram a ser encontrados nas ruas, brincando, trabalhando, esmolando ou mesmo cometendo pequenos furtos.

O governo republicano, longe de reverter este processo, buscou instituir uma legislação específica para os menores, visando, sobretudo, o controle daqueles considerados moralmente abandonados. Assim, o Código Penal de 1890, um ano após a Proclamação da República, reduziu a idade penal para 9 anos, nos casos em que o juiz julgasse que a criança

25. A este respeito, ver: VAZ, Franco. *A infância abandonada*. Rio de Janeiro: Imprensa Nacional, 1905.

havia agido com discernimento. Ao não abolir, mas apenas regulamentar o trabalho infantil, também permitiu que criança pobre ficasse fora da escola ou, quando muito, fosse encaminhada à escola correcional ou de reforma. Construiu-se, desta forma, sobre a base da regulamentação da idade penal e do trabalho infantil, da possibilidade de destituição do pátrio poder e da internação dos menores, um sistema dual no atendimento às crianças, uma vez que, enquanto o Código Civil de 1916 tratava dos "filhos de família", o Código de Menores de 1927 tratava dos "expostos", "abandonados", "desvalidos", "vadios", "mendigos", "viciosos" e "libertinos".

Embora não se possa estabelecer apenas rupturas entre os modelos caritativo e filantrópico — coexistindo muitas vezes o mesmo propósito de controle social e o mesmo método de confinamento — podemos afirmar, no entanto, que o primeiro modelo, de natureza religiosa e asilar, ocupava-se basicamente da pobreza, motivado principalmente pelo dever de salvação das almas. Já a filantropia dita esclarecida, de natureza cientificista e favorável a uma assistência estatal, tendeu sempre a uma gestão técnica dos problemas sociais, ordenando os desvios a partir de um modelo de normalidade que, em última instância, revelou-se preconceituoso — pois que definia a criança pobre quase sempre como "anormal", "deficiente" ou "delinquente".

Tal a força e abrangência deste sistema dito de proteção à infância que praticamente cobria todo o universo de crianças pobres, pois que à "situação irregular do menor" (categoria do Código de Menores de 1979) correspondia uma suposta família "desestruturada" — por oposição ao modelo burguês de família, tomado como norma — à qual a criança sempre escapava: seja porque não tinha família ("órfã" ou "abandonada"); porque a família não podia assumir funções de proteção ("carente"); porque não podia controlar os excessos da criança ("conduta antissocial"); porque as ações e envolvimentos da criança ou do adolescente colocavam em risco sua segurança, da família ou de terceiros ("infrator"); seja porque a criança era dita portadora de algum desvio ou doença com a qual a família não podia ou sabia lidar ("deficiente", "doente mental", com "desvios de conduta"); seja ainda porque, necessitando contribuir para a renda familiar, fazia da rua local de moradia e trabalho (meninos e meninas "de rua"); ou ainda porque, sem um ofício e expulso/evadido da escola ou fugitivo do lar, caminhava ocioso pelas ruas, à cata de um qualquer expediente ("perambulante").

Pela legislação, que vigorou até 1990 (Código de Menores), todas essas crianças e jovens eram passíveis, num momento ou outro, de serem sentenciadas como "irregulares" e enviadas às instituições de recolhimento, triagem, ressocialização ou guarda, a fim de que cessasse a situação de irregularidade. A lógica era aparentemente simples: se a família não pode, ou falha no cuidado e proteção ao menor, o Estado toma para si esta função.

Em princípio, a passagem da tutela familiar para o Estado não deveria suscitar maiores dificuldades, uma vez que, devido à sua pouca idade e imaturidade, a criança já se encontrava anteriormente sob tutela. Ou seja, muda-se o tutor, permanece o status — a menoridade jurídica.[26] No entanto, ao analisarmos esta questão mais detidamente, observamos grande complexidade. Como a situação de irregularidade não é comum às classes média e alta, pode-se concluir, com Simões, que o Código de Menores visava, sobretudo, os filhos dos trabalhadores, principalmente de seus segmentos mais pauperizados.

Simões faz uma análise do movimento de constituição/destituição do pátrio poder na nossa sociedade, onde se torna evidente que criminalizar as estratégias de sobrevivência das famílias e dos menores das camadas populares constituiu, neste período de vigência do Código de Menores, um "pressuposto" e uma "estratégia".

> "No primeiro momento, os pais são destituídos do poder sobre o filho que, desde o nascimento, tem existência pública.
>
> No segundo momento, o Estado devolve esse poder aos pais, delegando a responsabilidade de uma função pública; a formação física e espiritual do futuro cidadão. Para isso constitui-nos no pátrio poder. O menor fica, assim, em situação regular.
>
> O terceiro momento, com a intervenção do Estado por meio do direito do menor, não é mais universal: em nome do interesse público, o Estado na pessoa do Juiz de Menores, destitui determinados pais do pátrio poder em

26. Sobre o tema, ver CASTEL, Robert, 1978.

relação a menores considerados em certos casos de situação irregular" (Simões, 1983, p. 85).

Nesta condição, passava o Estado a poder declarar como "irregular" parte da população. Através de mecanismos jurídicos, ficava a pobreza ("carência") convertida em hipótese de irregularidade — situação que tendia a ser resolvida, não se alterando as condições de vida da população, mas através de procedimentos tidos como "pedagógicos" e "terapêuticos".

> "O Código autoriza os juízes a internarem crianças que se encontram "em situação irregular" e define a carência como uma das hipóteses de situação irregular. E como se carente fosse apenas uma pequena parcela das crianças brasileiras e não a grande maioria. Se se levasse o Código a sério, estariam os juízes legitimados a mandar internar talvez a quarta ou terça parte do povo brasileiro. Já que o juiz não pode fazer isso, ele usa a faixa discricionária que a lei lhe concede para internar uns e recusar a internação de outros, segundo o que ele e seus assessores entenderem".[27]

Como grande parte das crianças mantidas nos internatos não era "órfã", mas "carente", a disputa pela guarda das crianças era muito complexa e penosa para as famílias, envolvendo esta disputa o Juizado de Menores, a Delegacia de Menores e as instituições de atendimento. Muitas vezes as famílias pobres acabavam por realmente abandonar as crianças nos internatos, nunca as visitando.

Este abandono, frequentemente apontado pelos técnicos dos internatos como mais uma "prova" da "imoralidade" das famílias, configurou-se, muitas vezes, como uma estratégia dos próprios internatos, para que estes pudessem ocupar um lugar quase que absoluto face à educação da criança.

Foi para romper com esta lógica e com estas práticas que, principalmente a partir da década de 1980, os movimentos sociais e organizações não governamentais que recém despontavam no cenário nacional iniciaram ampla mobilização para introduzir na Constituição Federal os direitos da criança e do adolescente.

---

27. Trecho da proposta de mudança da FEEM/RJ, elaborada por Roberto Mangabeira e equipe (Luppi, 1981, p. 99).

Munidos de farta documentação e de pesquisas que evidenciavam a falência do modelo de atendimento dito "correcional-repressivo", foi possível por ocasião da Constituinte em 1987, mostrar: 1) que os internatos não eram o melhor meio de proteção à criança pobre; 2) que o papel do técnico, longe de ser apenas terapêutico e educativo, estava sendo de controle e que, na realidade, a rotulação da criança (ou o seu "diagnóstico") já era feito anteriormente pelo policial, no ato mesmo da apreensão da criança na rua; 3) que as famílias, muitas vezes, toleravam as infrações das crianças na medida em que isto significava renda familiar, e que o melhor meio para se resolver este problema não seria enviando crianças paras as delegacias policiais; 4) que segmentos da sociedade, preocupados com sua segurança pessoal e com o patrimônio, pressionavam o poder público para punir e confinar o adolescente, sem, contudo, oferecer-lhe alternativas; e, finalmente, 5) que a criança não estava apenas sendo aliciada por adultos para roubos, furtos e venda de drogas, mas estava sendo tomada como mercadoria a qual se podia trocar, vender e mesmo executar.

À medida que se pode efetivamente questionar o modelo de assistência até então vigente, tornou-se possível a emergência de novas proposições. Na redação do artigo 227 da Constituição Federal de 1988, o Brasil adotou não apenas a Declaração Universal dos Direitos da Criança, como também o pré-texto da Convenção destes mesmos direitos, que, naquela data, ainda não havia sido apresentado à Assembleia Geral das Nações Unidas. Ao assim proceder, aboliu o Código de Menores de 1979 e, em seu lugar, em 1990, promulgou o Estatuto da Criança e do Adolescente.

A aprovação do Estatuto foi saudada com bastante entusiasmo por todos aqueles que esperavam grandes mudanças na política de atendimento, afirmando os mais otimistas que o Estatuto representava uma verdadeira revolução nas áreas jurídica, social e política — por considerar a criança como sujeito de direitos, pelo princípio da absoluta prioridade no seu atendimento e pela observância de sua condição peculiar de pessoa em desenvolvimento. Depositava-se grande esperança nos Conselhos de Direitos e Conselhos Tutelares, principalmente pelo princípio da participação popular, também estabelecido no Estatuto.[28]

---

28. Ver Arantes, E., M. In Zamora, M. H. (org.), 2005.

Transcorridos quase 18 anos de sua aprovação, no entanto, o Estatuto volta a ser intensamente debatido no noticiário nacional, não em virtude de significativa melhoria nas condições de vida das crianças e dos adolescentes pobres, mas em virtude de propostas de agravamento das medidas sócioeducativas, bem como de propostas para a redução da idade penal. Aponta-se, insistentemente, como causa do aumento da criminalidade entre os adolescentes, uma suposta impunidade proporcionada pelo Estatuto.

Ao pender o barco para as medidas punitivas e não para as políticas públicas de inserção social, longe de resolver nossas aflições, o Brasil pode estar caminhando para a consolidação e o aprofundamento da histórica divisão entre "criança/adolescente" e "menor" — divisão esta que foi justamente o motivo que levou os movimentos sociais a lutarem, na Constituinte de 1987, para que o Brasil adotasse a Proteção Integral para toda a infância e não apenas para uma parte dela.

Em visita ao Brasil, o historiador Jean Hébrard[29] afirmou que a sociedade brasileira encontra-se diante de um dilema, pois "a separação das crianças em dois mundos que não se encontram vai acabar num desastre" — uma vez que partilhar valores comuns é um pressuposto e uma condição essencial nas democracias ocidentais.

Finalizando, o que parece estar em jogo na história da infância no Brasil não é a noção científica, ou supostamente científica, de criança, nem mesmo o seu correlato jurídico menor-de-idade, mas a instituição de uma dupla menoridade — a "criança" e o "menor" —, legitimando relações de exploração e violência existentes na sociedade. Superar esta dualidade foi a esperança da Constituição de 1988.

Referências bibliográficas

ABREU, Capistrano. *Capítulos de história colonial e os caminhos antigos e o povoamento do Brasil*. Brasília: Universidade de Brasília, 1982.

29. Entrevista ao jornal *O Globo*, em 22/4/2007.

ALMEIDA, Angela M.; CARNEIRO, Maria J.; PAULA, Silvana G. (orgs.). *Pensando a família no Brasil*. Rio de Janeiro: Espaço e Tempo, 1987.

AMARAL, Antonio F. In: ARANTES, Esther M. M.; MOTTA, M. Euchares. *A criança e seus direitos*: Estatuto da Criança e do Adolescente e Código de Menores em Debate. Rio de Janeiro: PUC-RJ/FUNABEM, 1990.

ANCHIETA, José de. *Cartas*: Informações, fragmentos históricos e sermões. Belo Horizonte/São Paulo: Itatiaia/Universidade de São Paulo, 1988. (Cartas Jesuítas, 3.)

ARANTES, Esther M. M.; MOTTA, M. Euchares. *A criança e seus direitos*. Rio de Janeiro: PUC-RJ/FUNABEM, 1990.

ARANTES, E.M.; BRITO, L. T.; RODRIGUES, H. C. *Adolescência, ato infracional e cidadania no Rio de Janeiro: 1900-2000. A construção do "jovem perigoso"*. Edital FAPERJ 2003/4 — Direitos Humanos Para Todos.

ARANTES, E. M. Estatuto da Criança e do Adolescente: Doutrina da proteção integral é o mesmo que direito penal juvenil? In: ZAMORA, M. H. (org.). *Para além das grades*. Rio de Janeiro: Ed. PUC-Rio; São Paulo: Loyola, 2005.

ARANTES, E. M. e TONIM, M. *Direitos Humanos — Um retrato das Unidades de internação de adolescentes em conflito com a lei*. Brasília: Conselho Federal de Psicologia e Conselho Federal da Ordem dos Advogados do Brasil, 2006.

ARAUJO, Sonia M. Duarte de. *Elementos para se pensar a educação dos indivíduos cegos no Brasil*: A história do Instituto Benjamin Constant. Dissertação de mestrado. Rio de Janeiro: UERJ, 1993.

ARIÈS, Philippe. *História social da criança e da família*. 2. ed. Rio de Janeiro: Editora Guanabara, 1981.

BARLÉU, G. *História dos feitos recentemente praticados durante oito anos no Brasil*. Belo Horizonte/São Paulo: Itatiaia/Ed. da Universidade de São Paulo, 1988.

BOFF, Leonardo. A função da universidade na construção da soberania nacional e da cidadania. *Cadernos de Extensão Universitária*, v. 1, n. 1, 1994, Rio de Janeiro.

BOGADO, L. F. *A casa da princesa*: a genealogia de um internato. Dissertação mestrado. Rio de Janeiro: PUC/RJ, 1986.

BRASIL. Senado Federal. *Código de menores*. Brasília: Senado Federal/Subsecretaria de Edições Técnicas, 1984.

CASTEL, Roberto. *A ordem psiquiátrica*: A idade de ouro do alienismo. Rio de Janeiro: Graal, 1978.

CAVALCANTI, G. O Código Mello Mattos em seus aspectos médico-social. In: GUSMÃO, S. *Em defesa dos menores*. Rio de Janeiro: Imprensa Nacional, 1945.

COSTA, Jurandir Freire. *Ordem médica e norma familiar*. Rio de Janeiro: Graal, 1983.

CUPERTINO, Fausto. *Raízes do atraso*. Rio de Janeiro: Civilização Brasileira, 1977.

DONZELOT, Jaques. *A polícia das famílias*. Rio de Janeiro: Graal, 1980.

EWBANK T. *Vida no Brasil* — Ou diário de uma visita à terra do cacaueiro e da palmeira. São Paulo/Belo Horizonte: Universidade de São Paulo/Itatiaia, 1976.

FONSECA, Claudia. *História do ensino industrial no Brasil*: Escola Técnica Nacional do Rio de Janeiro. Rio de Janeiro: s.n., 1961, v. 1.

FOUCAULT, Michel. Omnes et singulation: Por uma crítica da razão política. *Novos Estudos CEBRAP*, n. 26, mar. 1990.

GOMES, Mercio. P. *Os índios e o Brasil*. Prefácio de Darcy Ribeiro. Petrópolis, Rio de Janeiro: Vozes, 1991.

GONÇALVES, M. A. Expostos, roda e mulheres: A lógica da ambiguidade médico--higienista. In: *Pensando a família no Brasil*. Rio de Janeiro: Espaço e Tempo, 1987.

HOLANDA, Sergio Buarque. *Raízes do Brasil*. Rio de Janeiro: Olympio, 1982.

LEITE, Ligia Costa. *A magia dos invencíveis*. Petrópolis: Vozes, 1991.

LEITE, S. *Cartas dos primeiros jesuítas do Brasil*. Comissão do IV Centenário da Cidade de São Paulo. São Paulo: 1954, v. 1.

LIMA, Lena Lage; VENANCIO, Renato Pinto. O abandono de crianças negras no Rio de Janeiro. In: *História da criança no Brasil*. São Paulo: Contexto/CEDHAL, 1991.

LONDOÑO, Fernando Torres. A origem do conceito de menor. In: DEL PRIORE. *História da criança no Brasil*. São Paulo: Contexto/CEDHAL, 1991.

LOPES, Luiz Carlos B. *Projeto educacional asilo de meninos desvalidos*: Rio de Janeiro (1875-1894) — Uma contribuição no Brasil. Rio de Janeiro: UFRJ, 1994. Dissertação de Mestrado.

LUPPI, Carlos Alberto. *Agora e na hora de nossa morte*. São Paulo: Icone, 1981.

MAGALHÃES, Alfredo Ferreira. Thema 16 — Educação eugênica em geral, consciência da responsabilidade eugênica na família, nas escolas, nas universidades. In: *Congresso Brasileiro de Eugenia — Rio, 1*. Bahia: Dois Mundos, 1930.

MATTOSO, Kátia de Queirós. O filho da escrava. In: DEL PRIORE. *História da criança no Brasil*. São Paulo: Contexto/CEDHAL, 1991.

MONCORVO FILHO, Arthur. *Histórico da proteção à infância no Brasil*. Rio de Janeiro: Empresa Gráfica, 1926.

MOTT, Luis M. de B. A criança escrava na literatura de viagens. *Cadernos de Pesquisa*, n. 31, p. 63-4, dez. 1979. São Paulo.

MURICY, Kátia. O indivíduo e a sociedade em Machado de Assis. In: ALMEIDA, A. Metall. *Pensando a família no Brasil*. Rio de Janeiro: Espaço e Tempo, 1987.

NAVARRO et al. Cartas Avulsas, 1550-1568/Azpilcueta Navarro et al. (*Cartas Jesuíticas*, 2). Belo Horizonte/São Paulo: Itatiaia/EDUSP, 1988.

NOGUEIRA FILHO, Paulo. *Sangue, corrupção e vergonha*: SAM. São Paulo: s.e., 1956.

ORLANDI, Orlando. *Teoria e prática do amor à criança. Introdução à Pediatria Social no Brasil*. Rio de Janeiro: Jorge Zahar Editor, 1985.

PEIXOTO, Afranio. In: Anchieta-NAVARRO et al. Cartas Avulsas, 1550-1568/Azpilcueta Navarro et al. (*Cartas Jesuíticas*, 2). Belo Horizonte/São Paulo: Itatiaia/Ed. da Universidade de São Paulo, 1988.

PINHEIRO, Maria Esolina. *Serviço Social* — Documento histórico. São Paulo: Cortez, 1985.

PRIORE, Mary del. *História da criança no Brasil*. São Paulo: Contexto/CEDHAL, 1991.

RIBEIRO, Darcy. Prefácio. In: GOMES, Mercio. *Os índios e o Brasil*. Petrópolis: Vozes, 1988.

RIZZINI, Irma. *Assistência à infância no Brasil*: uma análise de sua construção. Rio de Janeiro: EDUSU-CESPI/USU, 1993a.

RODRIGUES, J. H. In: ABREU, Capistrano. *Capítulos de história colonial e os caminhos antigos e o povoamento do Brasil*. Brasília: Universidade de Brasília, 1982.

RUSSEL-WOOD, A. J. R. *Fidalgos e filantropos*: A casa de Misericórdia da Bahia — 1550-1755. Brasília: Universidade de Brasília, 1981.

SIMÕES, C. A família e a propriedade no Código de Menores. *Serviço Social & Sociedade*, ano IV, abr. 1983.

SOARES, Ubaldo. *O passado heroico da Casa dos Expostos*. Rio de Janeiro: Fundação Romão de Mattos Duarte, 1959.

SOUZA, Laura de Mello e. O Senado da Câmara e as crianças expostas. In: DEL PRIORE, Mary. *História da criança no Brasil*. São Paulo: Contexto/CEDHAL, 1991.

VAZ, Franco. *A infância abandonada*. Rio de Janeiro: Imprensa Nacional, 1905.

ZARUR, D. *Educandário Romão de Mattos Duarte*. 4. ed. Rio de Janeiro: Binus Artes Gráficas, 2003.

Capítulo IV

A criança e o adolescente. Objetos sem valor no Brasil Colônia e no Império*

*Eva Teresinha Silveira Faleiros***

Introdução

Compreender a assistência à criança e ao adolescente no Brasil Colônia implica situá-la nas relações econômicas e sociais então vigentes, ou seja, no contexto da colonização e da escravidão negra. A colonização de um país recém descoberto como o Brasil exigia, necessariamente, seu povoamento e mão-de-obra para o trabalho. A escravidão negra, da qual lançaram mão os portugueses, formou e modelou as relações econômicas e sociais neste período, bem como as políticas referentes à infância e adolescência, e cuja influência se fez sentir na história da atenção a esta população no Brasil. No início da colonização os jesuítas trataram de converter, cristianizar e "humanizar" os índios brasileiros, e tentaram isolar os filhos destes de sua "má influência", como o atestam a criação das "casas de muchachos" e, a correspondência deixada por Nóbrega e Anchieta (Del Priore, 1991).

* A pesquisa sobre a situação e a assistência à criança e ao adolescente no Brasil Colônia e no Império orientou-se pelo mesmo marco teórico da pesquisa do período da República, realizada por Vicente de Paula Faleiros, e que consta neste livro sob o título *Infância e Processo Político no Brasil*.

** Mestre em Serviço Social, professora aposentada da UnB, diretora da ONG — Inverso.

Partimos do postulado de que as crianças escravas e abandonadas não eram uma necessidade para o sistema produtivo, restando para os sobreviventes, o trabalho. Durante o período do intenso tráfico de negros para o Brasil, a taxa de crescimento da população escrava era nula, ou mesmo negativa, e o padrão de reprodução muito baixo.[1] A reprodução escrava era considerada antieconômica, pois com um ano de trabalho o escravo pagava seu preço de compra e, facilmente, outros escravos, adultos ou crianças, poderiam ser adquiridos (Vainer, 1979).

> "Em todas as palestras entre fazendeiros se ouvia este cálculo: compra-se um negro por 300$000, colhe no anno 100 arrobas de café que produzem líquido pelo menos seu custo: d'ahi em diante é lucro: não vale a pena aturar as crias que só depois de 16 annos darão igual serviço" (In *A Liberdade dos Ventres*, 1880, citado por Giacomini, 1988, p. 24).

A baixa taxa de crescimento da população escrava explica-se por diversas razões: o número de mulheres escravas era inferior ao de homens escravos,[2] abortos por maus-tratos sofridos durante a gravidez, alta mortalidade infantil devido às péssimas condições do cativeiro, infanticídios eram praticados por escravas como uma forma de livrar seus filhos da escravidão, e porque muitas vezes as mães escravas nutrizes eram separadas do filho récem-nascido ao serem vendidas ou alugadas como amas-de-leite.

Não há acordo entre pesquisadores sobre a situação da família escrava. Para Giacomini, a família escrava era inexistente; era ela muitas vezes destruída ou separada, no momento da captura ou no da venda ou aluguel do pai, da mãe e mesmo de crianças escravas. Segundo Mattoso, as

---

1. Kátia de Queirós Mattoso, em seu artigo sobre "O filho da escrava", indica que em sua pesquisa a média de crianças escravas, por inventário analisado, era de 2,8 entre 1860-69, de 2,0 entre 1870-79 e de 5,4 entre 1880-89, portanto, bastante maior com a proximidade da abolição da escravidão.

2. "Historicamente, a proporção entre os sexos, no tráfico transatlântico, estabeleceu-se em torno de 2/3 de homens para 1/3 de mulheres. A sua distribuição no país não era, entretanto, regular. Áreas como as de garimpagem e mineração, concentravam, em geral, populações preponderantemente masculinas. Nessas regiões, os escravos nascidos na África predominavam sobre os originários do Brasil. A pirâmide de idades concentra-se na faixa masculina dos 15 aos 35 anos, com exclusão de crianças em tenra idade e de velhos" (Beozzo, 1993, p. 30).

relações familiares dos escravos, quando existentes, reduziam-se à relação mãe-filhos pequenos.

> "... do pai nada se sabe. Em Salvador, entre 1870 e 1874, em 85 batismos de crianças escravas, todos, absolutamente todos, são batismos de crianças ilegítimas... todas as mulheres de nossa amostra são mães solteiras... O número de crianças sem filiação, isto é, sem menção do nome de sua genitora, é enorme: representa 41,2% das crianças de menos de 12 anos" (1992, p. 83).

Já Russell-Wood afirma que "os escravos demonstravam considerável grau de coesão. Os proprietários rurais frequentemente estimulavam os escravos a casar-se" (1981, p. 247).

A Lei do Ventre Livre (1871), em seu artigo 4º, parágrafos 7º e 8º resguardou a relação mãe-filho e a família escrava. Kátia Mattoso, em seu belo artigo sobre a criança escrava, trata de responder à questão "quando a criança filha de escravos deixa de ser criança e passa a ser escravo, ou seja, a entrar compulsoriamente no mundo do trabalho?" Identifica a autora três maioridades para os filhos dos escravos: a religiosa aos 7 anos, idade da razão; a civil aos 12 anos para as meninas e 14 anos para os meninos segundo o Código Filipino,[3] e pela Lei do Ventre Livre até os 8 anos, sob a autoridade do senhor, idade após a qual este tinha a opção de torná-los livres (mediante indenização do Estado) ou utilizar seus serviços até os 21 anos; e uma terceira maioridade quando de seu ingresso na atividade econômica produtiva, bem antes dos 12 anos, ou seja, entre 7 e 8 anos quando ingressavam nas categorias de aprendiz ou moleque.

Em sua menoridade as crianças escravas serviam como brinquedo dos filhos dos senhores (a quem inclusive eram doadas como presente) e divertimento das visitas, ou seja, eram consideradas animaizinhos de estimação (cavalinhos, macaquinhos). Além de humilhações, sofriam maus-tratos e

---

3. Com a ascensão da dinastia Habsburgo ao trono de Portugal, Felipe II ordenou a reestruturação da legislação portuguesa. Em 1603 entram em vigor as Ordenações Filipinas, com base nas Ordenações Manuelinas de 1521, e que, embora com uma série de modificações, foram vigentes até a elaboração do primeiro Código Civil brasileiro, em 1917, já na República (Mendes Junior et al., 1979).

mesmo exploração sexual; há estudos que indicam ter havido prostituição infantil promovida por senhoras e senhores (Neves, 1992).

A criança escrava não era, pois, objeto de proteção por parte da sociedade. Sua sina estava traçada como propriedade individual do senhor seu dono, como patrimônio e mão-de-obra. Contava ela, no entanto, com uma sorte de família ampliada — a dos escravos, que lhe oferecia proteção, referências culturais e vínculos afetivos. Não havia grande número de crianças escravas abandonadas. Segundo Maria Luiza Marcílio

> "... com o adensamento de populações em torno das duas grandes cidades portuárias das mais importantes da época: Salvador e Rio de Janeiro... a sociedade destes dois centros já vinha, desde finais do século 17, insistindo junto ao rei sobre a necessidade de amparo sistemático aos bebês que se lançavam nas portas de casas, de Igrejas, pelos caminhos e até nos lixos" (1993, p. 153).

Desde o século 17, o abandono de crianças vinha se tornando um problema que preocupava autoridades que o denunciavam solicitando providências do rei.

> "... o governador da capitania do Rio de Janeiro, Antônio Paes de Sande, escrevera ao rei em 1693 deplorando a falta de caridade demonstrada em relação aos enjeitados. Embora D. Pedro II recordasse ao governador que os enjeitados eram de responsabilidade municipal e sugerisse um imposto para essa finalidade, o assunto ficou esquecido" (Russell-Wood, 1981, p. 235).

Em 1726, o vice-rei escreveu carta a Dom João descrevendo o abandono crianças na Colônia, relatando providências tomadas junto à Santa Casa de Misericórdia para a criação da Roda e solicitando "alguma esmola" do rei. Transcreveremos parte da mesma na qual se evidenciam a visão do vice-rei sobre esta problemática, bem como o descaso oficial em relação à situação e a transferência de sua responsabilidade à Misericórdia.

> "Como a constituição do clima conduz muito para a liberdade, não faltam ociosos que se aproveitam dela, para continuarem na repetição dos vícios; deles procede haver tal número de crianças expostas, que sem piedade as

> lançam nas ruas, e muitas vezes em partes, donde a voracidade dos animais as consome; para evitar este dano, que certamente ofende a religião católica, chamei o provedor da Misericórdia a minha presença, para persuadir que se erigisse uma Roda, que era o único meio por que se podia evitar tanta impiedade. E como na Misericórdia não havia legado, nem aplicação alguma para esta despesa, trouxe alguma dúvida por parte dos Irmãos. Porém, vencida ela por mais votos, se assentou, se fizesse aquela obra, recorrendo a V. Majestade, para que fosse servido concorrer com alguma esmola anual de sua fazenda e com o rendimento de um açougue..." (Marcílio, 1993, p. 153).

Também os vereadores do Senado de Vila Rica preocupavam-se com a situação de crianças abandonadas nas ruas, terrenos baldios, portas de igrejas e residências, pois seu número havia aumentado assustadoramente durante o século 18.[4] E, em fevereiro de 1795, enviaram carta ao Ouvidor Geral explicando a necessidade da criação de uma Roda para recolhimento e assistência a estas crianças (Souza, 1991).

No século 17, na Bahia, o coeficiente dos enjeitados em relação à população total era de 0,4 por mil e nem todas as crianças expostas eram pobres (Russell-Wood, 1981). O livro de batizados dos expostos da Roda da Santa Casa do Rio de Janeiro (1864-1880) revela que na sua grande maioria estes eram crianças brancas (até 1871) e crianças pardas a partir desta data; a porcentagem de enjeitados negros manteve-se entre 10 e 19% (Lima e Venâncio, 1992). Segundo Russell-Wood

> "...a escravidão proporcionava uma una de seguro à criança (negra), fosse ela legítima ou ilegítima. Em ambos os casos, tinha casa e comida em troca de seu potencial como futura fonte de renda e de prestígio para o proprietário" (1981, p. 247).

Nem todas as crianças pobres eram expostas. O sistema do compadrio e a doação/adoção de crianças eram outras formas adotadas pelos pais

4. Iraci del Nero da Costa, nos assentos de batismo que consultou, encontrou entre 1724 e 1733 quatro casos de crianças enjeitadas, tendo este número saltado para 167 entre 1799 e 1808. Citado por Laura de Mello e Souza em seu artigo "O Senado da Câmara e as Crianças Expostas" (Del Priore, 1992).

pobres para protegerem seus filhos" (ibid., 1981). Havia uma preocupação em proteger e casar donzelas, órfãs, virtuosas, filhas de legítimo casamento, cristãs-velhas e brancas, como também enjeitadas. Com este fim foram fundadas Casas de Recolhimento mantidas pelas Misericórdias da Bahia (1726) e do Rio de Janeiro (1740), a primeira dez anos antes da Roda e a segunda dois anos após a criação da Roda.

Há referências à existência de miseráveis, completamente desprotegidos. Segundo Nascimento Vieira:

> "Existiam também os pobres irremediáveis... São numerosas as menções encontradas das meninas que vagavam pelas ruas da cidade, pedintes, abandonadas, as quais os delegados das freguesias pretendiam encaminhar à Santa Casa (ao Recolhimento de Orfãs), pedidos invariavelmente rejeitados, situações irrecuperáveis. Esse tipo de pobreza total, irreversível, não era somente de jovens mulheres, mas de um grupo livre, mas absolutamente carente, de vidas atribuladas, em condições por vezes miseráveis..." (1993, p. 159).

No Livro 2º de Registros, do arquivo da Santa Casa de Misericórdia da Bahia, fls. 86, de 22 de junho de 1806, há o relato de que:

> "... existia por debaixo do prédio do recolhimento, provavelmente um porão, uma enfermaria de mulheres pobres e miseráveis, com vários tipos de moléstia. A Santa Casa as abrigava para lhes prestar socorro espiritual e para, se possível, serem cuidadas de suas enfermidades. Estas eram mulheres de pobreza irremediável, irrecuperável. As recolhidas que habitavam o andar superior não as respeitavam como seres humanos, nem se condoíam de sua desdita. Jogavam sobre o piso do andar muitas águas que desciam pelas frestas sobre aquelas desgraçadas..." (ibid., p. 160).

Há referências a uma denominada "pobreza envergonhada", que era bem vista e recebia alguma ajuda.

Além destes dados há que se considerar, no que se refere ao descaso e à desvalorização da criança no Brasil Colônia e no Império, as altíssimas taxas de mortalidade infantil, como veremos adiante.

Analisando essa questão no contexto histórico da época, Ariès, em seu estudo sobre a criança e a família na sociedade tradicional francesa (do fim da Idade Média às sociedades industriais) conclui que:

> "Essa sociedade via mal a criança, e pior ainda o adolescente... um sentimento superficial da criança era reservado à criancinha em seus primeiros anos de vida, enquanto ela ainda era uma coisinha engraçadinha. As pessoas se divertiam com a criança pequena como com um animalzinho, um macaquinho impudico. Se ela morresse então, como muitas vezes acontecia, alguns podiam ficar desolados, mas a regra geral era não fazer muito caso, pois uma outra criança logo a substituiria... Se eu tivesse de escrever este livro hoje ... eu chamaria a atenção para um fenômeno muito importante e que começa a ser mais conhecido: a persistência até o fim do século XVII do infanticídio tolerado..."
>
> "O infanticídio era um crime severamente punido. No entanto, era praticado em segredo, correntemente, talvez, camuflado, sob a forma de um acidente...
>
> J. L. Flandrin analisou essa prática oculta numa conferência da Societé du XVIIème Siècle. Ele demonstrou como a diminuição da mortalidade infantil observada no século XVIII não pode ser explicada por razões médicas e higiênicas; simplesmente, as pessoas pararam de deixar morrer ou de ajudar a morrer as crianças que não queriam conservar" (1981, p. 10-17).

A seguir veremos que a assistência à criança necessitada consistia num território de indefinições, acordos e desacordos entre o público e o privado. No Brasil Colônia, a assistência às crianças abandonadas, órfãs e pobres seguiu os moldes ditados pela Corte e adotados em Portugal, ou seja, era de responsabilidade das câmaras municipais, mas foi em grande parte assumida pela Irmandade da Santa Casa de Misericórdia. Segundo Maria Luiza Marcílio:

> "Pelas Ordenações Manuelinas (1521), depois confirmadas pelas Filipinas (1603), às Câmaras Municipais incumbia a obrigação de criar as crianças abandonadas, mesmo que tivessem de criar novos impostos para essa defesa (Marcílio, 1993, p. 151).

A Irmandade de Nossa Senhora, Mãe de Deus, Virgem Maria da Misericórdia, conhecida popularmente como Santa Casa da Misericórdia ou

Santa Casa, foi fundada em Lisboa em 1498, por um grupo de leigos e um frade trinitário. Foi aprovada pela Regente D. Leonor e confirmada por seu irmão D. Manuel (Russell-Wood, 1981). Sua fundação inscreve-se no quadro geral da assistência à pobreza urbana, promovida por Irmandades de Caridade de leigos, instituição então existente na Europa, tendo o modelo italiano inspirado o português.

Embora de caráter leigo e gozando de autonomia, a Irmandade da Misericórdia mantinha estreitas relações com a realeza e com a hierarquia da Igreja Católica, relações estas de privilégio, mas muitas vezes conflituosas. Dentre os privilégios reais concedidos à Misericórdia destacam-se seu monopólio da coleta de esmolas e da assistência. Russell-Wood afirma:

> "Na mente de D. Manuel, a política de centralização de serviços hospitalares passou a incluir a fusão de outras formas de filantropia social num único — a Misericórdia" (Russell-Wood, 1981, p. 12).

As Misericórdias multiplicaram-se. Foram fundadas nas colônias portuguesas na África, Oriente e também no Brasil.

> "Em 1524, quando D.Leonor morreu, todas as cidades e muitas vilas de Portugal tinham uma Santa Casa da Misericórdia, totalizando sessenta e uma..." (ibid., p. 17).
>
> "A honra da fundação da primeira Misericórdia no Brasil é disputada pelas capitanias de S. Vicente e de Pernambuco. Os historiadores geralmente concordam em que o galardão deve caber à Irmandade de Santos, fundada por Brás Cubas em 1543. Essa fundação foi confirmada por Alvará real de abril de 1551. Em muitos casos, a fundação de uma Misericórdia era simultânea com a fundação de uma cidade, ou a seguia de pouco. A data de fundação da Misericórdia do Espírito Santo é incerta, mas já existia em 1551, quando se mudou para a nova cidade de Vitória. Olinda e Ilhéus possuíam Misericórdias na década de 1560. A Misericórdia do Rio de Janeiro funcionava em 1582 ... Ao fim do século XVI havia também Misericórdias em São Paulo e Porto Seguro. No início do século XVII fundaram-se Misericórdias em muitas partes do Brasil — Sergipe, Paraíba (1604), Itamaracá (1611), Belém (1619) e Igarassu (1629)" (ibid., p. 30-31).

Nos séculos 16 e 17, tanto as Câmaras Municipais como as Misericórdias prestaram alguma assistência a crianças abandonadas e enjeitadas, adotando ambas a "colocação" destes em rasas particulares, onde deveriam ser cuidados e amamentados por amas-de-leite até 3 anos, mediante pagamento.[5]

No Brasil, os custos desta assistência e posteriormente os da assistência no sistema das Rodas, assim como a responsabilidade de assumi-la, foram motivo de constantes atritos entre o governo real e a Irmandade da Santa Casa de Misericórdia. Esta situação vivida no Brasil não fez senão repetir o que já vinha ocorrendo em Portugal no que se referia à assistência aos enjeitados, que era prestada pela Misericórdia, embora fosse responsabilidade do governo. Este cumpria muito mal suas responsabilidades, bem como seus compromissos financeiros com as Misericórdias.

> "No império português ultramarinho havia confusão, mal-entendidos e acrimônia semelhantes em relação à responsabilidade pela assistência aos expostos. Tanto em Goa quanto em Macau, Luanda ou na Bahia, os conselhos municipais eram responsáveis de jure. Mas em todos os casos eram as respectivas Misericórdias que recebiam, alimentavam, vestiam e abrigavam as crianças abandonadas pelas mães. Essas Misericórdias não tinham obrigação estatutária de assistir enjeitados... No caso dos enjeitados, a Câmara, sim, tinha responsabilidade legal, e a atividade da Misericórdia somente se tornou necessária em consequência da falência oficial em cumprir essa obrigação" (ibid., p. 234-235).

Na primeira década do século 18 houve um agravamento das tensões entre o governo colonial e as Misericórdias, referente às despesas e financiamento da assistência aos expostos (como também à assistência hospitalar prestada por estas a presos e soldados), ocasionando desentendimentos entre as autoridades da Coroa e a Câmara Municipal da Bahia e tornando tensas as relações no interior do governo (rei, vice-rei, câmaras).

> "A Misericórdia tomou posição contra essa falta de cooperação oficial. As Mesas fizeram cortes drásticos no número de enjeitados assistidos pela Irman-

5. Chama atenção que esta primeira medida de proteção à criança abandonada — colocação familiar remunerada — de aproximadamente 500 anos, seja adotada ainda hoje.

dade... Não há indício de súbito aumento do número de enjeitados no registro municipal. O resultado foi que no início do século XVIII não havia mecanismo adequado para a assistência a enjeitados na Bahia" (ibid., p. 237).

A situação dos expostos tornara-se uma questão que preocupava autoridades, religiosos e homens públicos.

"O número de crianças abandonadas nas ruas causou escândalo público. As mães deixavam os filhos à noite nas ruas sujas. Frequentemente eram devorados pelos cães e outros animais que rondavam pelas ruas da capital brasileira. Em outras ocasiões, morriam simplesmente de fome ou de exposição aos elementos. Algumas mães deixavam os filhos nas naves das igrejas ou às portas dos conventos ... Outras abandonavam as crianças na praia para que se afogassem com a maré enchente. O grande número de enjeitados era considerado pelas autoridades como indício do desleixo moral da população baiana ... D. João V exortou o arcebispo e o vice-rei a fazerem algo para remediar essa mancha na reputação nacional" (ibid., p. 237-238).

Com o agravamento da situação dos expostos, como vimos, intensificaram-se as pressões e discussões em torno da criação de Rodas de expostos nas Misericórdias. Tratava-se de uma questão extremamente polêmica, envolvendo aspectos morais, religiosos, humanitários, políticos e econômicos.

Em 1726 o arcebispo e o vice-rei começaram entendimentos com guardiões da Misericórdia no sentido de convencê-los a criar uma Roda de expostos. As relações eram tensas entre a Irmandade da Misericórdia e o vice-rei, o que tornou as negociações mal recebidas e difíceis.

A Junta e a Mesa[6] deliberaram sobre a questão em 14 de fevereiro de 1726; a criação da Roda foi aprovada por dois terços dos votos, com a ausência de sete membros à reunião da votação (ibid., p. 239). A Roda dos

---

6. A Mesa era o principal órgão administrativo da Irmandade da Misericórdia. Era composta de 13 irmãos, seis de cada classe (Russell-Wood, 1980, p. 15): o provedor ou presidente e o corpo de guardiães constituído pelo escrivão, nove conselheiros e dois mordomos, eleitos por uma comissão eleitoral de dez irmãos escolhidos pela totalidade da Irmandade, e com mandato de um ano. Em 1618 houve mudanças no Compromisso de Lisboa, pelo qual se regia a Irmandade da Misericórdia, e a in-

Expostos da Bahia, autorizada pelo rei, foi criada em 1726, e segundo Marcílio "foi o grande legado, deixado pelo rico João Aguiar de Mattos, que permitiu a fundação e manutenção da Roda dos Expostos, na Santa Casa de Misericórdia de Salvador..." (1993, p. 153).

Somente doze anos após, em 1738 foi criada a Roda do Rio de Janeiro, através do legado do rico negociante Romão de Mattos Duarte. Em 1775, o Alvará do Ministro Sebastião José de Carvalho e Mello

> "regulamentou de forma mais estrita e definitiva a questão das crianças expostas: é, sem dúvida, a mais importante lei existente no século XVIII sobre o assunto, mas volta-se sobretudo para a relação entre enjeitados, Santa Casa de Misericórdia e Juiz de Orfaos,[7] deixando de lado a questão das câmaras" (Souza, 1992, p. 2).

Segundo Souza, a partir do Alvará intensificou-se a luta pela criação de Rodas. No entanto, ao observarmos as datas de criação das Rodas, verificamos que o Alvará não representou um marco na assistência aos expostos. No período da Colônia foram criadas apenas três Rodas num período de 63 anos e com grande distância uma da outra (a da Bahia em 1726, a do Rio de Janeiro 1738 e a do Recife em 1789), e apenas uma (a do Recife) após o Alvará.

A Roda se constituía em todo um sistema legal e assistencial dos expostos até sua maioridade. Em realidade, "Roda" era o dispositivo cilíndrico no qual eram enjeitadas as crianças e que rodava do exterior para o interior da casa de recolhimento. A denominação de Roda para o atendimento que era oferecido aos nela enjeitados presta-se à confusão e ao entendimento de que a assistência a estes resumia-se ao recolhimento imediato à exposição e deixa obscuras todas as etapas e modalidades de assistência que os mesmos recebiam até sua maioridade.

---

trodução da Junta, órgão administrativo secundário, de caráter consultivo, composto paritariamente de dez irmãos de cada classe.

7. As Ordenações Filipinas, Livro I, Título 88, trata dos Juízes dos Órfãos, suas responsabilidades e mecanismos a serem adotados no que se refere à constituição deste Juízo, aos bens e criação dos órfãos.

Não há consenso entre os pesquisadores sobre o tempo inicial de permanência das crianças enjeitadas na casa da Roda. Este seria de um a dois meses (Lima e Venâncio, 1992), de oito dias (Leite, 1992, citando Andrews, 1887) ou até um ano e meio (Alvará de 1775), sendo após entregues para "famílias honestas" para serem criadas e amamentadas até três anos por amas-de-leite que "...são em geral negras alugadas pela administração, que entregam os salários aos senhores" (Leite, 1992, p. 101).[8]

Segundo Russell-Wood, a responsabilidade da Santa Casa com o enjeitado ia até 3 anos, porém o Alvará de 1775 refere-se à assistência prestada pela Misericórdia até 9 anos, situação que o Alvará modifica, reduzindo-a até os 7 anos.

O Alvará de 1775 determinava que:

> "... logo que completarem sete annos, se lhes suspenda a creação, e se lhes não contribua mais com cousa alguma" (item I) "...querendo a pessoa, que crear qualquer Exposto tornallo a levar gratuitamente, ou para conservar em sua casa, ou para o accomodar na de outra da sua vizinhança, não se achando nisso inconveniente..." (item III) "...Mando, que estando completo os sete annos de idade de cada Exposto... se haja por desobrigado o Hospital, e a Mexa da Misericórdia de mais curar delle; ficando por este mesmo motivo sem Previlégio algum da referida Casa, como se nunca tivera existido... ficando reduzidos a huns simples Orfãos, como outros quaesquer dos Povos..." (item VII) "... reputando-os como quaesquer outros Orfãos, a quem incube a obrigação de curar: Podendo os referidos Juizes (de Orfãos) distribuillos pelas Casas que os quizerem, até completarem doze annos, sem vencerem outro algum Ordenado, que o da educação, sustento, e vestido" (item IV).

O futuro dessas crianças após 7 anos dependia, em grande parte, da família que as criavam; os meninos podiam ser encaminhados a aprendizes de algum ofício, caixeiros de lojas, seminários. As meninas realizavam tarefas domésticas em troca do sustento ou eram encaminhadas à Casa de Recolhimento (onde recebiam dotes para o casamento).

---

8. João Baptiste Debret, pintor oficial do primeiro reinado (1816), t. II (v. III), 45-49, citado por Miriam Lifchitz Moreira Leite.

> "Muitos orfãos, ao sair da adolescência, são entregues a artífices reputados, aos quais pagam com sua atividade a alimentação e cuidados recebidos" (Moreira Leite, 1992, p. 101).

Andrews, falando sobre a Roda do Rio de Janeiro diz dos enjeitados que: "quando têm idade suficiente para frequentar a escola voltam à instituição, onde recebem instrução até os 12 anos e então são enviados para aprender ofícios" (1887, p. 43-46; ibid., p. 107).

Um dos graves problemas das Rodas foi a alta mortalidade dos expostos nelas recolhidos. Estatísticas coletadas por pesquisadores e diários de visitantes revelam números surpreendentes que levam ao questionamento não só da qualidade da assistência nelas prestada como do sistema Roda enquanto política de assistência. Ou seja, tratou-se de uma política perversa, no sentido de que seus resultados foram opostos aos objetivos propostos, pois os expostos recolhidos para que não morressem abandonados nas ruas acabavam aí morrendo.

Em 1821, Maria Graham escrevia:

> "... A primeira vez que fui à Roda dos Expostos (do Rio de Janeiro) achei sete crianças com duas amas; nem berços, nem vestuário. Pedi o mapa e vi que em treze anos tinham entrado perto de 12.000 e apenas tinham vingado 1.000, não sabendo a Misericórdia verdadeiramente onde se achavam.
>
> ... 29 de setembro. Fui ao Asilo de Orfãos, que é também hospital dos expostos. Os rapazes recebem instrução profissional em idade adequada... A casa é extremamente limpa, como também o são as camas para as crianças expostas, das quais somente tres estão agora sendo criadas por amas-de-leite dentro da casa. As demais estão colocadas fora, no campo. Até ultimamente têm morrido numa proporção apavorante em relação ao seu número. Dentro de pouco mais de nove anos foram recebidas 10.000 crianças; estas eram dadas a criar fora, e de muitas nunca mais houve notícia... as pensões pagas para a alimentação de cada uma eram, a princípio, tão pequenas que as pessoas pobres que as recebiam, dificilmente podiam proporcionar-lhes meios de subsistência. Um melhoramento parcial já foi feito e ainda maiores ampliações deverão ser realizadas.

Há grande falta de tratamento médico. Muitos dos expostos são colocados na Roda, cheios de doenças. Por outro lado aparecem também crianças mortas, a fim de que sejam decentemente enterradas".[9]

Em relatório do Ministro do Império para o ano de 1859 constam os seguintes dados:

> "Em 1854, 588 crianças foram recebidas, somadas a 68 já no estabelecimento. Total 656. Mortas 435. Restantes 221. Em 1853 o número de expostos recebido foi de 630 e mortos 515" (Moreira Leite, 1992, p. 102).

Segundo Russell-Wood, a situação na Roda da Bahia não era diferente da do Rio de Janeiro.

> "A negligência das amas de leite pode haver contribuído para taxa excepcionalmente alta da mortalidade entre os enjeitados. Nos últimos três meses de 1757, doze das vinte e três crianças deixadas na Roda morreram. Em 1758, morreram quarenta e nove, de um total de setenta e nove... muitas dessas crianças já chegavam à Roda com poucas possibilidades de vida. Além disso, a taxa de mortalidade na Bahia era muito alta entre as crianças de menos de cinco anos — justamente a idade com que eram colocadas na Roda" (Russell-Wood, 1981, p. 249).

A análise dessa alta mortalidade implica contextualizá-la nas condições políticas e econômicas da época. O Brasil, enquanto colônia, dependia de decisões da Corte portuguesa, que se mostrou mais do que omissa no enfrentamento da questão da infância abandonada e pobre. Os interesses da Coroa no Brasil e dos portugueses que para cá vieram eram meramente econômicos, de espoliação, e por meio da escravidão estabeleceu-se no país um modelo de desprezo pela vida.

Evidentemente, são múltiplas as causas de tão altas taxas de mortalidade entre as crianças recolhidas pelas Rodas. Segundo Mello e Souza:

---

9. Maria Graham, escritora e desenhista inglesa, governanta dos filhos de D. Pedro e da princesa D. Leopoldina. Citado por Moreira Leite, 1992.

> "... a fragilidade das Misericórdias no desempenho das funções assistencialistas, a impossibilidade das Irmandades assumirem totalmente a criação dos expostos, a indefinição legal da metrópole, vigente até 1775 (Alvará), devem ter contribuído para que grande parte das crianças expostas morressem antes mesmo de serem matriculadas nos assentos camarários... e o fato de muitas crianças sequer serem registradas encobre, talvez, uma taxa de mortalidade mais alta do que as cogitadas até o presente momento" (1992, p. 31-32).

O Alvará, documento real, portanto legal e oficial, não menciona quaisquer obrigações financeiras da Corte, nem das Câmaras Municipais com a criação dos expostos na Roda.

Ao omitir as responsabilidades das câmaras municipais (e, portanto, as do governo) em relação à assistência aos expostos, o Alvará de 1775 não definiu a questão fundamental no que se refere às Rodas enquanto política governamental. As responsabilidades que este importante documento legal atribui ao governo são, sobretudo, burocráticas (registro dos expostos, guias de encaminhamento da colocação destes em lares pelos Juízes de órfãos, recibos de recebimento do exposto).

Uma das questões cruciais na assistência aos expostos foi a do seu financiamento, e nela se evidenciam as relações, os acordos e desacordos entre o público e o privado.

A assistência prestada aos expostos através da Roda deveria, legalmente, ser financiada pelas câmaras municipais, bem como por concessões e doações do rei. No entanto, as Irmandades Nossa Senhora da Misericórdia dependiam quase que exclusivamente de doações de particulares, espólios de ricos senhores e de juros, para manter sua assistência às crianças abandonadas.

O governo nunca assumiu verdadeiramente o financiamento desta assistência, o que provocou inúmeras crises entre ambos, caracterizando-se como uma situação de permanentes e constantes atritos, acordos e desacordos, ameaças de fechamento da Roda por parte da Irmandade, concessões e esmolas por parte da Coroa. Esta questão foi um pouco diferenciada de uma Roda a outra.

Russell-Wood e Souza frisam a diferença entre as Rodas na Bahia, a cargo da Misericórdia, e nas Minas, a cargo das câmaras.

> "A Misericórdia (da Bahia) dependia inteiramente de recursos privados para o financiamento desses serviços sociais. As contribuições da Coroa e da Câmara eram insignificantes" (Russell-Wood, 1994, p. 97-98).
>
> "Caio Cesar Boschi, por fim, deixa claro que, nas Minas, a criação dos enjeitados recaía basicamente sobre as Irmandades ou sobre as câmaras, estas últimas, muitas vezes, deixando de cumprir o prometido: o pagamento das mensalidades aos criadores ou às amas de leite" (Souza, 1992, p. 30).

A fim de compreender as articulações entre o poder público e o poder das elites na política da Roda é muito importante ater-se às relações entre a Irmandade da Misericórdia e o governo. Um provérbio alentejano dizia "Quem não está na Câmara, está na Misericórdia" e mais do que isto, estes lugares eram ocupados rotativamente pelas mesmas pessoas ou famílias. Segundo Russell-Wood:

> "Em nenhum momento houve ligação oficial entre a Misericórdia e a municipalidade. Mas na pequena sociedade baiana os conselheiros municipais pertenciam automaticamente à Misericórdia, à Ordem Terceira de São Francisco e à meia dúzia de outras Irmandades. As mesmas pessoas participavam ativamente da Misericórdia e do Conselho Municipal. Um cargo na primeira recomendava o titular para um posto executivo no segundo" (1981, p. 101).

A Irmandade da Misericórdia era organizada de maneira a garantir o controle das elites e da alta hierarquia da Igreja Católica, ou seja, dos donos do poder, no interior da própria Irmandade e sobre suas decisões e ações. Tratava-se de uma Irmandade exclusivamente de homens brancos, implicando em expulsão o casamento com mestiça ou negra. O racismo da Irmandade se manifestava também na admissão no Recolhimento das órfãs (exigência de ascendência branca). Seus membros, os "irmãos"

> "... eram divididos em duas classes, numericamente iguais. A primeira era a dos 'irmãos nobres', às vezes designados como 'irmãos de maior condição'. A nobreza nesse caso não significava nobreza de sangue, mas compreendia

> os gentis-homens, as classes profissionais e os eclesiásticos. A segunda era a dos plebeus, conhecidos como 'oficiais mecânicos' ou 'irmão de menor condição'... Na Bahia colonial os irmãos da categoria superior podem ser divididos em dois grupos. O primeiro era a aristocracia rural, cuja riqueza e prestígio viera do cultivo da cana de açúcar ou da criação de gado... O segundo grupo pode ser denominado de *haute bourgeoisie*... Os irmãos de categoria 'maior' eram ... funcionários públicos, eclesiásticos, inquisidores, oficiais militares e diplomados em universidades" (ibid., p. 15-96).

Estudo realizado por Russell-Wood sobre os registros de admissão de candidatos ingressados na Irmandade na Bahia, entre 1665 e 1755, revela que o número de "irmãos de maior condição" foi sempre superior ao de "irmãos de menor condição", o que evidencia o caráter elitista desta Irmandade.

A oligarquia rural baiana praticamente se apossou durante muitos anos do cargo de Provedor da Irmandade da Bahia, numa clara expressão de patrimonialismo.

> "Não é por coincidência que... o cargo de Provedor muitas vezes passasse de pai para filho... Praticamente todos os Provedores entre 1660 e 1750 tinham relações de parentesco em maior ou menor grau... Nas famílias nobres da Bahia, fazer parte da Misericórdia era uma tradição de família" (ibid., p. 90-91).

Por outro lado, a emergente burguesia comercial, os "homens de negócios", cujos negócios eram as finanças, ocupou muitas vezes o cargo de tesoureiro na Irmandade da Bahia.

As Irmandades da Misericórdia, trazidas de Portugal para o Brasil tão logo se iniciaram os processos de colonização e de expoliação, eram "a cara filantrópica" deste processo, ou seja, atores privados articulados com atores públicos, pertencentes à mesma elite, "executores" de uma mesma política de dominação, cujas contradições internas geravam conflitos e crises e acabavam sendo "negociados" e superados.

A política da escravidão, apoiada pelo Império e articulada pela oligarquia rural e nascente burguesia comercial, usava a Roda como esquema que, por um lado, validava e institucionalizava o enjeitamento da criança desvalorizada (negra, mestiça, ilegítima) e, por outro lado, a incorporava ao trabalho, como "cria" (com soldada)[10] ou como trabalhador não assalariado. Segundo Moreira Leite:

> "A Roda dos Expostos foi uma instituição que existiu e foi extinta na França, que existiu em Portugal e foi trazida para o Brasil no século XVIII. Os governantes a criavam com o objetivo de salvar a vida de recém-nascidos abandonados, para encaminhá-los depois para trabalhos produtivos e forçados. Foi uma das iniciativas sociais de orientar a população pobre no sentido de transformá-la em classe trabalhadora e afastá-la da perigosa camada envolvida na prostituição e na vadiagem" (1992, p. 99).

No plano ideológico, o sistema da Roda revela, por suas características (arquitetura, anonimato de quem depositava a criança, desconhecimento da filiação), seu caráter de ocultação e de "garantia" da ilegitimidade, da qual as crianças nela expostas eram, em geral, o fruto. Há indícios de que neste período havia uma relativa tolerância em relação ao concubinato (o casamento religioso era extremamente caro) e às relações extraconjugais eventuais ou estáveis (de senhores de escravos, ricos comerciantes e padres com negras escravas ou brancas).

Em síntese, no Brasil Colônia, apesar da necessidade de povoamento não se percebe uma política populacional. Foi um período de desvalorização da criança, inclusive de sua existência e vida. As crianças e adolescentes escravos eram considerados mercadoria (cara) e sua mão-de-obra explorada. Os expostos, recolhidos e assistidos pelo sistema da Roda ao final de suas diferentes etapas, eram conduzidos (os poucos sobreviventes) ao trabalho precoce e explorado, pelo qual ressarciam seus "criadores", ou o Estado, dos gastos feitos com sua criação.

Após a independência, em 1822, verificam-se significativas mudanças na assistência às crianças expostas, órfãs e pobres, com a ampliação e diversificação de instituições de atendimento a esta população.

Em relação às Rodas, entre 1825 e 1937, foram criadas quatro em doze anos. Novas mantenedoras, particulares e/ou religiosas começam a atuar no

10. Soldo, remuneração.

campo da assistência à infância necessitada. O governo legisla sobre órfãos, aprendizes, menores infratores, instituições de assistência privada, educação, e cria alguns asilos/escolas para meninos órfãos, abandonados e pobres.

A análise do Cadastro das Instituições para Menores e Associações de Assistência (1738-1930) (Rizzini, 1993) e do Relatório Oficial do Barão de Itajubá em 1887 (Moncorvo Filho, 1926, p. 118), revelam a existência no Brasil, em 1887, de oito Rodas de Expostos, trinta asilos de órfãos, sete escolas industriais e de artífices e quatro escolas agrícolas, em maior número no Rio de Janeiro (10) e na Bahia (11). Verifica-se, pois, um número significativo de asilos de órfãos (sete, só no Rio de Janeiro) e o aparecimento de escolas industriais e agrícolas para meninos órfãos e desvalidos (pobres e abandonados). Era bastante diferenciado o atendimento e o tipo de formação oferecido às meninas e aos meninos. Elas, em geral órfãs, eram recolhidas por instituições religiosas, segundo a cor e a filiação (legítima ou ilegítima) e preparadas nas artes domésticas, para o casamento (dotes) ou para serem empregadas domésticas. Os meninos, órfãos, pobres, vagabundos, mendigos, de rua, eram encaminhados a escolas de formação industrial ou agrícola, ou a instituições militares, em geral estatais, com vistas à preparação para o trabalho.

Aparecem também no Rio de Janeiro, associações particulares destinadas ao amparo não asilar da infância desvalida, com ênfase na instrução.

A Lei do Ventre Livre (28/9/1871) manteve a política da escravidão e reafirmou a política de desvalorização da criança escrava-cria, estabelecendo para os "ingênuos" uma "liberdade controlada e vigiada" que, embora aparentemente doada, tinha que ser comprada por longos anos de trabalho ainda escravo. Aos "vadios" restava o constrangimento e a pena de trabalhar nos estabelecimentos públicos.

Tratava-se de "salvar" a agricultura (os proprietários de terras e de escravos) dos "perigos" da abolição gradativa da escravidão. O autor de um projeto de fundação de uma fazenda-escola para órfãos e meninos abandonados e ou sem trabalho afirmava:

> "Nas nossas mãos temos um paliativo, senão um remédio, para os males que possam cair sobre a agricultura: temos os meninos do país, que podem

tornar-se excelentes obreiros, bons agricultores; temos todos esses crioulinhos libertos..." (Lima e Venâncio, 1992, p. 72).

O peso desta história até hoje nos pesa. Ao crioulinho, ao moleque, à criança pobre, em suma, ao *menor*, não resta senão vender muito cedo sua força de trabalho, não resta senão uma "infância-curta", pois histórica, ideológica e economicamente está destinado, através do trabalho precoce e desqualificado, à reprodução da situação de exclusão vivida pelos pobres no Brasil desde a Colônia.

Referências bibliográficas

ARIÈS, Philippe. *História social da criança e da família*. 2. ed. Rio de Janeiro: Editora Guanabara, 1981.

GIACOMINI, Sonia Maria. *Mulher e escrava*. Petrópolis: Vozes, 1988.

MARCÍLIO, Maria Luiza. A Irmandade da Santa Casa de Misericórdia e a assistência à criança abandonada na história do Brasil. In: *Família, mulher, sexualidade e igreja na história do Brasil*. São Paulo: Loyola, 1993.

MONCORVO FILHO, Arthur. *Histórico da proteção à infância no Brasil*. Rio de Janeiro: Empresa Gráfica, 1926.

RUSSEL-WOOD, A. J. R. *Fidalgos e filantropos*: A casa de Misericórdia da Bahia — 1550-1755. Brasília: Universidade de Brasília, 1981.

______. As Santas Casas de Misericórdia. *Revista Humanidades*, Brasília, UnB, v. II, n. 9, out./dez. 1994.

PARTE 3

O menor filho do Estado. Pontos de partida para uma história da assistência pública à infância no Brasil

Capítulo V

Meninos desvalidos e menores transviados: a trajetória da assistência pública até a Era Vargas

*Irma Rizzini**

Com a instauração do regime republicano no país, os debates e as práticas assistenciais dirigidas à infância desvalida assumiram novas configurações? A resposta não é tão simples. O teor das discussões e os modelos institucionais não foram criações deste período, na medida em que diversos segmentos da intelectualidade urbana do Brasil imperial se envolveram com o tema da educação das crianças desvalidas, dos filhos das escravas e mesmo dos índios. Instituições de caráter educacional e/ou assistencial surgiram de norte a sul do país, ao longo do século XIX, como as Casas/Institutos de Educandos Artífices, as colônias agrícolas, o Asilo para Meninos Desvalidos no Rio de Janeiro, os recolhimentos e asilos para meninas e meninos órfãos/desvalidos, entre outras iniciativas.

O que há de novo nos horizontes assistenciais da República? Em primeiro lugar, um ardoroso combate a práticas identificadas com o atraso, como o enclausuramento junto aos adultos dos chamados menores vadios, vagabundos, viciosos e delinquentes, todos apreendidos pelas ações policiais de "limpeza" das ruas das cidades.[1]

---

* Universidade Federal do Rio de Janeiro / Faculdade de Educação.

1. Desde a criação da chefia de polícia no século XIX até a instalação dos juizados de menores a partir da década de 1920, coube à instituição policial a apreensão de menores nas ruas. A respeito ver Schueler, Rizzini, 2007 e Vianna, 1999.

Em seguida, as críticas ao caráter de clausura destes "depósitos", sem as finalidades de regeneração, recuperação e reeducação dos internos, que os tornassem úteis à sociedade. O ideário da introdução de noções de cunho cientificista nas instituições que atendiam a essa população tornar-se-á uma bandeira de luta nas décadas seguintes, encabeçada por autoridades e reformadores de grande notoriedade na época, como por exemplo, Ataulpho de Paiva, Mello Mattos, Evaristo de Moraes, Franco Vaz, Moncorvo Filho, Lemos Britto e outros. Este capítulo tem como fontes principais de pesquisa as publicações de autoridades públicas na área da infância e da juventude, a legislação e a produção institucional de órgãos jurídicos e assistenciais.

A República e a caridade oficial

No período inicial do regime republicano, a assistência pública à infância foi qualificada por seus críticos como uma espécie de "caridade oficial". A expressão é de Ataulpho de Paiva (1903), que a utilizou em um sentido pejorativo, denunciando o estado da assistência pública, caracterizada pela dispersão, pela desorganização, pela "duração efêmera e de efeitos inteiramente nulos", de vez que não havia um "rígido controle" sobre os seus rumos (op. cit., p. 16).

Essas críticas à assistência oficial se repetem em todas as suas publicações sobre o tema, ao longo do período, que vai de 1903 a 1922. Em 1903, o magistrado, Juiz do Tribunal Civil e Criminal, via no que ele designou de "assistência mal praticada", a produção de efeitos nefastos, tais como a degenerescência da raça (p. 16). E não estava sozinho na sua luta. Rivadávia Correia (1903), na mesma publicação, combateu a assistência que incitava a preguiça, o parasitismo e a vadiagem (p. 80). Duas décadas depois, Paiva (Município do Rio de Janeiro, 1922, p. 2) conclui, uma vez mais, que o governo federal e a municipalidade "quase nada têm feito que mereça aplausos". Referindo-se à assistência como um todo, denuncia:

> (...) "os trabalhos de assistência são executados em fragmentos, parceladamente, sem o rigor do método, sem a cooperação eficaz, sem a organização inteligente dos auxílios recíprocos e dos resultados compensadores."

Esta "assistência mal praticada" era, por sua vez, percebida como produtora de efeitos nefastos, tais como a "degenerescência da raça" (Paiva, 1903, p. 16), o incitamento à "preguiça", ao "parasitismo" e à "vadiagem", fatores que "anarquizam a sociedade" (Correia, 1903, p. 80). A influência das ideias higienistas e eugênicas nas discussões é inequívoca e marcante.[2]

A assistência oficial durante esse período orientava-se pela tradição das práticas caritativas, constituindo-se a partir da criação de instituições do tipo asilar, a despeito dos clamores pela especialização do atendimento. Ao longo das duas primeiras décadas da jovem República, surgirão os *reformatórios* e as *escolas premonitórias* e *correcionais*, para onde serão distribuídos os "menores abandonados e viciosos". Essas denominações substituindo o termo *asilo* indicam mudanças na concepção da assistência, destinada, agora, a prevenir as desordens e recuperar os desviantes.

As colônias correcionais

Instituições para o recolhimento dos indesejados das cidades foram criadas poucos anos após a instauração da República, atendendo a políticas repressivas, que desconsideravam as discussões nacionais e internacionais sobre o atendimento especial e especializado aos chamados *menores*.

Em 1893, o governo republicano adotou uma primeira medida para isolar os "vadios, vagabundos e capoeiras", promulgando o Decreto n. 145, de 11 de julho de 1893. Este autorizou o governo a fundar uma colônia correcional, "para correção pelo trabalho" dos acima citados. Independente de sexo e idade, o que incluía menores e mulheres, seriam recolhidos indivíduos que, não estando sujeitos ao poder paterno, não tivessem meios de subsistência, a "vagarem pela cidade na ociosidade" (art. 2º).

Em 1902, a disposição do governo em criar colônias correcionais para resolver o problema da vadiagem no Distrito Federal foi reforçada pela aprovação da Lei n. 947, de 29 de dezembro de 1902, que "reforma o

---

2. A respeito do interesse médico pelo tema da infância e das instituições educacionais/assistenciais, ver Gondra (2004) e Rizzini (1993).

serviço policial no Distrito Federal". Nesta, empregou-se a categoria dos "menores viciosos", que, julgados como tais, deveriam ser internados nas colônias correcionais. Tratava-se de uma categoria muito ampla, na qual se incluíam os menores inculpados criminalmente, que tivessem agido "sem discernimento", bem como aqueles que, "por serem órfãos ou por negligência", fossem "encontrados sós na via pública" (art. 7º).

Assim, podemos constatar que nas primeiras iniciativas do governo republicano predominava a pauta repressiva, para a qual a orfandade e a pobreza justificavam a apreensão do menor. Apesar disso, alguns ideais da assistência "científica" já se encontravam na lei, que previa a reabilitação do indivíduo e a separação dos internos por classes, segundo a causa do recolhimento, o sexo e a idade. Outra inovação da lei, e das mais notáveis, consistiu em legitimar a intervenção do Estado na vida privada (dos pobres), sobrepondo-se à autoridade paterna, quando se trata do internamento de menores.

> O pai, tutor, parente ou pessoa em cujo poder, guarda ou companhia esteja o menor, não poderá obstar a internação deste na colônia, ordenada pela autoridade competente (art. 8º).

Uma vez internado, no entanto, o menor deveria permanecer na colônia até os 17 anos, cabendo exclusivamente ao Juiz de Órfãos o poder de sustar a internação.

Em decorrência da lei, foi instalada em 1903 a Colônia Correcional dos Dois Rios, na Ilha Grande. De acordo com o Decreto n. 4.753, de 28 de janeiro de 1903, a Colônia deveria receber "menores viciosos" em seção separada, a partir dos 9 anos de idade. Um ano após sua fundação, a Colônia foi visitada por uma Comissão especial de "altos magistrados e membros do Ministério Público". Estes voltaram impressionados com a promiscuidade entre detentos adultos, os menores e as mulheres — "abuso que assumiu largas proporções" e se manteve através dos anos. Em 1912, o Ministro da Justiça resolveu pessoalmente fazer uma inspeção à ilha, com ampla repercussão na imprensa da capital (Paiva, 1916, p. 151). Em 1913, Ataulpho de Paiva (1916) concluía que "tudo ali foi mal começado, muito mal continuado até o momento atual" (p. 150).

Debaixo de duras críticas provenientes de juristas, médicos e autoridades que se ocupavam da questão da assistência na época, a Colônia foi extinta em 19 de dezembro de 1914 pela Comissão de Finanças da Câmara dos Deputados, com destacada atuação do jornalista e parlamentar Felix Pacheco, que acompanhava o caso (Paiva, 1916, p. 151). Ao que parece, no entanto, a Colônia tinha uma curiosa capacidade de sobreviver às tentativas de extinção. Uma referência de Evaristo de Moraes em 1921, nos seus "Ensaios de Patologia Social", demonstra que ela continuava existindo e com os mesmos problemas apresentados desde o início de seu funcionamento, aos quais se acrescentara, ainda, o uso da instituição como "medida de correção familiar":

> (A Colônia Correcional dos Dois Rios) "é um estabelecimento inqualificável, mantido sob absurda direção da Polícia, e no qual se misturam, em inevitável promiscuidade: condenados adultos, de ambos os sexos; menores também condenados; outros por ilegal medida de correção familiar" (p. 33).

No Regulamento da Escola de Quinze de Novembro (14/5/1923), a Colônia surge como instrumento coercitivo e punitivo, quando se prevê a "remoção para a seção de menores da Colônia Correcional dos Dois Rios, ou transferência para outro estabelecimento, nos casos de reincidência em faltas graves, e provada a impossibilidade de modificar o educando a sua conduta, notoriamente má" (Decreto n. 16.037, cap. II, art. 70, XII).

Desse modo, a Colônia, instalada numa ilha, atendia às finalidades de sanear a cidade e isolar os indesejáveis. Ao mesmo tempo, no entanto, agredia os novos ideais da assistência, para a qual a promiscuidade e a ociosidade eram qualificações intoleráveis. Segundo Lemos Britto (1959, obra publicada em 1929), somente com a aprovação do Código de Menores em 1927, a Colônia deixou de receber menores.

Também na Bahia, algumas autoridades abraçaram a ideia da criação de colônias correcionais para abrigar os enjeitados da cidade. Essas tentativas foram, no entanto, infrutíferas, devido à "falta de recursos", como registra Lemos Britto, em 1916. O primeiro projeto de lei, neste sentido, foi de 1895, sendo seu autor o deputado Lellis Piedade. O Projeto (n. 169, de

25/4/1895), à diferença do aprovado no Rio de Janeiro, dois anos antes, determinava a criação de duas colônias correcionais, uma para "adultos" e outra para "meninos". A segunda receberia "menores criminosos, vagabundos, órfãos ou miseráveis, entregues por seus pais" (Britto, 1959, p. 87).

Duas décadas depois, continuava-se a lutar pelas colônias correcionais, agora sob a ótica do "aproveitamento das energias produtivas desses desocupados, através da instalação de uma colônia correcional, industrial e agrícola", conforme pleiteava o Chefe de Segurança Pública da Bahia, Álvaro Cova, em seu relatório de 1912 (Britto, 1959, p. 31, obra de 1916).

As "instituições apropriadas" para menores: mantêm-se a "fórmula dos asilos e dos recolhimentos"

Já no início do século, era amplamente aceita a ideia de que os menores deveriam ser educados em "instituições apropriadas". Assim, por exemplo, Franco Vaz (1905) refere-se a discurso do então presidente da República Rodrigues Alves (1902 a 1906) invocando sua

> [...] "clara percepção de que numa cidade moderna e saneada era preciso também uma população expurgada de seus piores elementos (...) era urgente e indispensável reprimir a vagabundagem, o vício e o crime com a criação de colônias correcionais, preservando ao mesmo tempo, a mocidade que para aquele se dirigia, por meio d'uma educação em *instituições apropriadas*." (p. 89) [Grifo nosso]

Apesar das críticas às instituições de internamento até então existentes de que não promoviam a educação da criança e sua preparação para o futuro, a "fórmula dos asilos e dos recolhimentos", como tal, não era condenada.

> "Claro está que não é a *fórmula dos asilos e recolhimentos* o que se combate e se condena. Dez vezes multiplicado o número dessas instituições, ainda assim, ele não seria bastante para as necessidades prementes" (Município do Rio de Janeiro, 1922, p. 4; grifo nosso)

Valendo-se de um relatório de Franco Vaz sobre a Escola Premonitória 15 de Novembro, elaborado em 1912, Ataulpho de Paiva (1916) clama pela criação de outras instituições do gênero, destacando a trágica situação educacional da cidade.

> "E com razão pondera, ainda, que é preciso não esquecer que essa instituição já não basta por si só, necessitando que se criem outras congêneres, para dar vazão à grande massa de crianças desprotegidas de uma cidade cheia de analfabetos, onde o ensino e a educação são muito descurados, onde a massa ignorante é muito densa e que conta um milhão de habitantes" (p. 147).

Da mesma forma, Evaristo de Moraes (1921), figura importante da "campanha tenaz" pela proteção à infância, lutava pela criação de novas "escolas e recolhimentos" pelo governo. O jurista denunciou a situação em que se encontravam as "menores" vítimas da prostituição, as quais não podiam ser "arrancadas a conhecidíssimos prostíbulos", porque não havia asilos para recebê-las (ibidem). Esse clamor dos idealizadores da assistência não deve ser interpretado como uma defesa incondicional do modelo do internato. O atendimento realizado, até o início do século, pelos asilos de caridade foi alvo de inúmeras críticas por não corresponder ao novo ideal dos "princípios científicos", no tratamento dos menores. O médico Moncorvo Filho (1926) expressou de maneira inequívoca a indignação vigente contra essas "instituições condenáveis", onde crianças eram "educadas no carrancismo de uma instrução quase exclusivamente religiosa, vivendo sem o menor preceito de higiene, muitas vezes atrofiadas pela falta de ar e de luz suficientes" (p. 134).

A crítica mais contundente aos asilos não partiu, como era de se esperar, de médicos, juristas ou educadores, mas do engenheiro André Rebouças. Rebouças publicou, em 1889, uma obra sobre assistência à infância, com duras críticas aos pilares que até então sustentavam o atendimento institucional: "ordem", "autoridade", "comando", "rigor militar", "obediência passiva", "humilhante e depravadora doutrina da religião" (p. 10). Tais críticas o colocam à frente dos autores de sua época, os quais, empenhados na análise destas instituições, não tocavam nas questões do poder e da ordem disciplinar, avassaladoras nos asilos para pobres e indigentes.

O autor segue a tendência que desponta na época da crença incondicional nas vantagens ilimitadas do uso dos princípios científicos na assistência, ao eleger a "Moral Nova", a "Moral Científica", a "Moral Raciocinada" como a melhor orientação para os asilos. Entretanto, destoa dos seus contemporâneos ao opor radicalmente a ciência contra a religião, descrita por ele como o "freio do povo, na exploração dos fracos, das crianças e das mulheres" (p. 8 e 10).[3]

O modelo de atendimento almejado, cuja formulação datava do século XIX, estava calcado na razão científica, a qual pressupunha objetivos, um método de trabalho e resultados palpáveis, que juntos, constituíam o "maquinismo da assistência" (Britto, 1959, obra de 1929). O método preconizava uma organização do atendimento institucional nos seus diversos aspectos, como a distribuição da clientela, segundo uma classificação baseada em inúmeros, e cada vez mais complexos critérios, entre eles, o motivo da internação, a inteligência, as aptidões e o caráter do menor, a ocupação criteriosa do espaço e do tempo dos internos, conforme descrição do juiz de menores do Distrito Federal, Sabóia Lima (1937). O atendimento institucional deveria favorecer a "observação continuada e individual" dos menores, o seu tratamento, que poderia ser de regeneração ou preservação, tendo por meta incutir o "sentimento de amor ao trabalho" e uma "conveniente educação moral" (Regulamento do Abrigo de Menores, Decreto n. 16.444 de 2/4/1924), cap. III, seção II, art. 17, item VIII).

O trabalho era, neste sentido, o único instrumento capaz de tornar o menor desvalido, um indivíduo válido para a sociedade. O resultado que se esperava desse atendimento era, portanto, a produção de "homens úteis e válidos", capazes de contribuir para a "prosperidade da nação" (Britto,

3. Na República, o ensino da religião era proibido pelos regulamentos dos estabelecimentos oficiais. Lemos Britto (1959), diretor da Escola 15 de Novembro, no período de 1926 a 1930, questionou o fato, em 1929, preocupado com a transformação dos internos em "homens sem religião" (p. 477). No Quinto Congresso Pan-Americano da Criança e no seu "Relatório de 1926", o Diretor defendeu a instrução religiosa para a "classe dos abandonados e recolhidos do Estado", que pela sua vida pregressa e pouca idade não haviam tido a oportunidade de abraçar uma religião (p. 478). A luta de Lemos Britto não foi em vão: no seu relatório dos anos de 1937-38, o juiz de menores do Distrito Federal Sabóia Lima (1939), registra que o ensino religioso fora restabelecido em todos os estabelecimentos de amparo à infância abandonada, visando à "preservação moral da infância" (p. 40).

1959 [1929], p. 483-484). A formação de um operariado tornou-se necessária para atender à demanda incipiente de industrialização da economia. Neste cenário, a colocação mais elevada que o "menor" podia almejar era a de operário, tendo como mediadora nesta engrenagem idealizada pelos planejadores, a instituição de preservação ou de reforma.

O Regulamento da "Escola Correcional Quinze de Novembro", de 1903 deixava bem claro o seu prospecto para os internos:

> "Sendo a Escola destinada a *gente desclassificada*, a instrução ministrada na mesma não ultrapassará o indispensável à integração do internado na vida social. Dar-se-lhe-á, pois o cultivo necessário ao exercício profissional" (Regulamento de 2/3/1903, Tít. I, cap. I, art. 3º; grifo nosso)

O novo regulamento da Escola, aprovado em 14/5/1923, mantém a determinação, com uma atenuante para aqueles que "revelarem dotes superiores", aos quais era oferecida a oportunidade de ingressar em estabelecimentos de ensino secundário ou artístico, custeado pela União. A instituição recebeu denominações diferentes ao longo de sua história, oscilando entre a pauta repressiva e a finalidade preventiva, como Escola *correcional, premonitória e de preservação*.

Além do aprendizado de uma profissão, o trabalho era valorizado como um instrumento disciplinador do corpo e da mente, fator cuja importância é ressaltada por Lemos Britto e, também, por Sabóia Lima (1937):

> "O trabalho é necessário, como poderoso meio de disciplina e regeneração. Com a atenção presa ao trabalho, os menores desviam seu pensamento de coisas que podem prejudicá-los; é necessário, porém, que esse trabalho esteja de acordo com suas aptidões. Não sendo assim o trabalho constitui um suplício, que revolta, em vez de educar. Causa pena ver-se no campo, de enxada à mão, menores delicados, aptos para serviço mais brando" (p. 113).

Na primeira década do século XX, os governos de diversos estados da federação empreenderam uma política de criação de instituições para atender às categorias de menores que vinham se definindo com mais clareza: os *abandonados*, os *moralmente abandonados* e os *delinquentes*. Destacamos, a titulo de exemplo, três iniciativas: a Escola Quinze de Novembro, no Rio de Janeiro (1903), o Instituto "João Pinheiro", em Minas Gerais (1909) e o Instituto Disciplinar, em São Paulo (1902). Em Salvador, criou-se, em 1900, a Escola Correcional da Bahia, desqualificada por Lemos Britto, porque "no acanhado de seus recursos e de seu plano, não correspondia a seus fins" (1959 [1916], p. 88).

As duas primeiras foram, em períodos diferentes de sua história, consideradas instituições modelares. A Escola Quinze de Novembro sofreu duras críticas, em 1905, por parte de Franco Vaz, em relatório encomendado pelo então Ministro da Justiça e Negócios Interiores José Joaquim Seabra, sobre a situação da "infância abandonada", no Brasil e em outros países. A avaliação que fez da instituição correspondia a aspectos amplamente condenados, no Brasil e no exterior, com relação à educação da infância, que deveria ser orientada pelos bons hábitos higiênicos e disciplinares. O autor não deixou de anotar o desrespeito ao regulamento que algumas de tais práticas implicavam:

— Organização puramente de caserna, vivendo os educandos na "mais absoluta promiscuidade, com refeitórios, alojamento etc., em comum".
— Insuficiência do ensino prático profissional, com poucas opções e restrito a poucos alunos (somente 30 dos 173 internos frequentavam as oficinas em 31/12/1904).
— Condições insatisfatórias de higiene e vigilância sobre os internos, com leitos demasiadamente aproximados.
— Envio de menores, por parte de seus protetores, com pai e mãe vivos e em condições de educá-los.
— Menores delinquentes convivendo com menores não-delinquentes.
— Inexistência do ensino agrícola, pois os parques de cultura não foram criados (Vaz, 1905, p. 195).

Em 1910, o mesmo Franco Vaz, agora como diretor, reorganizou a Escola, a começar pela elaboração de um novo regulamento (8/9/1910), com ênfase na aplicação rigorosa do ensino profissional, conseguindo, dessa maneira, "organizar uma instituição recomendável em todos os sentidos, que seria mesmo modelar, se as autoridades atentassem cuidadosamente nesse e noutros problemas de relevância social" (Paiva, 1916, p. 147).

Os dados disponíveis sobre o Instituto "João Pinheiro", fundado pelo governo de Minas em 1909, encontram-se em relatório organizado pelo seu diretor, Leon Renault, e publicado pela Imprensa Oficial do Estado em 1930. Do relatório, constam inúmeros pareceres elogiosos sobre o Instituto, provenientes de autoridades do país inteiro que o tinham visitado; da imprensa, sobretudo mineira; e de pais e ex-alunos, que mantinham correspondência com o diretor.

De acordo com Renault (1930), o Instituto "João Pinheiro" foi uma instituição pioneira no atendimento de "menores carecedores do socorro público" (p. 163). Correspondia, além disso, aos anseios da sociedade da época pela criação de instituições funcionais, disciplinadas e disciplinadoras, regidas pelos cânones da assistência "científica", sendo sua clientela constituída por "menores abandonados material ou moralmente: órfãos, crianças, cujos progenitores foram privados do pátrio-poder, ou cujos pais, pela sua situação de indigência, não possam cuidar da educação dos filhos" (ibidem).

Com o objetivo de regenerar os "inadaptados" e prevenir as "faltas", a instituição recorria ao tratamento "preventivo ou regenerativo", compreendendo "educação física, moral, cívica, intelectual e profissional" (Renault, 1930, p. 164). Esta última consistia na formação agrícola-industrial, muito elogiada por todos, inclusive pelos ex-internos. Do ponto de vista organizacional, o Instituto mantinha uma dinâmica de funcionamento não encontrada em nenhuma outra instituição do gênero, no país. Ele almejava ser uma "República Escolar", pautada no modelo político da nação, onde os lemas "trabalho", "honra", "disciplina" e "justiça" pudessem sobrepor-se à "corrupção", aos "vícios", à "suntuosidade" e a "burocracia" (op. cit., p. 157).

A organização do espaço interno era considerada ideal, por favorecer o regime familiar. Ao invés de grandes dormitórios, havia pavilhões, divididos em aposentos, cada um dos quais era ocupado por um grupo de três alunos. Em cada pavilhão morava um chefe, a esposa e os filhos, constituindo, com os alunos, um "núcleo doméstico". O diretor e sua família residiam em um pavilhão especial (op. cit., p. 164). Os alunos participavam da administração dos aposentos (municípios), dos pavilhões (estados) e do instituto (República). O presidente da República era o diretor, apoiado por três Ministros menores, eleitos pelos colegas. Esses Ministros — da Fazenda, da Justiça e do Exterior — auxiliavam nas contas da casa, fazendo compras e pagamentos; no "policiamento da instituição" e nos "julgamentos de menores", que tivessem cometido faltas; e na recepção dos visitantes, bem como na "propaganda no Estado" (op. cit., p. 28).

A experiência do Instituto, mesmo contando apenas com o relato de seu diretor, é interessante para uma reflexão sobre os rumos do atendimento oficial à infância. A questão que surge de imediato é: se o modelo idealizado e testado no Instituto "João Pinheiro" era um exemplo para o país em termos de eficácia e harmonia, porque não foi amplamente divulgado e adotado em outros estados? Algumas suposições podem ser apontadas:

> — um modelo baseado na harmonia de interesses, sem levar em conta as diferenças, onde as soluções encontradas para se debelarem os comportamentos indesejáveis, como o furto e a fuga, tendiam a escamotear o surgimento de conflitos ameaçadores à ordem institucional;[4]
>
> — um modelo que implicava em gastos que os governos não estavam dispostos a assumir, apesar das cobranças que os Poderes Públicos vinham sofrendo, desde o início do século, em prol do incremento da assistência pública à infância;
>
> — a ideia equivocada de que a sociedade estava preparada para receber estes jovens de braços abertos, após longos anos de preparação para ocupar um lugar na vida social. O fato de a maior parte do ex-internos não terem se empregado em atividades agrícolas, ênfase da formação profissional dos alunos, é revelador da enorme distância existente entre a sociedade idealizada pela República Escolar e a realidade encontrada fora da instituição.[5]

---

4. Aos "inadaptáveis", o regulamento do instituto previa a "exclusão" e sua devolução aos tutores ou juízes de órfãos (Renault, 1930, p. 165).

5. Dos 67 casos de ex-alunos apresentados pelo diretor, somente 21 estavam empregados em "serviços agrícolas", ou seja, 31,34%.

O **Instituto Disciplinar**, criado em 1902 pelo governo do Estado de São Paulo, se destinava a receber os menores considerados delinquentes, vadios e viciosos (Goulart, 1912), uma clientela que sempre representou (e até hoje representa) um verdadeiro problema para as políticas públicas dirigidas à infância. A proposta original previa a criação do Instituto Educativo Paulista, cujo projeto foi apresentado à sessão legislativa de 9 de maio de 1900, na Câmara dos Deputados de São Paulo, pelo deputado Candido Nogueira Motta (1909). O Instituto, designado de "correcional, industrial e agrícola", disporia os internos em celas individuais, distribuídos em três classes, segundo o merecimento. Os menores criminosos de até 14 anos ficariam na primeira classe, isolados. Os outros poderiam mudar de classe, conforme sua evolução. Nenhum menor poderia ser mantido preso na cadeia. Segundo Candido Motta (1909), o projeto foi aprovado na Câmara, sendo, no entanto, bastante simplificado no Senado, por ocasião de sua transformação na Lei n. 844 de outubro de 1902. Pelo relato de Braulis Goulart (1912) em tese apresentada à Faculdade de Medicina do Rio de Janeiro, constata-se que o Instituto não passou de mais um depósito para os indesejáveis da cidade saneada.

> "(Os menores) vivem em inteira promiscuidade, porque, infelizmente a deficiência do edifício torna impossível qualquer seleção" (p. 75).

Na Bahia, a situação não era outra. Em 1916, Lemos Britto defendia a criação de colônias correcionais especificamente para menores. À época, os menores criminosos eram internados na Penitenciária ou na Casa de Correção, que o autor chama de a "Casa dos Mortos", inspirado em Dostoiewsky. Os menores "de cambulhada com a ralé do vício" e as menores e mulheres condenadas eram recolhidas à Casa de Correção, "prisão infecta e sem luz", um "ultraje de pedra à cultura da Bahia" (1959 [1916], p. 31 e 89).

Não tardará para que a propalada eficácia das escolas e reformatórios fosse questionada, inclusive por seus mais ativos empreendedores. Já em 1929, Lemos Britto (1959) acusou as dificuldades da "vida do internato" e os obstáculos que os egressos destas instituições enfrentavam devido à falta de amparo fora dos seus muros.

> "É fácil de conceber o que será a vida para os que saiam dos internatos sem parentes e sem amigos, se não encontram uma instituição capaz de ampará-los. (...) É preciso convir que a vida do internato, se pode desenvolver as qualidades da inteligência ou do caráter do menor, não lhe dá a coragem, a força de vontade, o espírito de iniciativa, o autogoverno indispensáveis à vitória quando lançado em plena batalha" (p. 565).

Modelos de assistência pública segundo médicos e juristas

Personagens importantes da época, como Ataulpho de Paiva, Moncorvo Filho e Franco Vaz, entre as décadas de 1900 e 1920, propuseram em suas publicações e discursos modelos de assistência pública à infância, inspirados nas experiências estrangeiras, que tomavam contato através dos congressos e das publicações internacionais. De um modo geral, os projetos para organização da assistência pública começaram a circular através dos impressos no início do século XX, mantendo propostas semelhantes ao longo de três décadas. A ênfase recaía sobre dois aspectos: a centralização dos serviços, o controle do Estado sobre os mesmos e a aliança dos setores públicos e privados na execução do atendimento.

Em 1903, Ataulpho de Paiva referia-se à falta de controle e à dispersão dos recursos do governo. Confiante, afirma que "é pensamento do governo criar um instituto que aproveite os elementos esparsos da caridade privada ou oficial e lhes imprima sistemática direção com inteira garantia dos fins a que eles se destinam" (p. VIII). Em 1922, o médico Moncorvo Filho continuava a insistir na "ideia da imperiosa e urgentíssima necessidade da organização da nossa assistência pública", cuja existência, até então, se resumia a "movimentos dispersivos, levados a efeito sem uma orientação harmônica, sem uma diretriz" (...) (p. 9).

A descentralização da justiça e dos serviços públicos foi instituída pelo governo republicano, que tratou de implantar a federação. Esta converteu as Províncias em Estados autônomos, com o direito de decretar a sua própria constituição e eleger os seus próprios governos (Oliveira, 1986,

p. 26). Críticas a este sistema não tardaram a surgir. Cândido de Oliveira, na década de 10, por exemplo, considerava este "o mais formidável golpe desferido contra a unidade da legislação pátria, senão contra a homogeneidade brasileira, cuja fragmentação era assim oficialmente consignada" (ibidem). Na mesma época, Correa Bittencourt, formulava críticas ferrenhas à descentralização dos serviços de higiene, que teve lugar com o advento da República, afirmando:

> "O atual regime sanitário é a anarquia organizada, como quase tudo nesta República. Em lugar de um sistema homogêneo, obedecendo a um centro diretor, contamos hoje vinte organizações diferentes nos estados e mais duas nesta cidade, cada uma das quais em uma órbita diversa, sem um centro de gravidade" (op. cit., p. 207).

Na assistência à infância, o quadro era parecido. Havia, nas grandes capitais do país, instituições públicas e privadas com subvenção governamental, atendendo à infância necessitada, basicamente em internatos, sem qualquer controle centralizado dos serviços e do uso das verbas. Em suas publicações, Ataulpho de Paiva (1907) dedicou com veemência à defesa da "intervenção direta e desassombrada do Estado", de modo a promover a "centralização e a uniformidade dos serviços em um órgão bem definido" (p. 26). Além da centralização dos serviços, a aliança entre os esforços dos poderes públicos e das iniciativas particulares era bastante valorizada, nas propostas de criação de serviços de assistência pública.

A aliança entre o público e o privado interessava aos dois lados. O Estado passaria a intervir em uma área que sempre estivera à parte — a "assistência social" — controlando o uso do dinheiro proveniente de fontes públicas, como as subvenções dadas às instituições privadas. Além disso, a utilização dos recursos privados desonerava o erário público, como bem lembrava Ataulpho de Paiva em 1922. Em contrapartida, a beneficência privada passava a ter acesso aos recursos governamentais, desde sempre escassos e cobiçados.

Em 1889, voltando de um Congresso, em Paris, Ataulpho de Paiva trouxe consigo a ideia da criação do "Ofício Geral de Assistência", que já funcionava na França, com algum sucesso. Tal Ofício teria por objetivo uniformizar e sistematizar os recursos privados e oficiais, garantindo o seu uso mais adequado, mediante fiscalização, com a ressalva de que não se pretendia extinguir a "completa autonomia das associações e estabelecimentos já existentes" (Paiva, 1903, p. 2). O Ofício Geral de Assistência teria ainda a função de identificar e classificar os "realmente necessitados", para que apenas os "verdadeiros mendigos" fossem socorridos (Paiva, op. cit., p. 21).

As expectativas depositadas no Ofício eram ambiciosas — resolver os "problemas sociais" (Paiva, op. cit., p. V), principalmente as "causas geradoras do crime". O prefeito do Distrito Federal chegou a assinar o decreto de criação do "Ofício Geral de Assistência" (Decreto Municipal n. 441 de 26/06/1903), mas o órgão não chegou a existir na prática. No entanto, o decreto permitiu que a administração pública desse os primeiros passos rumo a um controle mais efetivo sobre as práticas assistenciais, pois determinou a organização da "história" e a da "estatística geral" de todos os estabelecimentos de caridade e assistência, públicos e privados.[6]

Foi este o espírito que presidiu a sua campanha em prol da criação de "asilos para a infância abandonada", fosse pelo Estado, fosse pela iniciativa privada, com a colaboração daquele e fiscalizados pelo "Oficio Geral de Assistência" (Vaz, 1905, p. 26). Na perspectiva de Franco Vaz (1905), tratava-se de "criar o maior número possível de instituições, visando preservar e reformar, conforme as circunstâncias, as crianças moralmente abandonadas, as que tenham delinquido, mas sejam consideradas sem discernimento e as que hajam infringido as leis penais, com a suficiente responsabilidade" (p. 214). Não se buscava somente fundamentar o poder do Estado em intervir na assistência aos necessitados, mas também em outra instituição percebida como corrompida: a família (popular). Exemplares, neste sentido, foram as propostas de Franco Vaz (1905), que, para diminuir o "exército de malfeitores", sugeriam aumentar o poder do Estado sobre a família, valendo-se para esse fim da retirada do direito de guarda dos

---

6. O levantamento foi realizado em 1913, sob a coordenação de Ataulpho de Paiva, e publicado em 1922, sob o título *Assistência Pública e Privada no Rio de Janeiro — História e Estatística*.

responsáveis, da perda do pátrio-poder e da obrigatoriedade do ensino primário, mediante punições severas pelo não cumprimento da lei.[7]

Alguns autores acreditavam que a inércia do Estado diante da questão se devia ao grande número de associações particulares de beneficência (Silvado, 1903). O próprio Ataulpho de Paiva (1907), referindo-se à disposição do país à caridade, ironizava a situação, afirmando que "o Brasil surgiu como um país, onde o problema da assistência se poderia julgar resolvido pelo avesso, isto é, pelo indivíduo e não pelo Estado" (p. 17). No censo das instituições de assistência social, que realizou, em 1913, sob encomenda da prefeitura do Rio de Janeiro, Ataulpho de Paiva relacionou mais de 500 estabelecimentos dirigidos à infância, à velhice, à mulher, aos estrangeiros e à mendicidade profissional. Em virtude disso, o jurista via no Brasil "a terra produtiva e fertilizante da filantropia e da caridade", embora "sob fórmulas rudimentares" (Município do Rio de Janeiro, 1922). Paiva, na introdução ao levantamento das obras assistenciais do Rio de Janeiro, mostrou-se um crítico do "nosso confuso e indistinto sistema de socorro público" (Município do Rio de Janeiro, 1922, p. 1) e um ardoroso defensor do incremento da ação oficial, submetida às "normas científicas e jurídicas" (op. cit., p. 11). Acusando as cadeias e as colônias correcionais de não serem "organizadas cientificamente", Ataulpho de Paiva recordava que "o direito à assistência é um direito social, isto é, um direito que não pode ter senão uma origem social". Para ele, "o Estado não pode ser somente um Estado de polícia, ou um Estado de direito, mas também, um Estado de cultura" (Paiva, 1907, p. 30).

Como seus colegas da área jurídica, o médico Moncorvo Filho (1922) defendia a centralização da atuação do Estado, através da "Assistência Pública Federal, repartição central em correspondência oficial e comunicação telefônica e telegráfica direta para a Capital Federal e todo o Brasil" (p. 10). O serviço proposto por Moncorvo Filho, entretanto, não se restringia à assistência realizada em instituições ("socorros coletivos"). Pretendia, através

7. As soluções apresentadas por Franco Vaz para solucionar o "problema da infância abandonada" foram republicadas em 1908 no Relatório Geral do Congresso Científico Latino-Americano, 5º tomo, Rio de Janeiro, Imprensa Nacional.

do que ele denominava de "socorros individuais", ter um "registro bem organizado dos pobres do Distrito em local a que pertencessem", para que recebessem "assistência médica em domicílio" ou o atendimento médico nos ambulatórios (idem, ibidem). A centralização dos serviços assistenciais oficiais só seria instaurada durante o regime do Estado Novo, que dissociou o atendimento ao *menor* e à *criança*, como veremos adiante.

A justiça de menores e a ação social do Estado

A criação do primeiro Juízo de Menores do país ocorreu no Rio de Janeiro em 1923, inaugurando uma nova era na assistência oficial. O Juízo de Menores do Distrito Federal estruturara um modelo de atuação que se manteria ao longo da história da assistência pública no país, funcionando como um órgão centralizador do atendimento oficial ao menor, fosse ele recolhido nas ruas ou levado pela família.

No Rio de Janeiro, este atendimento consistia na internação de menores "abandonados" e "delinquentes", nas poucas instituições oficiais existentes, nas instituições subvencionadas pelo governo federal e nas instituições particulares, que os juízes de menores passaram a contratar para receber menores encaminhados pelo Juízo, através do pagamento de um *per capita*.

O objetivo da internação era preservar ou reformar os menores apreendidos. E, com essa finalidade, os juízes, em seus relatórios ao Ministério da Justiça e Negócios Interiores, e nos artigos para a imprensa, defenderam com veemência a necessidade da instalação urgente de instituições de reforma e de preservação. Alegavam que o número de vagas disponíveis não atendia às necessidades do Juízo e que as instituições oficiais não correspondiam aos seus fins. Em artigo publicado pelo *Correio da Manhã* (8/2/1927), Evaristo de Moraes alude à precariedade da rede de atendimento com que o Juízo podia contar, revelando que o órgão era obrigado a recorrer às associações particulares não subvencionadas "para recolher centenas de menores".

Essa campanha não era nova. Outras autoridades, como Franco Vaz, Ataulpho de Paiva, Evaristo de Moraes e Moncorvo Filho, já vinham, há duas décadas, defendendo a criação de instituições específicas para o atendimento desta população. No entanto, os juízes tinham a seu favor a nova legislação, que previa medidas específicas para dar conta da "assistência e proteção aos menores abandonados e delinquentes" (Decreto n. 16.272 de 20/12/1923),[8] bem como a utilização das estatísticas do movimento do Juízo, que indicavam o aumento da demanda de internação. O uso de argumentos ditos científicos, para justificar a intervenção do corpo técnico do Juízo nessa população, passou a ser um recurso ao qual os juízes recorriam com frequência cada vez maior. Ao final do período, instaurado o Estado Novo, a "obra de salvação da infância" passou a justificar-se também pelo aspecto político da defesa nacional, visando afastar o perigo da "infiltração comunista na América" (Lima, 1937, p. 272).

O serviço de assistência e proteção à infância abandonada e delinquente

A primeira medida de organização da assistência à infância surgiu com a Lei Orçamentária Federal n. 4.242 de 5/1/1921, que criou o "Serviço de Assistência e Proteção à Infância Abandonada e Delinquente". A implementação desse "serviço" consistiu na fundação de duas novas instituições para menores, na ampliação da Escola 15 de Novembro e na nomeação de um "juiz de direito privativo de menores". A lei determinou a criação de um abrigo para o recolhimento provisório de menores de ambos os sexos e uma casa de preservação para menores do sexo feminino. Anexos à Escola 15 de Novembro, seriam construídos dois pavilhões para menores abandonados e delinquentes, visando à sua "modesta educação literária e completa educação profissional" (Lei n. 4.242, 1921, art. 3º).

Em 20 de dezembro de 1923, a lei foi regulamentada pelo Decreto n. 16.272, que "aprova o regulamento da assistência e proteção aos menores abandonados e delinquentes". Nas "disposições referentes ao Distrito Fe-

8. Ver capítulo "Crianças e Menores — Do pátrio poder ao pátrio dever: Um histórico da legislação para a Infância no Brasil", Parte I.

deral" foram tomadas algumas iniciativas, constituindo-se um serviço de assistência aparelhado para atuar, desde a apreensão do menor nas ruas, passando pela fiscalização dos estabelecimentos, até as visitas às famílias.

Assim, o decreto autorizava o governo a criar no Distrito Federal um Juízo Privativo dos Menores Abandonados e Delinquentes, "para assistência, proteção, defesa, processo e julgamento dos menores" (art. 37); um Abrigo de Menores; uma escola de preservação; e a dividir a Escola 15 de Novembro em duas seções, uma de reforma e a outra de preservação. Criou-se também, o Conselho de Assistência e Proteção aos Menores com a função de vigilância e proteção dos menores, fiscalização dos estabelecimentos de assistência e das fábricas e quando preciso, visitar os pais ou responsáveis, verificando a "situação moral e material do menor".

Em São Paulo, esse tipo de serviço foi criado em 31/12/1924, através da Lei n. 2.059, que autorizava a instalação do Juízo de Menores da Comarca da Capital e de um abrigo provisório. A lei foi regulamentada pelo Decreto Estadual n. 3.828 de 25/03/1925. Houve vozes dissonantes no meio jurídico, como a do então juiz de Direito da comarca de São Manoel (São Paulo), Joaquim C. de Azevedo Marques (1925, p. 11), ao criticar a nova legislação por ferir os "sagrados direitos de família" quando faculta à "autoridade competente" decretar a suspensão do pátrio-poder dos pais ou tutores e a apreensão dos menores considerados abandonados.

A definição de abandono no regulamento da assistência (Decreto n. 16.272, de 1923) era extensa e encobria, na verdade, uma tentativa de regulamentar a educação dos filhos das famílias pobres, já que se referia basicamente a situações vividas por crianças das camadas populares, tais como: não ter habitação certa; não contar com meios de subsistência; estar empregado em ocupações proibidas ou contrárias à moral e aos bons costumes; vagar pelas ruas ou mendigar etc. (op. cit., art. 2º).

A ação social do Juízo de Menores: a justiça assistencialista

No período que vai da criação do Juízo de Menores do Distrito Federal até o surgimento do SAM, em 1941, prevaleceu uma espécie de justiça assistencialista, termo utilizado por Araujo (1985) para caracterizar o forte cunho assistencialista/paternalista da sua atuação. Entre as funções do Juízo de Menores, prescritas pelo regulamento de 1923, estavam a assistência e a proteção aos menores abandonados e delinquentes. O juiz devia, neste sentido, "ordenar as medidas concernentes ao tratamento, colocação, guarda, vigilância e educação" dos mesmos (art. 28, III). Em entrevista ao jornal *A Noite* (Rio de Janeiro, 11/2/1924), Mello Mattos, considerado um "especialista da matéria", discorreu sobre o papel do Juiz de Menores, aprovando o "juiz singular e privativo", pois "sendo só, ele pode penetrar a individualidade do jovem inculpado (...), descer a fundo de sua consciência". Apesar de Mello Mattos ter concordado com o legislador na escolha de um juiz de direito, na medida em que ele teria de ocupar-se de questões jurídicas, ele acreditava que:

> "A obra do juiz é toda feita de proteção, vigilância, preservação, prevenção ou regeneração. A autoridade de que é investida apresenta um caráter tutelar, e sua ação é, sobretudo, preventiva".

Desde o início, o Juízo cuidou da execução do atendimento, em geral, determinando a internação de menores nas instituições oficiais e nas contratadas. Os convênios eram feitos com o Ministério da Justiça, através de subvenções, ou diretamente com o Juízo, mediante pagamento de uma quota mensal por interno. Apesar dos convênios, as vagas disponíveis revelaram-se insuficientes para alojar "toda uma multidão infantil apreendida", que abarrotavam os "asilos da caridade" (*Correio da Manhã*, Rio de Janeiro, 24/3/1927).

Assim, a demanda por internações cresceu, mantendo-se sempre em número superior à lotação dos estabelecimentos. Nos anos de 1937 e 1938, o Juízo de Menores do Rio de Janeiro tramitou 4.546 pedidos de internação, quando, nestes anos, a lotação dos estabelecimentos disponíveis não passava de 2.630 vagas. Em 1938, 1.626 menores foram considerados abandonados, mas só 678 foram internados. As delegacias recolheram 300 "menores das ruas", todos eles internados pelo então Juiz de Menores Sabóia Lima (1939, p. 531), que claramente deu prioridade a desafogar as ruas da cidade de um exército de crianças que usavam o espaço público para atividades consideradas inadequadas. A autoridade, no entanto, lembrava que a função do Juízo "não é só de internar menores". Entendia o "problema da criança" como sendo o "problema da família", o qual por sua vez era um "problema social". Desse modo, Sabóia Lima (1939, p. 15) atribuía ao Juízo a "função social" de proteção à família, obrigando os pais que abandonaram os filhos a contribuir com uma pensão a título de alimentos (desconto em folha). Além disso, cabia-lhe não criar obstáculos aos pedidos de tutela e guarda, sendo este um dos meios de oferecer ao "menor desvalido" um ambiente familiar, e autorizar o trabalho de menores, "impedindo a vadiagem e a ociosidade" e proporcionar recursos aos lares pobres.

A criação do Juízo de Menores não se restringiu à necessidade concreta de organizar e ampliar a assistência oferecida à infância desvalida. O Juízo nasceu após duas décadas de discussões sobre o papel do Estado na assistência aos infelizes, de protestos contra a falta de uma assistência pública no país e de cobranças da "intervenção direta e desassombrada do Estado", com base na "centralização e uniformização dos serviços em um órgão bem definido e bem normalizado da vida governamental de uma nação" (Paiva, 1907, p. 26).

Lemos Britto (1959 [1929]) também apoiava a "intervenção do Estado em beneficio da parte da comunhão carecedora". Entendia até que "a assistência é, sem contestação, um dos principais fins do Estado moderno" (p. 175). Não obstante a sua luta por um melhor aparelhamento dos institutos para menores, o então diretor da Escola 15 de Novembro pondera que os benefícios da assistência pública não poderiam ser excessivos, sob pena de se criar "uma classe de indivíduos a quem Mário D'Ambrósio chamaria de economicamente passivos" (p. 177). O autor concorda com o "filósofo britânico Herbert Spencer", de que a ilusão de benefícios imediatos "fez nascer nas massas a convicção de um direito à ajuda e à proteção que, em falhando, as conduz ao desespero e à revolução". Segundo Lemos Britto, Spencer teria previsto em 1906 "o advento do comunismo como consequência inevitável desse errado conceito de assistência" (p. 178).

Se o exagero da beneficência fazia emergir o fantasma do comunismo, a sua falta também era perniciosa, sobretudo com relação à criança.

Assistir à infância era, principalmente no Estado Novo, uma questão de defesa nacional. Em 1937, a convite da Liga de Defesa Nacional, o Juiz de Menores Sabóia Lima, falando sobre "A Criança e o Comunismo", na Academia Brasileira de Letras, sustentava que "é necessário cuidar da criança no sentido da defesa da pátria e da sociedade", já que "a criança é um dos elementos mais disputados pelo comunismo, para desorganizar a sociedade atual" (Lima, 1937, p. 266 e 267). Nesta conferência, Sabóia Lima citou o apelo feito por Getúlio Vargas aos governadores dos Estados, em prol da infância, no Natal de 1932.[9]

> (...) "nenhuma obra patriótica, intimamente ligada ao aperfeiçoamento da raça e ao progresso do país, excede a esta, devendo constituir, por isso, preocupação verdadeiramente nacional. Os poderes públicos, aliados à iniciativa particular e guiados pelo estudo atento e científico dos fatos, têm no amparo à criança, sobretudo, quanto à preservação da vida, conservação da saúde e ao seu desenvolvimento físico e mental, um problema da maior transcendência, chave da nossa opulência futura, principalmente na nossa terra, onde, mais talvez que nas outras, se acumulam fatores nocivos à formação de uma raça forte e sadia. O índice da mortalidade infantil é, na própria capital da República, só comparável ao das grandes cidades tropicais da África e da Ásia e no resto do país, as cifras são desoladoras. A hora impõe-nos zelar pela nacionalidade, cuidando das crianças de hoje, para transformá-las em cidadãos fortes e capazes" (p. 275).

Em seu discurso, Vargas expressava as grandes preocupações das elites da época com relação à assistência à infância, tais como a utilização de critérios científicos no atendimento, a aliança entre os setores público e privado, a defesa da nacionalidade, a vergonhosa mortalidade infantil das cidades brasileiras e a formação de uma raça sadia, de cidadãos úteis.

A problemática da constituição da raça adquiriu maior ênfase na década de 1920. Fundamentava-se teoricamente na eugenia, ou seja, no estudo

---

9. Circular dirigida aos Interventores nos Estados em 25/12/1932, e que segundo o médico Olinto de Oliveira, inspetor de Higiene Infantil, ficou conhecida como Mensagem de Natal. Publicada na íntegra nos anais da Conferência Nacional de Proteção à Infância, realizada em 1933, por iniciativa do "Governo Provisório" de Getúlio Vargas (Ministério da Educação e Saúde Pública, 1933).

dos fatores favoráveis à melhoria da raça e daqueles que provocam a sua decadência. Neste sentido, a Liga Brasileira de Higiene Mental, criada em 1923 pelo psiquiatra Gustavo Riedel, surgiu, inicialmente, para aperfeiçoar a assistência aos doentes. A partir de 1926, começaram a aparecer projetos voltados para a prevenção, a eugenia e a educação dos indivíduos (Costa, 1976, p. 32). Em 1925, Ernani Lopes, presidente interino da Liga, organizou um programa que incluía a criação de um consultório de eugenia, que responderia por escrito a consultas sobre "questões sexuais e profilaxia matrimonial" (Rizzini, 1993, p. 88). Um dos objetivos da Liga era propagar os novos ideais, o que era feito através de palestras e dos artigos da sua publicação periódica *Archivos Brasileiros de Hygiene Mental*. A influência das ideias higienistas e eugênicas nas discussões é inequívoca e marcante.[10]

A repercussão das ideias eugênicas nos meios assistenciais é evidenciada pelos textos dos autores da época, inclusive das autoridades do setor público, como os juízes de menores das décadas de 1920 e 1930. Na "relação de membros titulares" da Liga, aparecem diversos nomes conhecidos no círculo da assistência à infância. Na "seção de delinquência", Ataulpho de Paiva (desembargador da Corte de Apelação), Lemos Britto (advogado, jornalista e diretor da Escola 15 de Novembro no período de 1926 a 1930); na "seção de educação e trabalho profissional", Mello Mattos (Juiz de Menores); na "seção de Puericultura e Higiene Infantil", Moncorvo Filho (diretor do Instituto de Proteção e Assistência à Infância e do Departamento da Criança) e Nascimento Gurgel (professor de Clínica Pediátrica na Faculdade de Medicina); na "seção de Medicina Legal", Evaristo de Moraes (advogado) (Liga Brasileira de Hygiene Mental, 1925, p. 182).

A aproximação entre a assistência à infância e a eugenia está bem representada na afirmação do Juiz de Menores Sabóia Lima (1939, p. 503), "proteger a criança é valorizar a raça!". O objetivo eugênico aparece até nos estatutos de associações, como o Patronato de Menores, "associação de assistência e beneficência privada, destinada a amparar e proteger a infância desvalida, os menores abandonados, filhos de reclusos ou condenados à

---

10. A respeito do interesse médico pelo tema da infância e das instituições educacionais/assistenciais, ver Gondra (2004) e Rizzini (1993).

orfandade", fundada em 1908, no Rio de Janeiro, por dois desembargadores, então Juízes de Órfãos (Patronato de Menores, 1938, art. 14). Um dos seus fins era justamente "propagar as vantagens da eugenia, procurando, especialmente reconhecer e tratar a heredo-sífilis, as taras tuberculosa e nervosa, combatendo as verminoses" (op. cit., art. 3°, h). Mantido por subvenções públicas, o Patronato tinha uma atuação afinada com o Juízo de Menores do Distrito Federal recebendo em seus estabelecimentos, menores encaminhados pelo juiz e administrando estabelecimentos públicos, sob a fiscalização do Juízo.

Da mesma forma, contribuíram para a criação do Juízo os novos ideais de proteção e assistência à infância. A compreensão restrita ao ponto de vista da moral não era mais suficiente para abarcar o universo da infância abandonada e delinquente, em sua complexidade cada vez maior. Os especialistas passaram, então, a recorrer, com maior frequência ao entendimento científico da questão. Começaram, inclusive, a ampliar o leque desse campo, colaborando até no desenvolvimento de novas disciplinas, como foi o caso do Serviço Social.[11]

O próprio decreto (n. 16.272 de 20/12/1923) que instituiu o Juízo de Menores abriu uma brecha, embora tímida, à participação das ciências no atendimento de sua clientela. Assim, era tarefa do juiz "inquirir e examinar o estado físico, mental e moral dos menores", como também a "situação social, moral e econômica dos pais, tutores e responsáveis por sua guarda". Para tal, deveria contar com o auxílio de um "médico-psiquiatra" e seis "comissários de vigilância". Ao médico cabia "proceder a todos os exames médicos e observações dos menores" e "fazer às pessoas das famílias dos menores as visitas médicas necessárias para as investigações dos antecedentes hereditários e pessoais destes" (art. 41). Os comissários tinham incumbência de fazer as "investigações relativas aos menores, seus pais, tutores...", além da apreensão e vigilância de menores (art. 42).

O estudo do menor era praticado desde os primórdios do funcionamento do Juízo de Menores do Rio de Janeiro, como revela, em entrevista

11. A associação S. O. S. (Serviço de Obras Sociais), organizou na década de 30, com a colaboração do Juízo de Menores, um curso intensivo de Serviço Social, orientado pela então assistente técnica do Juízo, Maria Esolina Pinheiro (1939, 1985). O curso funcionava na sede do Juízo de Menores.

à *Gazeta de Notícias* (3/10/1924), o primeiro juiz de menores do país, Mello Mattos. Diante de "um menor abandonado, delinquente ou vítima de crime, mando depositá-lo em estabelecimento adequado, sujeitá-lo a exame médico-psicológico e pedagógico, e proceder a investigações sobre os seus precedentes, educação, modo de vida, situação social, moral e econômica da família, e tudo o que possa fazer-se conhecer a natureza, o caráter, a vida do menor e os meios em que ele tem vivido ou frequentou". O entrevistador recebeu do juiz um exemplar impresso dos questionários utilizados, considerando-os "de uma minuciosidade admirável, com perguntas a respeito de tudo o que possa concorrer para o pleno conhecimento da personalidade física, psíquica e moral do menor".

Em meados da década de 30, os serviços de observação, exame e investigação do menor passaram a ser realizados pelo Laboratório de Biologia Infantil, destinado a "fornecer as bases científicas para o tratamento médico-pedagógico da infância abandonada e delinquente" (Lima, 1939, p. 204). O Laboratório, criado por portaria do então Juiz de Menores Burle de Figueiredo, com autorização do Ministro da Justiça, passou a funcionar junto ao Instituto Sete de Setembro, antigo Abrigo de Menores. Coube-lhe, desde então, subsidiar o judiciário nas decisões a respeito do destino dos menores que, por abandono, delinquência, vadiagem, ou simplesmente pobreza, passavam pelo gabinete do juiz. O laboratório fazia os exames físico, mental e social, com o objetivo de investigar "as causas que levam a criança ao vício e ao crime, apurando a influência do meio e das taras hereditárias" (Lima, 1939, p. 549). Os processos de menores do período confirmam que o alvo principal dos examinadores do Laboratório era o grupo dos suspeitos de terem infringido as leis.

O Juízo de Menores de São Paulo tinha também o seu laboratório. Tratava-se do Instituto de Pesquisas Juvenis, cuja finalidade era efetuar "pesquisas e investigações referentes aos problemas pedagógicos e de reeducação da criança, que é estudada sob aspecto biológico e social, tendo ainda medidas e instituição de psicotécnica e de orientação profissional" (Lima, 1939, p. 535).

A atuação desses serviços auxiliares, que para Sabóia Lima (1939, p. 393) deviam ser chamados de clínicas, ora psiquiátricas, ora de orientação da criança e ora médico-pedagógicas, resultou de uma ruptura na forma de se conceber as causas da delinquência e do abandono. Após o domínio absoluto da causalidade moral, começaram a crescer, em importância, as causas psíquicas, físicas, sociais e econômicas, na explicação do desvio de comportamento do menor. Às causas morais, como os "maus costumes", a "frouxidão moral", o "enfraquecimento da autoridade familiar", juntaram-se os "distúrbios físicos e psíquicos", a "hereditariedade", o "urbanismo", o "industrialismo" e o "pauperismo" (Louzada, 1940, p. 25).

No processo de identificação das causas da sua conduta e/ou estado de abandono, o menor recebia um diagnóstico (ou "apreciação"), que definia a sua condição de indivíduo física e psiquicamente normal ou anormal. Auxiliado por esses exames técnicos, o Juízo atribuía ao indivíduo as causas de seu comportamento desviante, embora o discurso dos agentes reconhecesse a importância das causas sociais e econômicas da criminalidade. O diagnóstico (que não era somente médico, mas também psicológico), formulado por uma instituição que tinha o respaldo da ciência médica, como o Laboratório, legitimava, cientificamente, uma prática de exclusão e discriminação.

O desencanto: instituições para menores

O Juízo de Menores inaugurou uma política sistemática de internação em estabelecimentos criados ou reformados para atender a população específica dos menores material ou moralmente abandonados, e/ou delinquentes. No entanto, a estrutura organizada para receber esta clientela apresentava, desde seus primórdios, problemas, que o excesso de demanda só veio a aumentar. A demanda de internações era fomentada pelo próprio Juízo, que passou a recolher centenas de "menores das ruas" (Lima, 1939, p. 531), com a ajuda da polícia e da Delegacia Especial de Menores Abandonados, a partir de 1937.[12]

12. Em 1937, o chefe de polícia Filinto Muller, em colaboração com o juiz de menores Sabóia Lima, criou uma delegacia especializada de menores, com a finalidade de "amparar todos os menores que fossem encontrados em completo abandono nas ruas, em espetáculo deprimente para a nossa civiliza-

A partir da década de 1930, as instituições que recebiam menores encaminhados pelo Juízo do Rio de Janeiro, passaram a ser divididas em "institutos oficiais mantidos diretamente pelo governo federal" (cinco estabelecimentos, sendo dois, patronatos agrícolas situados em Minas Gerais); "institutos oficiais, administrados por associações civis e mantidos por verbas do orçamento do Ministério da Educação e Saúde" (sete estabelecimentos); "estabelecimentos particulares que contrataram com o Ministério da Justiça, internação de menores" (três patronatos agrícolas) e "estabelecimentos particulares que ajustaram com o Juízo de Menores a internação mediante o pagamento de quota mensal de 50$000 por menor" (dez estabelecimentos) (Lima, 1937, p. 104).

Todos os estabelecimentos, mesmo os particulares sem qualquer vínculo com os poderes públicos, estavam subordinados à fiscalização do Juízo. Em 1940, o juiz de menores do Rio de Janeiro Saul de Gusmão (1941, p. 59) deu início ao "serviço de recenseamento e fiscalização das casas de proteção à infância". Com esse fim, o curador de menores inspecionou pessoalmente 54 estabelecimentos, 33 deles registrados no Juízo de Menores. Das instituições registradas, 27 eram católicas e seis espíritas.

O Juízo de Menores pretendia ter ingerência direta na vida cotidiana dos estabelecimentos, principalmente no que se referia à educação, através de suas Seções Educativa e de Educação Física. No seu relatório dos anos de 1937 e 1938, Sabóia Lima (1939) informa que a Seção Educativa preparava um programa mínimo de ensino primário, de quatro anos, e de ensino rural profissional, de dois anos, para os patronatos agrícolas. A avaliação era feita através de "provas globalizadas", remetidas ao Juízo com os relatórios pedagógicos dos professores. As provas dos alunos eram estudadas pela equipe e guardadas em pastas individuais.

Os convênios estabelecidos com associações particulares foram, segundo Sabóia Lima (Lima, 1937, p. 147), a forma que o governo, carente de cré-

---

ção" (Lima, 1939, p. 504). A Polícia faria a apreensão dos menores nas ruas e investigaria as condições morais e materiais do menor e dos seus pais e responsáveis, e no caso destes serem responsáveis pelo abandono, iniciaria inquérito para o processo penal. Os menores seriam "abrigados" pela Polícia até que o Juízo conseguisse mandá-los para local definitivo. Para este fim, o juiz reservaria vagas nos patronatos agrícolas dos Estados do Rio de Janeiro e Minas Gerais.

ditos para criar novas instituições, encontrou para resolver as dificuldades oriundas da falta de estabelecimentos que "permitissem o funcionamento do Juízo de Menores". Este recurso, porém, não evitou que o sistema já nascesse com problemas, que haveriam de acompanhá-lo, nas tentativas posteriores de implantar novos aparatos de assistência.

Entre as dificuldades que mais perturbavam os juízes, estava a falta de estabelecimentos para atender a todos os recolhidos, o que já demonstrava a falência do sistema. Como internar todos os menores enquadrados na elástica categoria de *menores abandonados e delinquentes*? Em seu relatório de 1938, Sabóia Lima (Lima, 1939, p. 372) estimou para o Distrito Federal a existência de 30 mil menores "carecedores de imediata assistência, por seu estado de abandono material e moral".

O primeiro estabelecimento oficial criado após a aprovação do Regulamento da Assistência (Decreto n. 16.272 de 20/12/23), o Abrigo de Menores, "destinado a receber em depósito, até que tenham conveniente destino, os menores postos à disposição do Juízo de Menores" (op. cit., art. 62), começou a apresentar problemas de superlotação. Até mesmo a seção feminina, embora ampla, com capacidade para 200 internas, não atendia às exigências do recolhimento, como assinalava Lemos Britto, em 1929 (1959, p. 457). Segundo Sabóia Lima (Lima, 1937, p. 108), o Abrigo, a partir de 1929 denominado Instituto Sete de Setembro, chegou a ter 700 menores, quando deveria abrigar somente 300, suscitando "severas, mas justas críticas". A "Escola de Preservação 15 de Novembro", considerada modelar, na gestão de Lemos Britto (1926-1930), abrigou mais de 400 internos, em 1929, quando o número de vagas era de apenas 250 (Britto, 1959 [1929], p. 460). Para o então diretor, o bom conceito da Escola era responsável pelos excessivos pedidos de internação (op. cit., p. 459).

O problema da superlotação das instituições oficiais, no entanto, era anterior ao surgimento dos Juízos, embora tenha se agravado com o recolhimento sistemático dos "garotos das ruas". Em 1918, o Diretor do Departamento Nacional do Povoamento, Dulphe Pinheiro Machado, enviou um ofício ao Ministro da Agricultura, Indústria e Comércio, indignado com a situação da infância na capital da República. Nele refere-se ao "depósito de menores" criado pelo Chefe de Polícia Alfredo Pinto, em 1907, o qual de "depósito provisório para 50 crianças, converteu-se em asilo permanente para 380, porque não havia para onde mandá-los" (Lima, 1937, p. 123).[13]

A utilização de instituições particulares para auxiliar o Estado na enorme tarefa que começara a assumir com a criação dos Juízos, gerenciando a assistência, não era a melhor saída, diante da precariedade com que essas casas funcionavam. A fiscalização, realizada, em 1940, a mando do juiz de menores, Saul de Gusmão (1941, p. 63), avaliou que, de 54 estabelecimentos, somente 18 estavam "bem organizados e orientados"; 26 foram classificados como "sofrivelmente organizados" e 10 como "desorganizados".

As instituições oficiais, algumas delas consideradas modelares, como a Escola 15 de Novembro, também apresentaram sérias dificuldades, analisadas por Sabóia Lima (Lima, 1939), no *Memorial* sobre a situação dos institutos oficiais de proteção à infância abandonada e delinquente. Esse documento foi remetido ao Ministro da Educação e Saúde, Olinto de Oliveira, em 29 de novembro de 1938 (Processo n. 42.568). O Ministro, por sua vez emitiu um parecer sobre o mesmo, apoiando as propostas do juiz de menores. O *Memorial* apresentava dados comprometedores sobre a administração dos institutos, tais como custo elevado por aluno, funcionalismo excessivo, burocracia e nomeações por influência política.

A Escola João Luis Alves, criada em 1926 para "regenerar pelo trabalho, educação e instrução" os menores delinquentes recolhidos pelo Juízo (Decreto n. 15.508 de 4/11/26), apresentava abundantes exemplos dos problemas apontados acima: cada aluno custava por mês 720$000, enquanto nos estabelecimentos administrados por associações civis esse custo não passava de 150$000 mensais; havia 52 funcionários para 70 alunos (em visita à Escola, por ocasião da fuga de 13 menores, Sabóia Lima constatou que havia apenas 58 alunos para 60 funcionários); vaga de professor ocupada por um sargento da polícia etc. (Lima, 1939, p. 333 e 728). Os membros da Comissão verificaram que "o dispêndio com cada aluno na Escola é supe-

13. Tratava-se do Asilo de Menores Abandonados, o qual teve seu nome mudado em 1918 para Casa de Preservação. Em 1916, a direção do asilo passou para o Patronato de Menores, uma associação particular.

rior ao que gasta uma família rica para manter um filho no mais caro dos colégios do Rio de Janeiro" (Lima, 1939, p. 344).

O Regulamento da Assistência (Decreto n. 16.272 de 20/12/23) previa a criação de uma "escola de reforma para menores criminosos e contraventores", anexa à Escola 15 de Novembro (art. 74). As obras chegaram a ser iniciadas, mas foram suspensas por ordem do Ministro da Justiça Affonso Penna Jr., que recusou a proximidade entre elementos que, a seu ver, não deveriam ser confundidos (Britto, 1959/1929, p. 537). Em 1925, o Congresso Nacional autorizou o governo a reorganizar a escola de reforma, localizando-a no Galeão, Ilha do Governador, nas instalações da antiga Colônia de Alienados (Decreto n. 4.983-A de 30/12/1925). A escola foi inaugurada em 11 de novembro de 1926, com um discurso de Lemos Britto, seu "organizador e instalador" (op. cit., p. 551).

O próprio Lemos Britto (1959, [1929], p. 549) havia fornecido ao Ministro da Justiça as diretrizes da reforma. As instalações deveriam prescindir dos muros, para oferecer aos internos a "sensação de semiliberdade":

> "Mas, para que muralhas, se aquilo era uma escola e não uma prisão?"

O então juiz de menores Mello Mattos, presente na solenidade de inauguração da Escola, manifestou suas apreensões a Beatriz Mineiro, advogada e defensora gratuita no Juízo de Menores do Rio de Janeiro desde a sua instalação, em 1924:

> "Está parecendo-me um sonho irrealizável esse ideal de reformar delinquentes em escola de portas abertas e sem castigos corporais; tenho receio que a maioria deles se amotine e fuja" (Britto, 1959 [1929], p. 550).

Lemos Britto, entretanto, relata que, ao menos nos dois anos seguintes, tal fato não ocorreu, apesar da "atmosfera hostil de terror e desconfiança" que perdurou no estabelecimento durante os primeiros meses (op. cit., p. 558). As apreensões de Mello Mattos, porém, não eram infundadas, como demonstram os registros de fugas ocorridas entre 1936 e 1938 (Lima, 1937, p. 120; 1939, p. 727). No ano de 1941, a Escola João Luís Alves foi transferida para um pavilhão construído nos "latifúndios da Escola Quinze de Novembro" e seu prédio transformado em estabelecimento de ensino primário, para crianças de 7 a 12 anos (Ministério da Justiça, 1944, p. 16). No mesmo ano, o pavilhão foi destruído por um motim dos alunos, tornando-se "inabitável", de acordo com o que relata Saul de Gusmão (1941, p. 27), juiz de menores na época. Finalmente, os menores foram transferidos para a Casa de Correção, "onde foram localizados em dependência inteiramente separada das ocupadas pelos criminosos de maioridade". Houve posteriormente um inquérito policial, em que funcionários, incumbidos da vigilância dos menores, foram denunciados como autores de espancamentos contra os mesmos (idem, ibidem). Os menores foram depois enviados para a Colônia Agrícola Cândido Mendes, na Ilha Grande, como relata Lemos Britto, em palestra realizada no Serviço de Assistência a Menores — SAM, em 1943 (Ministério da Justiça, 1944, p. 121). Segundo Lemos Britto, os menores não podiam aceitar a vida num pavilhão fechado, vendo, ali perto, "centenas de outros que iam e vinham folgadamente" (op. cit., p. 120). Argumentava que na Escola João Luís Alves, onde não havia muros e que não estava sob a guarda da polícia, não haviam ocorrido revoltas deste porte. O então presidente do Conselho Penitenciário responsabilizou a mudança de regime pelos distúrbios verificados no estabelecimento.[14]

Uma Comissão, nomeada pelo Ministro da Justiça para estudar os desacertos das instituições oficiais, indicados pelo Memorial de Sabóia Lima, apontou entre outras causas, a displicência, o desinteresse, a apatia e a falta de escrúpulos dos diretores das Escolas João Luís Alves e 15 de Novembro, como fatores desencadeantes da decadência desses estabelecimentos.[15]

Constatou-se, então, que a Escola 15 de Novembro apresentava um número elevado de evasões e que vinha funcionando mais como uma "escola de deseducação de menores do que como estabelecimento destinado a formar cidadãos úteis à coletividade social brasileira". Outro fato constatado foi a rejeição, pelo Corpo de Bombeiros, de 10 dos 13 menores

---

14. Sobre a história das instituições de reforma, ver Rizzini (2005).

15. Integravam-na o major Correa Lima (subchefe do Gabinete, presidente e relator), Cincinato Ferreira Chaves e Pedro Amaral Pallet.

que lhe haviam sido encaminhados para incorporação, por "insuficiência intelectual e incapacidade física" (Lima, 1939, p. 346). Fato grave, porque um dos objetivos explícitos da Escola era oferecer ao interno a "educação militar", prevista no seu Regulamento de 14/5/23. No período em que Lemos Britto dirigiu a escola (1926-1930), os alunos praticavam exercícios militares (tiro de guerra e companhia de guerra) e, a partir dos 16 anos ingressavam na Escola de Soldado, fundada com o apoio do governo, em 1928, tendo formado "numerosos reservistas" (Britto, 1959/1929, p. 476).

A Comissão verificou que "a ineficiência das Escolas João Luís Alves e 15 de Novembro decorria das causas de ordem moral, técnico-pedagógica, administrativa e material" (Lima, 1939, p. 336). As irregularidades encontradas não surpreenderiam a opinião pública dos nossos dias, graças à sua atualidade: nomeações sem critério técnico (por conveniências políticas); incapacidade administrativa dos diretores; falta de recursos; transações fraudulentas com fornecedores na compra de gêneros alimentícios de qualidade inferior (op. cit., p. 338).

O regime vigente nessas Escolas era outro ponto crítico questionado pelos juízes e até mesmo pelos próprios diretores. O relatório do diretor da Escola João Luís Alves, apresentado ao juiz de menores Sabóia Lima (1939, p. 326), continha uma crítica ao regime de caserna da instituição, que contrariava a convicção corrente das vantagens do sistema familiar, na educação de crianças:

> (...) "o regime dos grandes dormitórios coletivos (...) fez desaparecer aquele ambiente de família, que deve existir nos educandários destinados à regeneração de menores".

Neste sentido, Lemos Britto (1959 [1929], p. 460) lembrava que a extinção dos "dormitórios-casernas" era medida recomendada em vão, há já duas décadas, isto é, desde o início do século. Os Regulamentos da Escola 15 de Novembro dos anos de 1903 e 1923 proibiam a sua adoção, determinando que, para o pernoite, os grupos de educandos fossem divididos em turmas e alojados em "casas", sob a vigilância dos chefes, que nelas residissem com suas famílias. O sistema preconizado nos regulamentos tentava, pois, reproduzir a vida familiar. Os internos formariam pequenos grupos, sob os cuidados de um casal, num regime doméstico. Como o próprio Lemos Britto admitia, no entanto, neste, como em muitos outros pontos, o Regulamento não era seguido.

Ascensão e decadência dos patronatos agrícolas

Na década de 20, o governo federal deu grande impulso à criação de patronatos agrícolas, executando uma política delineada pelo Departamento Nacional de Povoamento e de "formação do trabalhador nacional", com o objetivo de "incorporar os menores tutelados na vida dos campos" (Lima, 1937, p. 121). Nessa perspectiva, a criança era comparada ao imigrante — estrangeira na própria terra, ela devia inserir-se na sociedade produtiva. Em entrevista ao *Correio da Manhã* (27/12/1938), Sabóia Lima (1939, p. 232) expressava, com clareza, as motivações que levaram à criação dos patronatos agrícolas:

> "Entre nós, a criança quase que vive com a sua integridade física e moral em perigo. Sendo ela o melhor imigrante, precisamos contar com o seu valor futuro. Neste particular, aos patronatos cabe uma grande tarefa. Realizá-la com inteligência e patriotismo é um belo programa".

Segundo Sabóia Lima (1937, p. 122), o grande responsável por esta política foi Dulphe Pinheiro Machado, Diretor do Departamento Nacional do Povoamento. Em ofício de 1918 ao Ministro da Agricultura, Indústria e Comércio, Pereira Lima, Pinheiro Machado dava um "grito de alarme" contra o abandono da infância na capital do país, sugerindo a criação de patronatos agrícolas (ibid.). Até 1930, vários desses patronatos foram criados, sob a égide do Departamento Nacional do Povoamento. A partir de então, foram vinculados ao Ministério da Agricultura. Ao todo funcionaram 20 patronatos, 16 oficiais e quatro subvencionados pelo governo federal, nos estados do Pará, Paraíba, Pernambuco, Bahia, Minas Gerais, São Paulo, Santa Catarina e Rio Grande do Sul. Só em Minas Gerais houve sete deles, cinco oficiais e dois subvencionados. Em 31 de dezembro de 1929, os patronatos abrigavam 2.600 menores, para 2.852 vagas disponíveis (op. cit., p. 125).

Os patronatos eram regidos pelo Decreto n. 13.706 de 25/7/1919, sendo "exclusivamente destinados às classes pobres e visavam à educação moral, cívica, física e profissional dos menores desvalidos e daqueles que, por insuficiência da capacidade de educação na família, fossem postos à disposição do Serviço de Povoamento" (Lima, 1937, p. 125). A meta era incorporá-los ao campo, em busca da "grandeza nacional", já que, "a base da economia está na agricultura" (op. cit., p. 126).

Além do objetivo genérico de "incutir na criança uma educação que a possibilite mais tarde se tornar eficiente e útil" (Lima, 1937, p. 122), as instituições agrícolas poderiam reunir todas as vantagens apregoadas na época como ideais para a formação e regeneração de crianças, além da crença na superioridade da vida do campo sobre a da cidade. O governo mineiro, na sua "Exposição de Motivos para a Criação do Instituto João Pinheiro", fundado em 1909, arrolou os principais motivos capazes de justificar a criação do instituto agrícola/industrial:

> (...) "o tratamento educativo do menino desvalido só é realizado com sucesso em internato, e este deve ser instalado no campo, porque: a) o regime higiênico é aí muito melhor assegurado do que na cidade; b) a solicitação da rua, do meio deletério em que crescia o abandono é muito menos intensa; c) a ação educativa do trabalho agrícola é reconhecida como a mais eficaz; d) o sistema de internato em pequenos grupos de regime familiar (*cottage system*), preconizado pelos educadores modernos, só é viável no campo" (Renault, 1930, p. 157).

Apesar de todas essas vantagens atribuídas às instituições agrícolas, a alternativa da educação no campo não teve continuidade. Os patronatos funcionaram por 12 anos, sob a orientação de Dulphe Pinheiro Machado. Na visão de Sabóia Lima (1937, p. 126), com o tempo, as "oscilações administrativas" comprometeram a experiência, diminuindo o esplendor que dela se esperava. Em 1933, finalmente, os patronatos agrícolas foram fechados por ordem do Ministro da Agricultura Juarez Tavora, sob a alegação de que não passavam de "meros asilos" (Lima, 1939, p. 79). De acordo com o juiz de menores, o fechamento dessas instituições representou prejuízo para a coletividade. A despeito de apontar sem piedade os erros cometidos, Sabóia Lima era um defensor dos patronatos. No relatório dos anos de 1937 e 1938, o juiz reconhecia que "ainda não há 20 anos, os patronatos agrícolas serviam mais para castigo da infância abandonada e delinquente, do que mesmo para escolas de ordem, de estudo, de produção e civismo" (Lima, 1939, p. 232).

Segundo ele, a polícia usava os patronatos como depósitos de "pivettes" que recolhia nas ruas da capital federal:

> "(Os patronatos) eram vistos como centros indesejáveis. Em grande parte, semelhante descrédito, pela deturpação de suas finalidades, era devido à própria polícia. Esta, em seus *acessos periódicos de limpeza do Rio*, lançava a rede das pescarias da extinta 4ª Delegacia Auxiliar, recolhia tudo quanto era *pivette* que encontrava na malandragem primária, e enchia os referidos estabelecimentos de elementos nocivos, sob a alegação de que não havia penitenciárias para eles" (ibidem; grifo nosso).

Embora considerados "centros indesejáveis", os patronatos não foram totalmente extintos. A pedido da "política de Minas Gerais", cinco patronatos foram restabelecidos no estado pelo Decreto n. 24.706 de julho de 1934, por decisão do Ministro da Justiça Antunes Maciel. A justificativa era a de que não se podia atirar às ruas "centenas de menores desamparados", o que provavelmente aconteceu nos outros estados.

Em 1939, Sabóia Lima via os patronatos com outros olhos: "são muito mais centros de reeducação do que de punição" (1939, p. 232). O juiz louvava o apoio do então Ministro da Agricultura Fernando Costa, que tinha enviado "agrônomos competentes" aos patronatos do Estado do Rio e de Minas Gerais, fornecendo o material necessário. Na avaliação de Sabóia Lima, estes patronatos (dois no Estado do Rio e quatro em Minas Gerais) atendiam aos objetivos de favorecer a saúde dos internos, a formação do caráter e de "homens sãos com almas sãs" (Lima, 1939, p. 579).

A falência do regime administrativo das instituições oficiais, apontada no *Memorial* de Sabóia Lima, gerou, por parte do governo, propostas de modificação no quadro da assistência à infância pobre. No parecer do Ministro da Educação e Saúde, Olinto de Oliveira, sobre o *Memorial* apontava-se a necessidade de "uma imediata e radical modificação daquele regime administrativo" (Lima, 1939, p. 311). Além disso, o Ministro aprovava a sugestão de Sabóia Lima de que o governo federal criasse o "Patronato Nacional de Menores", organismo autônomo, com independência administrativa e econômica e que estaria sob a jurisdição do juiz de menores (idem, ibidem). Desse modo, a ideia da centralização do atendimento como solução para a questão social da infância desvalida voltava ao cenário da assistência. Agora, não mais restrita ao município, mas inserida no contexto da nação.

A comissão nomeada pelo Ministro da Justiça para estudar o assunto fez igualmente sugestões, todas elas voltadas para a melhoria do funcionamento interno das instituições, como a adoção de "relógios rondantes" para os inspetores de alunos das 18h às 6h, de forma a punir os faltosos e atenuar "a prática dos vícios de homossexualidade, tão desenvolvidos em aglomerações de menores" e a ocupação plena do tempo dos menores, sendo as atividades distribuídas em quadros diários, de forma a se "saber a ocupação de cada menor em qualquer hora do dia" (op. cit., p. 351). Além das questões referentes à dinâmica interna das instituições, a Comissão sugeriu a criação de um "Departamento de Educação e Fiscalização Administrativa e Técnica, subordinado às diretrizes do Ministério da Educação, mas dependente diretamente do Ministério da Justiça ou do Juízo de Menores" (op. cit., p. 348).

As duas propostas coincidem na subordinação dos órgãos ao Juízo de Menores, à época, o único órgão oficial que já ensaiara criar um serviço de assistência à infância desvalida e delinquente, questão que permanecia vinculada ao Ministério da Justiça. Como veremos no próximo item, o Ministério da Educação e da Saúde não chegou a ter participação nas questões relativas ao "menor", tendo sua atuação dirigida à criança e ao adolescente — uma divisão de atribuições dos setores do governo a partir da divisão de seu objeto de intervenção: o *menor* permanece sob o domínio da esfera jurídica e a *criança* sob a proteção da esfera médico-educacional.

A criança e o menor na Era Vargas: o Serviço de Assistência a Menores (SAM), o Departamento Nacional da Criança (DNCr) e a Legião Brasileira de Assistência (LBA)

No início da década de 40, portanto em pleno Estado Novo, período ditatorial iniciado em 1937 com o golpe de Estado implementado pelo então presidente da República Getúlio Vargas, o governo federal inaugurou uma política mais nítida de proteção e assistência ao menor e a infância, representada pela criação de órgãos federais que se especializaram no atendimento a essas duas categorias, agora indiscutivelmente separadas e específicas: o *menor* e a *criança*.

Até então, no que se refere à assistência pública, o menor e seus dissabores vinham sendo tratados pela esfera jurídica, através dos Juízos de Menores e pela atuação isolada de alguns estabelecimentos para menores. Porém, em 1941, o governo federal tomou a iniciativa de criar um órgão que deveria centralizar a assistência ao menor, inicialmente no Distrito Federal, e a partir de 1944, em todo o território nacional. A criação do Serviço de Assistência aos Menores (SAM) não pode ser entendida somente como uma atitude de caráter centralizador de um governo ditatorial. Deve-se levar em conta que, há pelo menos três décadas, os "apóstolos" da assistência vinham defendendo o lema de sua centralização em um órgão que passaria a ter o controle sobre as ações dirigidas a esta população, tanto do setor público quanto do privado.

A criança pobre e sua família passaram a ser objeto de inúmeras ações do governo Vargas no período de 1940 a 1943. Em 1940, o governo criou uma política de proteção materno-infantil, tendo como meta a preparação do futuro cidadão, de acordo com a concepção de cidadania da época, isto é, a formação do trabalhador como "capital humano" do país, através do preparo profissional, e o respeito à hierarquia através da educação da criança (Pereira, 1992, p. 18). Instalou-se, então, o Departamento Nacional da Criança (DNCr), órgão responsável pela coordenação das ações dirigidas à criança e à família.

Os anos de 1942 e 1943 viram surgir diversas instituições de caráter social e de âmbito nacional, governamentais ou privadas, associadas a uma política compensatória em relação às mazelas do trabalhador e de sua família, incluindo neste rol, a criança e o adolescente. São elas: Legião Brasileira de Assistência, Serviço Nacional de Aprendizagem Industrial, Serviço Social do Comércio, Serviço Social da Indústria, Campanha Nacional de Educandários Gratuitos. Destas, focalizaremos somente a Legião Brasileira de Assistência (LBA) devido ao seu caráter eminentemente assistencial, questão que nos interessa analisar neste estudo.

Sangue, Corrupção e Vergonha: Serviço de Assistência a Menores (SAM)

> Sangue da mocidade, lama da corrupção e vergonha da incúria recaem sobre a sociedade brasileira, enquanto perdura a tragédia dos menores abandonados.
>
> (*Paulo Nogueira Filho*, ex-diretor do SAM, 1956)

Paulo Nogueira Filho, diretor do SAM entre 1954 e 1956, deixou uma obra extensa, intitulada *Sangue, Corrupção e Vergonha: SAM* (1956), sobre os desmandos que ocorriam no órgão e o relato de suas tentativas infrutíferas de debelar a corrupção que imperava em todos os níveis hierárquicos e os maus-tratos infligidos aos menores assistidos. Apesar da indignação expressa pelo diretor citado, o SAM surgiu como uma tentativa de centralizar a assistência no Distrito Federal e resolver os problemas enfrentados pelo Juízo de Menores na sua ação jurídico-social como, por exemplo, a falta de continuidade nos serviços prestados, quando o menor estudado e classificado pelo Juízo não encontrava local adequado para ser educado ou reeducado.

A "organização de um aparelhamento assistencial adequado" (Louzada, 1940, p. 7) tornava-se uma necessidade urgente diante dos novos conhecimentos médicos, psicológicos e pedagógicos sobre as causas do abandono e da delinquência e dos métodos de tratamento de males que assumiam proporções preocupantes, principalmente para os meios especializados. Na década de 1930, os juízes de menores propuseram a criação e/ou a reforma de instituições de assistência, visando a atender à finalidade de educar ou reformar o menor, instituições que estariam sob o controle técnico e fiscalização do Juízo.

Com a criação do Serviço de Assistência a Menores (SAM), em 1941, pelo governo Getúlio Vargas, as funções de organizar os serviços de assistência, fazer o estudo e ministrar o tratamento aos menores, foram retiradas da alçada dos juízes. Mantiveram-se a cargo destes a "fiscalização do regime disciplinar e educativo dos internatos, de acordo com a legislação vigente" (Gusmão, 1941, p. 50).

As finalidades do SAM, previstas no decreto-lei que o instituiu, não representaram nenhuma novidade no campo das ideias e das práticas correntes no atendimento ao menor. Alguns serviços praticados pelo Juízo de Menores do Distrito Federal foram encampados pelo novo Serviço e muitas propostas de juízes voltadas para a reforma da assistência foram absorvidas pelo legislador. Portanto, com o SAM, a execução do atendimento foi parcialmente separada da instância jurídica, continuando, no entanto, subordinada ao Ministério da Justiça.

Segundo o Decreto-lei n. 3.799 de 5/11/1941 que instituiu o SAM, este tinha por fim:

> a) sistematizar e orientar os serviços de assistência a menores desvalidos e delinquentes, internados em estabelecimentos oficiais e particulares; b) proceder à investigação social e ao exame médico-psico-pedagógico dos menores desvalidos e delinquentes; c) abrigar os menores, a disposição do Juízo de Menores do Distrito Federal; d) recolher os menores em estabelecimentos adequados, afim de ministrar-lhes educação, instrução e tratamento sômato-psíquico, até o seu desligamento; e) estudar as causas do abandono e da delinquência infantil para a orientação dos poderes públicos; f) promover a publicação periódica dos resultados de pesquisas, estudos e estatísticas.

O SAM passou a ser responsável pela sistematização e orientação dos "serviços de assistência a menores desvalidos e transviados", ficando os estabelecimentos federais (institutos e patronatos agrícolas) a ele subordinados (Ministério da Justiça e Negócios Interiores, 1946, p. 92). Como já ocorria antes, através do Juízo e do Ministério da Justiça, o SAM mantinha contrato com instituições particulares para o encaminhamento de menores que passavam por sua triagem, somando 33 "educandários", sendo que três deles colaboravam gratuitamente com o governo, recebendo em troca "orientação técnica e fiscalização" (op. cit., p. 1944, p. 16). O vínculo com as instituições particulares era praticamente o mesmo que existia desde o final da década de 20, obedecendo à seguinte classificação: a) "estabelecimentos oficiais" (quatro estabelecimentos, somente para o sexo masculino); b) "casas sob contrato" (cinco estabelecimentos para meninos); c) "órgãos de colaboração gratuita" (três estabelecimentos, dois para meninas e um misto); d) "instituições particulares onde são internados menores mediante contribuição mensal *per capita*" (19 estabelecimentos, para ambos os sexos, em separado); e) "órgãos subvencionados pelo governo e administrados por instituições particulares" (seis estabelecimentos, para o sexo feminino, masculino e misto).

As instituições contratadas eram, na sua maioria, do Distrito Federal, e muitas já traziam a experiência do trabalho com o Juízo ou com o Ministério da Justiça. O SAM, quando foi criado, tinha sua ação restrita à Capital da República, como se pode ver no item *c* de suas finalidades. Os Patronatos Agrícolas situados em Minas Gerais recebiam menores encaminhados pelo Juízo do Distrito Federal e depois pelo SAM. O SAM seria um "órgão central orientador", que, pela divulgação de normas de trabalhos e de resultados de estudos e pesquisas, proporcionaria aos "serviços estaduais a possibilidade de moldarem suas instituições pelas da capital, além de propiciar estágios, para aperfeiçoamento do pessoal técnico das organizações estaduais ou municipais" (Ministério da Justiça, 1946, p. 92).

Somente em 1944, com o Decreto-lei n. 6.865 de 11/9/1944, o SAM adquiriu âmbito nacional, passando a "prestar aos menores desvalidos e infratores das leis penais, em todo o território nacional, assistência social sob todos os aspectos" (art. 1º). Assim, ao invés de apenas abrigar menores encaminhados pelo Juízo de Menores do Distrito Federal, competia, naquele momento, ao SAM "abrigar menores mediante autorização dos Juízos de Menores" (art. 2º). No entanto, nem o decreto-lei que lhe conferiu âmbito nacional e nem o regimento aprovado na mesma data tratavam da operacionalização do Serviço nas demais regiões do país.

Na década de 50, havia postos do SAM em vários estados do país, segundo Paulo Nogueira Filho (1956, p. 266). Porém, o ex-diretor do Serviço afirma em sua obra que, com exceção de meia dúzia de estados, dominavam os "núcleos de sinecuristas designados para cargos hipotéticos", isto é, agências do SAM que inexistiam de fato, a não ser para os efeitos de designação de pessoal (op. cit., p. 241). Eram "afilhados políticos", que por procuração recebiam seus ordenados do Tesouro, no Rio de Janeiro, sem ter nada a fazer, nem ao menos recebiam quaisquer instrução ou ordem de trabalho. Outras irregularidades foram constatadas por Nogueira Filho no processo de "expansão nacional" do SAM, como a falta de critérios na composição da "rede de educandários regionais" e na definição de "desvalido", fazendo com que estabelecimentos não voltados para a internação de "meninos e meninas sem responsáveis pelas suas vidas", os "autênticos desvalidos", recebessem auxílios do SAM ou que os educandários contratados atendessem aos "falsos desvalidos", crianças de famílias com recursos, que através de pistolão ou corrupção internavam seus filhos diretamente nos melhores educandários mantidos pelo serviço. O ex-diretor denuncia que o SAM mantinha convênio com externatos em alguns estados, e com Escolas Normais, Ginásios e Seminários em quase todos os estados. Eram mais de 50 ginásios e mais de 20 seminários (op. cit., p. 251).

O atendimento: Sem Amor ao Menor – SAM

O SAM, no imaginário popular, alcançou uma fama tal que automaticamente nos remete à imagem de uma enorme estrutura cuja atuação representava mais uma ameaça à criança pobre do que propriamente proteção. "Escola do Crime", "Fábrica de Criminosos", "Sucursal do Inferno", "Fábrica de Monstros Morais", "SAM — Sem Amor ao Menor", são representações que o órgão adquiriu com o tempo, notadamente a partir da década de 1950.

Não obstante a imagem negativa que conseguiu cultivar, o SAM tinha uma atuação muito restrita. O atendimento realizado pelo órgão era basicamente constituído pela triagem e internação de menores encaminhados pelo Juízo de Menores, nos estabelecimentos oficiais e nos particulares contratados. No Rio de Janeiro, onde estava localizada a maior parte de sua rede de atendimento, o SAM, nos anos de 1950 a 1953, internou 3.721 menores contra 4.085 menores internados pelo Juízo de Menores do Distrito Federal, entre 1927 e 1930. Ou seja, passados 23 anos, esses dados levam a crer que o "aparelhamento assistencial" da Capital da República manteve praticamente a mesma estrutura de que dispunha Mello Mattos na década de 20. E o que constata o Ministro da Justiça Tancredo Neves na Portaria n. 248-A de 9/9/1953:

> "Convém ressaltar que não tendo sido sequer resolvido o problema na Capital da República, uma vez que a atual rede assistencial do SAM é praticamente a mesma do tempo em que estava o problema de menores exclusivamente afeto ao Juízo de Menores, como pode aquele serviço oficial ter âmbito nacional, complexas e diferentes como são as situações peculiares às diversas regiões de nosso vasto País" (Juízo de Menores do Distrito Federal, 1957, p. 147).

O então juiz de menores do Distrito Federal, Alberto Mourão Russel, no artigo ao jornal *Última Hora* (Juízo de Menores do Distrito Federal, 1957, p. 145, artigo de 12/9/1953), defendeu a construção e a remodelação de "estabelecimentos destinados à proteção dos menores desvalidos, abandonados e transviados", os quais, "precisam de escolas e não de simples depósitos". Por *escolas* leia-se *internatos* que, apesar das críticas às suas deficiências, defendia-se a sua remodelação e a expansão das vagas.

A internação de menores "desvalidos" e "transviados" encaminhados pelos Juizados de Menores constituiu o modelo básico de atuação do SAM, não sendo, porém, uma unanimidade no meio jurídico. A primeira *Semana de Estudos do Problema de Menores*, organizada pela presidência do Tribunal de Justiça de São Paulo em 1947, e com ampla participação de juízes de menores dos municípios do Estado de São Paulo, chegou à conclusão que "o problema de menores é, antes de tudo, um problema de família" (Sampaio, 1952, p. 264). Tal afirmativa levou o Subprocurador Geral de Justiça, Arruda Sampaio, a defender na segunda *Semana de Estudos*, o amparo à família, para que o "o menor não se afaste do seu meio natural e imprescindível". O autor, apesar de admitir que o abrigo é um "mal necessário", critica a ânsia dos juízes de menores em fundar "institutos para recolhimento de menores", sob o risco de se "fabricar menor abandonado" (ibidem).

Sampaio elege a "ação preventiva" como a mais importante, buscando "prevenir o perigo de algum desvio" e "educar os meninos no comportamento social". A prevenção do desvio seria feita através da criação de "obras preventivas", tais como parques infantis e seções de semi-internados nos educandários, o que chegou a ser feito em casos isolados, por iniciativas de juízes de municípios do interior de São Paulo. Outras experiências foram tentadas, como a realização de palestras nas escolas, concursos de trabalhos manuais, hortas e jardins, biblioteca circulante, portarias advertindo os pais da obrigatoriedade da frequência escolar e obrigando à matrícula escolar no curso de adultos os operários menores de 18 anos analfabetos (Sampaio, 1952, p. 258).

Projeto de criação do Instituto Nacional de Assistência a Menores (INAM)

Após ver lograda sua tentativa de reformar o SAM e neutralizar a ação dos "amorais do SAM", Nogueira Filho (1956, p. 293) passa a defender a sua substituição por um novo órgão - o INAM - Instituto Nacional de Assistência a Menores. Não foi o primeiro a pedir a extinção do SAM: dois antecessores seus na direção apresentaram projetos ao Ministro da Justiça propondo a criação de um "Instituto", com autonomia administrativa e financeira.

O anteprojeto de lei da criação do INAM, elaborado por uma comissão presidida por Paulo Nogueira Filho, foi apresentado pelo presidente da República ao Congresso Nacional em 17/8/1955.

Para o ex-diretor, não se tratava de uma mera alteração de siglas — as mudanças propostas no Projeto visavam a eliminar todos os empecilhos que impossibilitaram ao SAM cumprir o seu papel. A começar com a extinção da "figura de opereta do Diretor-Ditador do SAM, todo-poderoso para os papalvos; fantoche ou marionete para os verdadeiros Senhores do Serviço" (p. 292). A proposta visava a criação de uma diretoria e um conselho, este último formado de "elementos representativos da comunidade e dos grupos sociais mais diretamente interessados nas atividades do Instituto" (ibidem).

Quanto aos objetivos pretendeu-se eliminar "as interpretações tendenciosas e contraditórias" no atendimento realizado pelo SAM. Verifica-se, no entanto, que os objetivos e a estruturação do novo órgão não se diferenciam, em essência, aos do SAM, havendo somente uma preocupação em delinear com clareza e precisão as suas finalidades e lhe dar maior autonomia de atuação.

Assim, através do INAM, o Estado assistiria aos "menores transviados, desvalidos e desajustados", "integrando-os na normalidade social", através da sistematização, manutenção e auxílio aos educandários, de acordo com os "princípios aplicáveis das ciências psicossociais e da técnica atualizada do Serviço Social" (p. 293). Com o fim de concretizar os seus objetivos, o Projeto previa para o Instituto um regime próprio de aquisição de bens e utilidades, devendo prestar contas ao Tribunal de Contas da União através do Ministério da Justiça e Negócios Interiores, promovendo a tão almejada independência em relação ao Departamento Administrativo do Ministério da Justiça.

O INAM passaria a ter o controle direto sobre a assistência aos "menores desamparados". Até as concessões de auxílios e subvenções do governo a entidades públicas e privadas de assistência a esta população ficariam sujeitas a parecer do Instituto, devendo este também fiscalizar a sua utilização (p. 294). Quanto ao problema de pessoal, os "amorais do SAM", seriam transferidos *ex-oficio* para outros órgãos da administração pública.

Meses após a apresentação do anteprojeto de lei que "transforma o Serviço de Assistência a Menores (SAM) em Instituto Nacional de Assistência a Menores (INAM)" ao Congresso, foi instaurada uma Comissão Parlamentar de Inquérito para apurar irregularidades ocorridas no SAM, tendo Nogueira Filho prestado dois depoimentos. A CPI, ao que parece, não apresentou resultados, ao menos, não ameaçou a existência do SAM. Somente seis anos depois, após a realização de uma sindicância para novamente apurar irregularidades no SAM (Portaria do Ministro da Justiça de 21/3/1961), a proposta de extinguir o Serviço foi retomada, tendo sido nomeada uma comissão para elaborar o anteprojeto de criação da FNBEM — Fundação Nacional de Bem-Estar do Menor, aprovado em primeiro de dezembro de 1964 e transformado na Lei n. 4.513.[16]

A proteção à maternidade, à infância e à adolescência: o Departamento Nacional da Criança (DNCr)

O decreto-lei que fixou as bases da organização da proteção à maternidade, à infância e à adolescência no país determinou a criação de um órgão federal, subordinado ao Ministério da Educação e Saúde, para coordenar as atividades relativas à nova política: o Departamento Nacional da Criança (Decreto-lei n. 2.024 de 17/2/1940). Ao DNCr competia estudar e divulgar o "problema social da maternidade, da infância e da adolescência" (art. 5º), e conceder auxílio federal aos Estados e subvenção às instituições de caráter privado para a manutenção e desenvolvimento de serviços dirigidos a esta população, bem como fiscalizar a execução dos mesmos.

Segundo Pereira (1992, p. 17), o objetivo do Departamento era "salvar a família, para proteger a criança". Para tal, estava prevista a criação de uma rede de instituições, localmente dirigidas por organizações privadas, mas orientadas pelos preceitos científicos elaborados pelo DNCr. A Junta Municipal da Infância, formada por ativistas locais, como médicos, professoras, "senhoras da sociedade", religiosos, autoridades públicas, teria a função de distribuir subsídios às organizações privadas e de fiscalizá-las. As unidades de atendimento, dirigidas às gestantes, às mães e seus filhos seriam os postos de puericultura, as creches, os jardins de infância, as maternidades, os hospitais para crianças etc.

O fim último destas instituições seria manter a estabilidade da família — Estado e sociedade se unem para evitar que ela seja atingida por qualquer ameaça. O papel da mãe é privilegiado: ela é responsável pelos cuidados físicos e pela educação moral da criança, devendo para isso permanecer em casa. Não sendo possível, a criança deveria ser resguardada dos perigos da

16. A partir da década de 1970, a sigla da fundação passa a ser FUNABEM.

falta de cuidados e da má convivência, sendo enviada para uma das instituições previstas. Não é possível precisar até que ponto estas iniciativas foram implantadas, pois as estatísticas do Departamento no Estado Novo não eram sistemáticas. Pereira se limita a informar que em alguns lugares o projeto foi levado adiante (op. cit., p. 17).

O DNCr sofria com a falta de recursos, fato que o levou a associar-se à Legião Brasileira de Assistência (LBA), criada pelo governo federal em 1942, cujo escopo de atuação incluía a maternidade, a infância e a adolescência, enfim, a população "economicamente desajustada" (op. cit., p. 278). A LBA, diferentemente do DNCr e do SAM, possuía receita própria, advinda de contribuições compulsórias dos trabalhadores sindicalizados, além de estar vinculada à "autoridade moral" da primeira dama. O DNCr conseguiu meios com a LBA para financiar obras de seu programa, principalmente os postos de puericultura.

Qual a relação do DNCR com o SAM e com a justiça de menores? O decreto-lei que instituiu o Departamento previa a cooperação deste com a justiça de menores, de modo que à "criança" sob vigilância da autoridade judiciária esteja assegurada "a mais plena proteção" (art. 16). Neste momento, o texto do decreto abandona o termo "criança" e adota o termo "menor", deixando claro que se trata de uma outra parcela da população, alvo de medidas de outra natureza daquelas dirigidas à "infância", como, por exemplo, a internação para a elaboração de "diagnóstico", como determina o parágrafo único do artigo 17:

> "Serão instituídos, nas diferentes unidades federativas, centros de observações destinados à internação provisória e ao exame antropológico e psicológico dos menores cujo tratamento ou educação exijam um diagnóstico especial".

O DNCr deveria receber os menores sob custódia judiciária, mas o próprio órgão reconhecia o controle dos juristas sobre este grupo, uma espécie de acordo tácito sobre o objeto de intervenção de cada setor do poder público. Os médicos puericultores do Departamento incorporaram elementos do discurso dos juristas, cujos textos eram publicados pelo órgão.

Sob uma política de boa vizinhança, os juristas eram convidados a participar das cerimônias das Semanas da Criança, comemoração promovida anualmente pelo Departamento. Para os juristas, o "menor abandonado" era resultado do esfacelamento da família, e a solução estava no internamento e no reforço das leis, visão corroborada pelos médicos puericultores. Na divisão de atribuições, o programa do DNCr estava voltado para a ação preventiva, visando evitar a ruptura na estabilidade familiar e a produção de "menores abandonados" (Pereira, 1992, p. 257).

A divisão de atribuições entre o Ministério da Educação e da Saúde (MES) e a esfera jurídica gerou algumas tensões. O MES, através de seu Ministro, Gustavo Capanema, requisitou para si o controle sobre a assistência pública dirigida ao menor, tentando retirá-la da esfera do jurídico, ou seja, das Secretarias de Justiça e dos juízes de menores, que não eram vistos por ele como autoridades capacitadas para administrar a questão. Com um subterfúgio que o fazia substituir o termo "recolhimento de menores" por "estabelecimentos de ensino", Capanema entendia que o MES deveria deter o controle sobre estes estabelecimentos. O Ministro propôs a criação do "Patronato Nacional de Menores", alegando que inexistia um aparelho nacional coordenador e orientador dos "estabelecimentos de ensino", já que o SAM atuava somente no Distrito Federal.

A proposta de Capanema não teve repercussão no governo. Pereira (1992) avalia que, provavelmente, o projeto encontrou resistências junto ao Ministro do Trabalho Marcondes Filho, que acumulava a pasta da Justiça. Além do que, pouco tempo depois, mais precisamente em 1944, o SAM, órgão subordinado ao Ministério da Justiça, adquiriu âmbito nacional. Gradativamente foram criados os órgãos regionais do Serviço. O atendimento aos menores no país permaneceu sob o controle do aparelho policial-judiciário. A sua transferência para o âmbito da educação e da saúde implicaria numa mudança na forma de se conceber o menor, longe ainda de ser percebido como criança. A clivagem entre os dois conceitos ainda permaneceria intransponível por muitos anos.[17]

---

17. Observa-se que a atuação dos órgãos voltados para os menores e daqueles direcionados para a maternidade e a infância sempre foi dissociada. Nos relatórios do SAM e do Juizado de Menores não

A Legião Brasileira de Assistência (LBA)

A LBA, criada em 1942 pela primeira dama Darcy Vargas com o objetivo de assistir às famílias dos convocados na II Guerra Mundial, assumiu como prioridade a assistência à maternidade e à infância a partir de 1945, apressando o fim de seus compromissos com as famílias dos convocados. Os Estatutos da LBA já previam a sua manutenção nos tempos de paz, através do redirecionamento de suas ações para os problemas da maternidade e da infância necessitada. Suas ações tinham um caráter nacional, tendo a primeira dama convocado, através de telegrama, as esposas dos governadores estaduais e dos interventores federais para instituir em cada estado uma representação da recém fundada Legião Brasileira de Assistência.

O relatório do ano de 1943 das atividades da LBA no Estado do Rio de Janeiro apresenta os planos da Comissão Estadual, presidida por Alzira Vargas do Amaral Peixoto, filha da primeira dama. O primeiro plano refere-se à assistência permanente, a subsistir após o término da guerra. O segundo plano, de natureza emergencial, dada a necessidade de apoiar as "classes armadas", foi considerado prioritário, ficando o primeiro plano sujeito às disponibilidades de verba. O "plano definitivo" buscava levar à "imortalidade a obra legionária", objetivo perseguido pela primeira presidente da LBA, Darcy Vargas, ao convocar em 1945 o Conselho Deliberativo do órgão para estudar os novos rumos a serem seguidos. A instituição assumiu como finalidade prestar somente assistência à infância e à maternidade, objetivo mantido pelo Conselho Deliberativo da LBA após a renúncia de Darcy Vargas em outubro de 1945, por ocasião da mudança de governo. O Conselho, depois de tomar "todas as medidas necessárias para a manutenção da LBA", implementou a reforma de seus Estatutos,

---

há qualquer referência ao DNCr. O mesmo ocorre com a LBA: a única exceção refere-se ao fato do SAM, na década de 1940, aceitar menores encaminhados pela LBA para internação, recurso utilizado em pequena escala, já que a instituição passou a dispor de sua própria rede de "obras sociais" para internar crianças necessitadas — em 1946, a LBA, subvencionou 23 estabelecimentos no Rio de Janeiro, que mantinham 441 menores por ela encaminhados (LBA, 1946). Com a criação da FUNABEM, a situação não se altera — os relatórios da LBA após 1964 não fazem referência ao órgão.

aprovada em 26/1/1946 pela Portaria n. 1.595 do Ministério da Justiça e Negócios Interiores (LBA, 1946, p. 9).[18] A escolha dessa área de atuação justificou-se pelos problemas que atingiam a "criança brasileira", mais especificamente os referentes à sua educação e saúde, responsabilizados pelo "atraso econômico" do país (LBA, 1946, p. 10). O preparo de "gerações de homens fortes" continuava sendo percebido pelo Estado como uma questão de "defesa nacional" (ibidem).

A LBA passou por uma reestruturação que culminou na aprovação de um novo Regimento, aprovado em 3/10/1946. A instituição buscou enquadrar as suas atividades em um "ciclo uniforme", através da planificação da ação, abolindo a utilização de "normas diversas para os mesmos serviços" e de "atitudes e critérios isolados das comissões estaduais" (op. cit., p. 15). Pretendia-se ter um controle mais efetivo sobre a sua ação nos estados, tarefa iniciada com a realização de um inquérito em todas as Comissões Estaduais, por intermédio de um técnico em administração e um puericultor (op. cit., p. 16). Buscou igualmente, a "unidade de ação", através de um "íntimo entendimento" com o DNCr, já que possuíam "objetivos idênticos" (op. cit., p. 11).

A reestruturação do órgão trouxe mudanças na sua organização interna. Os "órgãos-assistenciais" direcionados ao atendimento de emergência foram extintos, sendo criado em seu lugar o Departamento de Maternidade e Infância, responsável, através de suas Divisões, pelo estudo, planejamento e execução dos serviços. Os serviços assistenciais se dividiam em Setor de Assistência à Família, Setor de Puericultura e Medicina, Setor de Obras Sociais e Setor de Cadastro e Estatística. O Serviço de Assistência Judiciária, criado em 1943, recebeu a denominação de Procuradoria Geral, exercendo serviços de assistência judiciária e de registro civil.

---

18. Em 1946, além do presidente, havia cinco vice-presidentes na LBA: o presidente da Confederação Nacional do Comércio; o presidente da Confederação da Indústria; o Diretor do Departamento Nacional da Criança e o delegado da Ação Social Arquidiocesana. Do Conselho Deliberativo faziam parte representantes de instituições, tais como a OAB; a Academia Nacional de Medicina; a Associação Comercial do Rio de Janeiro; da Federação Nacional das Indústrias. E figuras ilustres, como o presidente da ABI, do Banco do Brasil, do Conselho Nacional de Serviço Social, o Juiz de Menores Mourão Russel, o ex-Juiz de Menores Sabóia Lima, agora representante do governo junto à LBA e outros. Essa estrutura provavelmente manteve-se até 1966, quando foi extinta a contribuição dos empregadores.

A linha mestra da atuação da LBA manteve-se ao longo de sua história. Os serviços sofreram novas reestruturações, adaptando-se às novas tendências de cada período, como, por exemplo a ênfase, a partir da década de 60, na participação da "comunidade" nos "problemas assistenciais relacionados com sua população", como defendeu a primeira dama e presidente da LBA, Yolanda da Costa e Silva, à Comissão de Saúde do Congresso Nacional em 1967. Em cinco das dez metas apresentadas pela presidente da LBA, utilizou-se o termo "comunidade" (LBA, 1967, p. 3). Na década de 80, o lema é a "geração de renda", incrementada através de programas de formação e reciclagem profissional e pelo apoio financeiro às "microunidades produtivas" ou "microempresas sociais", para aquisição dos "meios de produção". As unidades produtivas eram formadas por egressos dos cursos e por pessoas qualificadas das comunidades. (LBA, 1987, p. 26 e 28).[19]

O princípio do não paternalismo na assistência passou a ser perseguido na década de 60, dentro de uma perspectiva "desenvolvimentista", bem ao gosto do governo militar instaurado em 1964, assim expresso pela primeira dama Yolanda da Costa e Silva (LBA, 1967), no período de maior repressão política já vivida no país:

> "(A LBA) deverá seguir uma *política assistencial-desenvolvimentista* através das comunidades, evitando a política paternalista absoluta".

Em termos orçamentários, a LBA era mantida pelos empregados e empregadores, incidindo um desconto de 0,5% dos salários e mais 0,5% como contribuição dos patrões (Decreto-lei n. 4.830 de 15/10/1942). Em fins de 1945, ano de mudanças na LBA, visando à sua manutenção, a contribuição dos empregados passou para a responsabilidade do governo federal

19. O programa, iniciado em 1986, com o apoio a 4.863 "microempresas sociais" sofre brutal ampliação em 1987, mantendo cerca de 55.300 "unidades produtivas", reduzindo sua atuação em 1989, quando apoiou 38.273 "microunidades de produção". Entretanto, a redução mais drástica ocorreu em 1990, quando foram implantadas 3.244 "microunidades de produção", sendo mantido o apoio a 7.094 unidades comunitárias" (LBA, 1991). Nota-se que os termos utilizados para designar o programa sofreram alteração a cada ano.

(Decreto-lei n. 8.252 de 29/11/1945), gerando problemas de caixa para a instituição, pois o recolhimento era feito com atraso, através dos Institutos de Aposentadoria e Pensões. Só a partir de 1963, o recolhimento foi transferido para rede bancária nacional (Resolução n. 244/63 do DNPS), processo ainda moroso e disperso, pois as contribuições eram depositadas em cerca de 1.000 estabelecimentos bancários. As contribuições do empresariado foram extintas com a Lei n. 5.107 de 13/9/1966, que instituiu o Fundo de Garantia de Tempo de Serviço, ficando o governo com a responsabilidade de manter a instituição. Tal resolução resultou em "queda do ritmo de trabalho", pois a instituição ficou na dependência de dotação orçamentária, descrita pela sua presidente em 1967 como "absolutamente insuficiente para o nosso planejamento" (LBA, 1967). A primeira dama Yolanda Costa e Silva (1967) defendeu a criação de "uma fonte de recursos independente, que esteja sob sua guarda e controle", da mesma forma que o fez, em 1956, o ex-diretor do SAM. Em 1969, a LBA foi transformada em fundação, passando a dispor de recursos próprios.

Na década de 70 e principalmente na de 80, a LBA sofreu uma grande expansão, atingindo 68,2% dos municípios em 1980 e 90% destes em 1988 (LBA, 1980 e 1988). E sob a gestão do primeiro governo civil (1985-1989), após o término de 20 anos de ditadura militar, foi que a LBA teve o maior crescimento de sua história. De um orçamento de 20 milhões dólares em 1985, a instituição contou com um bilhão de dólares em 1987. O número de pessoas atendidas quadruplicou de 1985 para 1986: de quatro para 16 milhões (LBA, 1987, p. 4).

Em 1990, encerra-se a fase áurea da LBA que, a partir de 1991, tornou-se alvo de ataques da imprensa, das instituições que dependiam de seus recursos para atuarem e de diversos setores da sociedade. Símbolo da administração corrupta, em decorrência dos atos ilícitos da primeira dama e de seus comparsas, a insatisfação da sociedade com a gestão da presidente da fundação se agravou com as denúncias contra o próprio presidente da República, acusado de envolvimento em operações escusas com empresas privadas, através de órgãos da administração pública. É preciso lembrar que as irregularidades cometidas na administração do órgão provavelmente não foram privilégio da gestão de sua presidente à época, mas sem dúvida, sofreram uma exposição pública nunca vista antes. Isto, após a primeira eleição direta para a Presidência da República após 25 anos, com uma campanha eleitoral baseada na "caça aos marajás" do setor público e na moralização da administração pública.

O atendimento: das obras sociais às comunidades

Desde a sua fundação, a LBA atuou com a colaboração das instituições privadas, e em menor escala, com as públicas (federais, estaduais e municipais), através de convênios estabelecidos para a prestação de serviços diversos, como o atendimento médico, a internação de "menores desvalidos", vagas em creches e cursos profissionalizantes, sendo que todos os municípios do Estado do Rio de Janeiro já dispunham de centros municipais da Legião (LBA, 1943, p. 13). Essa tendência se manteve até 1975, quando houve um significativo aumento da chamada "execução direta" em detrimento da "execução indireta", como veremos a seguir. Posteriormente, o quadro é revertido, com uma política de apoiar e incentivar as iniciativas comunitárias, dentro de uma perspectiva de fornecer os elementos necessários (financiamento e capacitação técnica) para que a própria população interessada pudesse gerar e gerenciar o seu atendimento — a chamada "autoparticipação" (LBA, 1980).

Em 1946, ano de crise financeira na LBA, pela perda da importante contribuição dos empregados que era responsável por um terço de sua receita anual, segundo o relatório de 1946 (p. 67), o órgão subvencionou 338 "obras sociais" no país, constituídas por educandários (111), lactários (48), hospitais (40), ambulatórios (28), Postos de Puericultura (26), dentre outras. A LBA auxiliou quatro Institutos de Proteção e Assistência à Infância, indicando que a obra de Moncorvo Filho, iniciada em 1901, permanecia viva (LBA, 1946, p. 38). O número de "obras próprias" era bem mais modesto: 54. As "obras alheias" podiam ser particulares ou públicas.

De 1946 a 1964, não houve um aumento significativo no número de subvenções, tendo em vista a proporção atingida na década de 1980. Eram

792 "obras alheias" subvencionadas, sob relações nem sempre amigáveis com o governo. A presidente da LBA, que assumiu o cargo após o golpe militar de março de 1964, defendeu a necessidade de rever as normas para concessão de auxílios e subvenções, alegando que muitas obras vinham recebendo o apoio do órgão há anos, sendo que algumas não prestavam qualquer colaboração, mesmo quando solicitadas (LBA, 1964, p. 19). E apontada igualmente a necessidade de se "disciplinar o processamento das internações de menores e manter fiscalização dos educandários que colaboram com a LBA". A intenção era manter o "sistema de semi-internato" e reduzir a internação em educandários, mantendo os "menores" junto às suas famílias (op. cit., p. 18). Observa-se que a não internação foi mais do que tema de debate nesta época, tornando-se princípio para as ações governamentais desde a implantação da Comissão de Sindicância do SAM, em 1961, e permaneceu como diretriz na criação da FUNABEM em dezembro de 1964.

O número de "obras próprias" teve um crescimento razoável, passando de 54 para 269. A "diretriz básica" deste período baseou-se na "interiorizado da LBA", ampliando seu raio de ação para as pequenas cidades e vilas do interior, plano seguido com afinco, pois, passados 20 anos, as ações da LBA atingiam 80% dos municípios (LBA, 1984).

Três anos depois, a LBA teve sua ação ampliada, contando com 402 "obras próprias" e 1.011 "obras alheias" (LBA, 1967). Neste período, a instituição assumiu como meta a redução ao mínimo das "obras próprias" existentes, mantendo apenas nas grandes cidades aquelas que poderiam funcionar como "unidades modelares" para treinamento de pessoal das "comunidades do interior" (ibidem).

A meta anunciada não condiz com o que ocorreu na LBA, a partir de meados da década de 1970, quando a "execução direta" passou a se equilibrar com a "execução indireta" no atendimento à clientela.[20] Em 1975, 45%

20. "A execução direta caracteriza-se pela presença física e atuante da LBA, que utiliza seus recursos próprios de orçamento, material e pessoal no planejamento, desenvolvimento e avaliação dos programas. (...) A *execução indireta* processa-se por meio de convênios com entidades assistenciais de tradição e conhecimento técnico específico na área social selecionada" (LBA, 1980, p. 10).

dos atendimentos foram feitos pelos "equipamentos sociais próprios" e em 1980, este número subiu para 83%. Isto não quer dizer que as obras fossem em sua maioria da LBA. Em 1980, esta contava com 1.003 "equipamentos próprios" e manteve 4.644 convênios. No entanto, a despesa com os convênios representaram somente 30% do seu orçamento (LBA, 1980, p. 10).

Esta proporção inverteu-se em 1986, atingindo em 1989, a cifra de 99% de recursos repassados para outras instituições, através de 34.944 "acordos firmados" (destes, 16.950 foram assinados em 1989) com 11.682 "entidades conveniadas/contratadas", sendo 9.150 particulares (LBA, 1989, p. 6). Como já dissemos, o período 1985-1989 foi marcado por um grande investimento financeiro na instituição e pela adoção de "novas estratégias", como "uma contribuição mais consequente para o resgate da dívida social e para o avanço da cidadania", sem deixar de lado, contudo, "as ações de natureza reparadora, compensatórias". O grande aumento do número de convênios obedeceu ao objetivo de descentralizar as ações da LBA, descentralização entendida como o "estabelecimento de parcerias com os demais níveis de governo e com entidades da sociedade cabendo à LBA o apoio técnico e financeiro, bem como a articulação e harmonização das ações descentralizadas" (LBA, 1989, p. 28).

A modernização do discurso não trouxe mudanças significativas nos programas executados pela LBA neste período. O programa de apoio a creches através do pagamento de um *per capita* por criança, uma das atividades mais antigas da LBA, conforme é reconhecido pela instituição no relatório do ano de 1989, nesse ano, foi a ação de maior alcance, atingindo 3.251 municípios e quase dois milhões de crianças, absorvendo a maior fatia do orçamento (37%) (op. cit., p. 29 e 7).

Comentários finais

A assistência pública à infância no país apresentou algumas características que deixaram marcas profundas no sistema de atendimento até a atualidade. A sua própria constituição nas primeiras décadas do século, vinculada às instituições jurídico-policiais, em uma ação marcada pelo controle e pela repressão, dependente das instituições particulares beneficentes, já nos dá uma ideia do percurso que as políticas públicas do setor iriam traçar nas décadas seguintes.

O recolhimento de crianças nas ruas pelo aparato policial e, mais tarde, pelos Juízos de Menores, foi uma prática constante no país, mais acentuada nos períodos de maior repressão política. A perspectiva saneadora se manteve e atingiu níveis trágicos a partir da década de 1980, com a organização de grupos de extermínio de crianças e adolescentes pobres, uma ação extra-oficial que como se sabe, conta com a participação de elementos das polícias e com a tolerância da sociedade.

Não podemos afirmar que nada mudou do início do século para cá. O país não é o mesmo: a questão da infância se insere agora noutro contexto, social, econômico, político e cultural. A legislação é outra, refletindo estas mudanças, principalmente nos âmbitos político e social, onde a sociedade civil adquiriu meios de ser ouvida, de participar e intervir.

O pensar e agir sobre as políticas oficiais de assistência à infância no início do século era privilégio de uma elite formada por autoridades, intelectuais, pessoas da boa sociedade, incomodadas com uma situação que começava a se constituir como um problema que podia fugir do controle, principalmente do Estado. A fórmula do recolhimento do chamado "menor" aos depósitos do Estado e aos asilos da caridade não era mais considerada suficiente para conter a expansão do que se convencionou denominar de "problema do menor". Principalmente porque já se pensava na utilidade deste sujeito à nação, na forma de mão-de-obra para a indústria incipiente, para a agricultura sem os braços dos escravos e para a formação de um Estado nacional, forte, unido em torno dos ideais da pátria, com uma população dócil, ciente de seus deveres e de seu lugar.

Em função dessas novas necessidades, desenrola-se um debate em torno da urgência de se criar instituições apropriadas para atender a esta população, repudiando-se as soluções utilizadas tradicionalmente no país, como os asilos para "depósito" dos menores e as prisões. Neste cenário, algumas instituições são criadas ou reformadas por iniciativa do governo federal, visando à formação profissional dos internos, incluindo-se aí os patronatos agrícolas, para a formação de trabalhadores rurais. Embora o surgimento de uma nova ótica na assistência não tenha significado o abandono total das práticas consideradas ultrapassadas, podemos dizer que, neste momento, houve uma ruptura na forma de se conceber o atendimento àqueles designados *vadios, vagabundos viciosos e criminosos* — da repressão à educação, ou seja, de uma ótica meramente repressiva para uma visão educativa e recuperativa. Esta mudança de concepção foi fundamental para a trajetória da assistência no país. Se, por um lado, não foi totalmente absorvida pela prática, serviu ao menos, como um parâmetro que norteou as tentativas do Estado em resolver o que passou a ser designado como problema social.

O *famigerado* SAM surgiu rodeado por todos os princípios considerados os mais modernos na época: voltado para a educação, formação profissional, estudo e classificação do menor, com método de trabalho delineado, a chamada assistência científica. O que ocorreu de fato — abusos contra os internos, corrupção, clientelismo — deve ser entendido dentro do contexto político da época. Uma ditadura preocupada em se manter, através da ideologia da defesa nacional, onde o menor nas ruas, fora da escola e do ambiente de trabalho, representava uma ameaça à pátria. Mas também, uma clientela sem barganha, política e econômica, que era foco de investimento pelos riscos que oferecia, mas nem tanto. O menor e o meio social a que pertencia não tinham como cobrar e muito menos exercer controle sobre as ações de um Estado ditatorial. Pela sua condição de menoridade e pobreza, ele estava nas mãos daqueles designados para "protegê-lo" ou "recuperá-lo". Os abusos foram muitos e deram ao SAM a fama que permaneceu na história e no imaginário popular: *Sem Amor ao Menor*, *sucursal do inferno* e muitos outros.

A história da assistência pública está intimamente inserida ao contexto político e econômico de cada época. Como vimos, industrialização, povoamento, imigração, melhoria da raça, defesa nacional, segurança nacional são tópicos que tiveram influência direta sobre as políticas públicas dirigidas ao menor. Não obstante a assistência estar ao sabor das políticas de cada época, a internação em estabelecimentos fechados permaneceu como linha mestra, o fio condutor do atendimento prestado, tanto pelo Estado quanto pela iniciativa particular.

Os problemas do modelo dos grandes internatos são analisados pelos atores sociais desde o início do século e vivenciados por várias gerações de meninos e meninas. Portanto, há quase cem anos acumulamos um saber sobre a questão e uma experiência rica de seus fracassos, sob o ponto de vista do interno. Além do que, o modelo traz em si uma grande incoerência: como internar todos os menores abandonados, delinquentes ou simplesmente pobres? A falta de estabelecimentos suficientes para atender à demanda dos Juizados, a superlotação das instituições são reclamações frequentes dos executores da assistência em todos os tempos.

Uma questão que não pode ser esquecida e que representa uma marca, ou melhor, uma cisão profunda na assistência foi a constituição de duas categorias que assumiram características independentes: o *menor* e a *criança*. Duas categorias que vão ser alvo(s) de políticas diversas, situação que adquiriu maior nitidez na era Vargas com a criação do Serviço de Assistência a *Menores* e do Departamento Nacional da *Criança*, inaugurando a política de proteção à infância, à adolescência e à maternidade, reforçada depois com a atuação da LBA. O menor permanece na esfera policial-jurídica, sob controle do Ministério da Justiça, e a criança é exclusividade da esfera médico-educacional, cujas ações são coordenadas pelo Ministério da Educação e Saúde.

Desde a criação da FUNABEM, a execução da assistência não está mais sob o controle do Ministério da Justiça, o que não significa que diminuiu a distância entre as duas categorias. Ela permanece. O Estatuto da Criança e do Adolescente trouxe avanços significativos nesta área, mas na prática ainda vivemos com essa cisão. A aprovação de uma lei não é suficiente para mudar uma concepção tão arraigada na nossa sociedade, mas é capaz de oferecer instrumentos para a mudança.

Referências bibliográficas

ARAUJO, Silvana Miceli de. *Da caridade à justiça*: Uma análise da justiça de menores. Relatório de Pesquisa. Rio de Janeiro: PUC, 1985.

BRITTO, Lemos. *Obras completas* (assistência a menores — direito penal — ciência e prática penitenciária). Rio de Janeiro: Ministério da Justiça e Negócios Interiores/Serviço de Documentação, 1959, v. 1.

CORREIA, Rivadávia. Assistencia publica. In: *Assistencia publica — sua função jurídica*. Rio dc Janeiro: Typografia do Jornal do Commercio de Rodrigues, 1903.

CORREIO DA MANHÃ. *A Assistência à infância*: o Juízo de Menores em São Paulo. Rio de Janeiro, 24/3/1927.

COSTA, Jurandir Freire. *História da psiquiatria no Brasil*: um corte ideológico. Rio de Janeiro: Documentário, 1976.

COUTO, Miguel. *No Brasil só há um problema nacional*: a educação do povo. Rio de Janeiro: Typ. Jornal do Commercio, 1933.

FUNABEM. *Brasil Jovem*. Rio de. Janeiro, dez. 1966, ano I, n. 2.

GAZETA DE NOTICIAS. Pela infância abandonada. Uma palestra com o Dr. Mello Mattos, Juiz de Menores. Rio de Janeiro: *Gazeta de Notícias*, 3/10/24.

GONDRA, José. *Artes de civilizar*: medicina, higiene e educação escolar na Corte Imperial. Rio de Janeiro: EdUERJ, 2004.

GOULART, Braulis. *Proteção aos menores moralmente abandonados*. São Paulo: Faculdade de Medicina do Rio de Janeiro, 1912.

GUSMÃO, Saul de. *Proteção à infância* (relatório do Juiz de Menores do Distrito Federal — 1940). Rio de Janeiro: Imprensa Nacional, 1941.

JUÍZO DE MENORES DO DISTRITO FEDERAL. *Arquivos*, v. VIII, anos de 1952-1953. Rio de Janeiro: Imprensa Nacional, 1957.

LBA. Assistência ao pré-escolar. Rio de Janeiro: LBA. *Documento de Trabalho*, n. 2, 1975.

______. *Brazilian Legion of Assistence*: On agency of social development. Its great growth in 86. Its resources and goals for 87. Brasília, 1986.

______. *Memória da assistência social*: as origens da LBA. Rio de Janeiro, 1977.

______. *O problema da maternidade, da infância e da adolescência no Brasil*. Brasília, 1967.

______. *Projeto Minha Gente*. Brasília: MAS/LBA, 1991.

LBA. Assistência ao pré-escolar. *Relatórios anuais dos anos de 1943, 1946, 1964, 1978-1990.*

LIGA BRASILEIRA DE HYGIENE MENTAL. Relação dos membros titulares da Liga Brasileira de Hygiene Mental. Rio de Janeiro, 1, 2, dez. 1925, p. 182.

LIMA, Augusto Sabóia. *A criança e o comunismo.* Rio de Janeiro: Conferência realizada na Academia Brasileira de Letras, 1936.

______. *A infância desamparada.* Rio de Janeiro: Imprensa Nacional, 1939.

______. *Relatório do Juízo de Menores do Distrito Federal.* Rio de Janeiro: Imprensa Nacional, 1937.

LOUZADA, Affonso. *O problema da criança e a ação social do Juízo de Menores.* Rio de Janeiro: Imprensa Nacional, 1940.

MARQUES, Joaquim Candido de Azevedo. *Menores abandonados e delinquentes.* São Paulo: Saraiva, 1925.

MINISTÉRIO DA EDUCAÇÃO E SAÚDE PÚBLICA. *Conferência Nacional de Proteção à Infância (17 a 27 de setembro de 1933).* Atas e Trabalho. Rio de Janeiro, 1933, v. 1, parte geral.

MINISTÉRIO DA JUSTIÇA E NEGÓCIOS INTERIORES. *Arquivos do SAM,* v. II, dez. 1943. Rio de Janeiro: Imprensa Nacional, 1944.

______. *Arquivos do SAM.* v. IV, dez. 1944. Rio de Janeiro: Imprensa Nacional, 1946.

MONCORVO FILHO, Arthur. *A assistência pública e a assistência privada*: relações e regulamentações. Rio de Janeiro: Departamento da Criança no Brasil, 1922.

______. *Histórico da proteção à infância no Brasil.* Rio de Janeiro: Empresa Gráfica, 1926.

MORAES, Evaristo de. *Ensaios de patologia social*: vagabundagem, alcoolismo, prostituição, lenocinio. Rio de Janeiro: Leite Ribeiro, 1921.

MOTTA, Candido Nogueira. *Os menores delinquentes e o seu tratamento no Estado de São Paulo.* São Paulo: s.e., 1909.

MUNICÍPIO DO RIO DE JANEIRO. *Assistência pública e privada no Rio de Janeiro. História e estatística.* Rio de Janeiro: Prefeitura do Rio de Janeiro, 1922 (Levantamento encomendado pelo prefeito Bento Ribeiro ao comendador A. Paiva.)

NOGUEIRA FILHO, Paulo. *Sangue, corrupção e vergonha*: SAM. São Paulo: s.e., 1956.

NOITE (A). Assistindo e protegendo os menores: Os pontos cardeais da nossa primeira e adiantada organização. Como um técnico especialista os comenta numa demorada análise. Jornal *A Noite*. Rio de Janeiro, 11/2/1924.

OLIVEIRA, Cândido de. A teoria descentralizadora: os perigos do excesso. O erro do plágio americano. In: *A década republicana*. Brasília: UnB, 1986, v. II.

PAIVA, Ataulpho de. A nova justiça. Os tribunaes para menores. Artigo publicado no *Jornal do Commercio* em 1911. In: *Justiça e assistência*. Rio de Janeiro, 1916.

______. *Assistência pública*: O Brasil no Congresso de Milão. Rio de Janeiro: s.e., 1907.

______. *Assistência pública*: Sua função jurídica. Rio de Janeiro: Jornal do Commercio, 1903.

______. *Justiça e assistência*: Os novos horizontes. Rio de Janeiro: Typ. do Jornal do Commercio, 1916.

______. Justiça internacional. A codificação e a junta de Jurisconsultos do Rio de Janeiro. Artigo publicado no *Jornal do Commercio* em 1912. In: *Justiça e assistência*, 1916.

PATRONATO DE MENORES. *Estatutos*. Rio de Janeiro, 1938.

PEREIRA, André Ricardo Valle Vasco. *Políticas sociais e corporativismo no Brasil*: O Departamento Nacional da Criança no Estado Novo. Dissertação (Mestrado em História). Niterói: Instituto de Ciências Humanas e Filosofia/UFF, 1992.

PINHEIRO, Maria Esolina. *Infância e juventude desvalidas*. Rio de Janeiro: Coelho Branco, 1939.

______. *Serviço Social* — Documento histórico. São Paulo: Cortez, 1985.

REBOUÇAS, André. *Orfelinato Gonçalves d'Araujo. Temas e contribuições para a abolição da miseria*. Rio de Janeiro, 1889.

RENAULT, Leon. *Assistência à infância desvalida em Minas Gerais*. Instituto "João Pinheiro". Belo Horizonte: Imprensa Oficial do Estado, 1930.

RIZZINI, Irene; RIZZINI, Irma *A institucionalização de crianças no Brasil*: percurso histórico e desafios do presente. Rio de Janeiro: PUC, São Paulo: Loyola, 2004.

RIZZINI, Irma. *Assistência à infância no Brasil: uma análise de sua construção*. Rio de Janeiro: EDUSU-CESPI/USU, 1993.

______. O surgimento das instituições especializadas na internação de menores delinquentes. In: ZAMORA, Maria Helena (org.). *Para além das grades*: elementos para a transformação do sistema socioeducativo. Rio de Janeiro: PUC-Rio; São Paulo: Loyola, 2005.

SAMPAIO, J. R. Arruda. Exposição sobre os relatórios dos Juízes de Direito. In: *Anais das "Semanas de Estudos do problema de menores" (I, II, III. IV)*, realizada sobre os auspícios da presidência do Tribunal de Justiça de São Paulo (1948 a 1951). São Paulo: Imprensa Oficial do Estado, 1952.

SCHUELER, Alessandra; RIZZINI, Irma. A caçada aos menores: disciplina e educação das infâncias nos Relatórios de Justiça e Polícia da Corte imperial (1860-1889). *Revista Educação e Cidadania*, 2007.

SILVADO, Jaime. *A propósito da assistência pública*. Rio de Janeiro: s.n., 1903.

VAZ, Franco. *A infância abandonada*. Rio de Janeiro: Imprensa Nacional, 1905.

VIANNA, Adriana de Resende B. *O mal que se adivinha*: polícia e menoridade no Rio de Janeiro, 1910-1920. Rio de Janeiro: Arquivo Nacional, 1999.

Capítulo VI

Do Estado ao Estatuto. Propostas e vicissitudes da política de atendimento à infância e adolescência no Brasil contemporâneo

*Arno Vogel**

O pretenso AntiSAM ou um caminho calçado de boas intenções

A longamente acalentada metamorfose do sistema assistencial destinado aos menores aconteceu, finalmente, sob a égide da "revolução de 64". Foi, desde então, para o bem ou para o mal, creditada a este movimento, e ao período da gestão autoritária do Estado, que se inaugurou com ela.

A Lei n. 4.513 de 1° de dezembro de 1964, extinguiu a famigerada "Escola do Crime", que tinha sido o SAM — Serviço de Assistência ao Menor, "medida saneadora" reivindicada pelo clamor, tanto dos seus próprios dirigentes, quanto da opinião pública, em geral.

Ao finado órgão veio substituir-se a FUNABEM — Fundação Nacional do Bem-Estar do Menor, fruto da impiedosa crítica aos métodos e resultados do SAM, bem como da concretização e consolidação das propostas

* Professor Titular de Antropologia do Laboratório de Estudos da Sociedade Civil e do Estado — LESCE — e membro fundador do Programa de Pós-Graduação em Sociologia Política da Universidade Estadual do Norte Fluminense Darcy Ribeiro — UENF.

formuladas desde o momento em que se pensou, pela primeira vez, na radical transformação de suas estruturas e práticas.[1]

O novo órgão pretendia ser o reverso de seu predecessor, mais ou menos como o novo regime pretendia opor-se ao antigo, isto é, como sua antítese.

Antítese sob vários aspectos, a começar pela sua qualificação institucional. De acordo com a lei que lhe deu origem, a FUNABEM seria "uma entidade autônoma" (Lei n. 4.513, parágrafo 2), na esfera administrativa, tanto quanto na esfera financeira. Pensava-se desse modo, afastar o fantasma da burocracia e da corrupção, que tinha caracterizado o funcionalismo do SAM. Ainda por força da lei, caber-lhe-ia "formular e implantar a Política Nacional do Bem-Estar do Menor, mediante o estudo do problema e planejamento das soluções, a orientação, coordenação e fiscalização das entidades que executem essa política" (cf. art. 5), o que lhe conferia, imediatamente, legitimidade nacional e âmbito irrestrito, na matéria, coisa que o velho SAM jamais tinha alcançado, de fato.

Ao se discriminarem as suas competências ressaltava a amplitude da esfera de atuação do novo órgão, o qual teria a incumbência de:

I — Realizar estudos, inquéritos e pesquisas para desempenho da missão que lhe cabe, promovendo cursos, seminários e congressos, e procedendo ao levantamento nacional do problema do menor;

II — Promover a articulação das atividades de entidades públicas e privadas;

III — Propiciar a formação, o treinamento e o aperfeiçoamento de pessoal técnico e auxiliar necessários aos seus objetivos;

IV — Opinar, quando solicitado pelo presidente da República, pelos ministros de Estado ou pelo Poder Legislativo, nos processos pertinentes à

1. Proposta de criação INAM (Instituto Nacional de Assistência a Menores), em 1955. A extinção do SAM deveu-se, ainda, "aos atritos interburocráticos de agências estaduais de atendimento e Juizados de Menores e policiais — dada à ausência de uma política, além das prescrições normativas do Código de Menores, que estabelecesse uma linguagem comum e domínios específicos de atuação" (FUNABEM, 1987a, p. 34).

concessão de auxílios ou de subvenções, pelo governo federal, a entidades públicas ou particulares que se dediquem ao problema do menor;

V — Fiscalizar o cumprimento de convênios e contratos com ela [FUNABEM] celebrados;

VI — Fiscalizar o cumprimento da política de assistência ao menor, fixada por seu Conselho Nacional;

VII — Mobilizar a opinião pública no sentido da indispensável participação de toda a comunidade na solução do problema do menor;

VIII — Propiciar assistência técnica aos estados, municípios e entidades públicas ou privadas que a solicitarem (art. 7).

Diretamente subordinada à presidência da República, a FUNABEM tinha no seu Conselho Nacional o órgão mais importante de toda a sua estrutura. Seu presidente era designado pelo presidente da República, em pessoa. Dela participavam outros cinco representantes do Executivo, indicados pelos Ministros da Justiça, Educação e Cultura, Trabalho, Agricultura e Saúde.[2] Além disso, faziam parte do Conselho representantes da Ordem dos Advogados do Brasil (OAB), da Federação Nacional das Associações de Pais e Amigos dos Excepcionais (FNAPAEs), do Conselho Federal de Assistentes Sociais (COFAS), da Legião Brasileira de Assistência (LBA), do Serviço Nacional do Comércio (SENAC), do Serviço Nacional de Aprendizagem Industrial (SENAI), da União das Associações Familiares (UNAF), da Empresa Brasileira de Assistência Técnica e Extensão Rural (EMBRATER), da Federação das Bandeirantes do Brasil (FBB), da Confederação Nacional dos Bispos do Brasil (CNBB), da Confederação dos Religiosos do Brasil (CRB), da Confederação Evangélica do Brasil (CEB) e da Confederação Israelita do Brasil (CIB),[3] e mais três pessoas de notório saber, no campo da proteção à família e ao menor, escolhidas em lista de nove, e apresentadas ao presidente da República para designação.

---

2. O representante do Ministério da Saúde acumulava a função de Diretor do Departamento Nacional da Criança.

3. A FBB passou a integrar o Conselho em 1966; a FNAPAEs em 1967; a EMBRATER em 1975.

Entre as diversas atribuições deste Conselho uma, em particular, merece atenção. Era de sua exclusiva competência definir a Política Nacional do Bem-Estar do Menor (art. 10, b). Este mandato, por sua vez, consagrava em definitivo os anseios e tendências de centralização da política de atendimento, que já se manifestavam, há pelo menos décadas.

A Fundação Nacional do Bem-Estar do Menor recebeu, como convinha a um organismo de sua estirpe, dote e legado. Ambos de inegável importância. O primeiro consistiu numa doação de 200 bilhões de cruzeiros antigos, em Obrigações Reajustáveis do Tesouro Nacional (ORTNs), que, a juros de 6% ao ano, mantiveram-na financeiramente autônoma, por uma década (Bazílio, 1985, p. 48).

O legado, que constituiu o seu patrimônio inicial, por sua vez, vinha-lhe da sucessão no acervo do extinto SAM. Como tantas outras heranças, no entanto, também esta se manifestou, logo, pesada. Pesada pelas responsabilidades que trazia consigo, pois, tratava-se de recuperar um patrimônio cuja decadência e dilapidação eram de domínio público. E, por aí, surgiu, efetivamente, o seu primeiro parâmetro de avaliação.

Com os recursos de que dispunha e sob a dinâmica liderança de Mário Altenfelder, a FUNABEM parece ter-se saído a contento desse primeiro cotejo (Carneiro, 1966). Muito mais pesada revelou-se a carga simbólica inerente a tal legado. Com efeito, a péssima memória do SAM estava indelevelmente associada ao acervo assumido pelo novo órgão. Teve, pois, de conviver com a permanente desconfiança da opinião pública. Neste sentido, a imagem da FUNABEM padecia de um mal originário, pois, sendo herdeira dos bens do SAM, era, em princípio, suspeita de ter herdado, também, os seus métodos.

Acima de tudo, entretanto, era preciso temer, nessa herança, o seu caráter insidioso. Como bem simbólico era portadora não só dos estereótipos negativos vigentes a seu respeito na sociedade, mas também de todo um imaginário institucional, capaz de garantir a sobrevivência e a reprodução de tudo aquilo que pretendia deixar para trás.

Desde logo, o legado do SAM não podia ser reduzido às exterioridades materiais do seu acervo. Incluía, para além delas, toda uma série de lugares-comuns antigos do atendimento, dos quais a própria categoria menor não era o menos relevante.

Diante de tudo isso, restava à Fundação realizar a sua mais importante tarefa, que era, ao mesmo tempo, o seu maior desafio — formular e implementar a Política Nacional do Bem-Estar do Menor, que, como produto do antiSAM, devia ser, também ela, a antítese das concepções, propostas e práticas do seu predecessor.

Política Nacional do Bem-Estar do Menor (PNBEM)

No Brasil da segunda metade dos anos 1960, a existência de uma "questão social" havia se tornado incontestável e incontornável. A partir daí, o que historicamente era considerado "caso de polícia" passou a configurar-se, de um momento para outro, como um "caso de política" (Scheinvar, s.d., p. 78).

As mudanças sociais, em ritmo acelerado, impulsionavam um avassalador processo de urbanização. O êxodo rural, responsável por essa "urbanização prematura",[4] estimulava um fluxo constante de pessoas que, a título individual ou como unidades familiares, deixavam seus locais de origem, para povoar as periferias das cidades, em busca dos padrões de vida enaltecidos pelo modelo de "desenvolvimento com segurança nacional".

O surgimento das "regiões metropolitanas" corria em paralelo com a expansão da pobreza, pois, o mercado de trabalho revelava-se incapaz de absorver todos esses adventícios, excessivos quanto ao número, e limitados quanto à sua qualificação como mão-de-obra.

Com isso, progredia, a olhos vistos, um "processo de marginalização", entendido como "uma situação de baixa renda, de pouca participação no consumo de bens materiais e culturais, de incapacidade de trazer a si os serviços de habitação, saúde, educação e lazer" (FUNABEM, 1976, p. 14). A

4. O II PND (Parte I, cap. IX) usava a expressão "processo de metropolitanização prematura" (FUNABEM, 1976b, p. 13).

partir dele iam surgindo massas, cada vez mais densas, de indivíduos com graves problemas de integração à vertente formal da sociedade.

A marginalidade desses grupos sociais consistia, pois, no fato de serem *desassistidos*, seja por falta de meios para se proverem a si próprios, seja pela sua "indigência de força política" (FUNABEM, 1976, p. 15), em virtude da qual não conseguiam ter acesso aos programas desenvolvidos pelo governo.

Frutos de um processo social perverso, tais grupos tendiam a converter-se em geradores de desarmonia. De marginalizados passavam a *marginalizantes*, em consequência dos efeitos deletérios de seus "caracteres comuns"[5] sobre a sua própria reprodução social, isto é, sobre crianças e adolescentes, nascidos e criados em seu meio.[6]

No âmbito da "questão social" configurava-se, assim, uma "questão do menor". O processo de marginalização de crianças e adolescentes tinha que ser reconhecido como uma regra geral. Os dados disponíveis indicavam uma realidade assustadora. De acordo com o Censo de 1970, em uma população global de 93.292.100 habitantes, contavam-se 49.378.200 com idade entre 0-19 anos (52,93%). Dessa população infanto-juvenil um terço podia considerar-se em estado de marginalização (Brasil, Câmara dos Deputados, 1976, p. 29).

Os prognósticos autorizados por tal constatação eram sombrios. Em primeiro lugar podia entrever-se, no futuro, a dilapidação de um "potencial inestimável". Além disso, no entanto, esse potencial inaproveitado constituía, desde já, uma "fonte de preocupação", em virtude dos problemas sociais que era capaz de gerar.[7]

Em suma, a massa crescente de crianças e jovens marginalizados fazia prever, a curto e médio prazos, prejuízos consideráveis, quer do ponto de

---

5. A FUNABEM identificou os seguintes "caracteres comuns" do grupo marginalizado: situação de pobreza; quebra de valores e de comportamento cultural; alto índice de natalidade; atividade marginalizada; alto índice de alcoolismo; alto índice de violência e criminalidade; alimentação deficiente; promiscuidade habitacional; e mendicância (FUNABEM, 1976, p. 14-16).

6. Em documento à FUNABEM (1976b, p. 15) refere-se a este meio como "caldo de cultura da marginalização".

7. Criminalidade; insegurança nas metrópoles; prejuízos para o turismo etc. (idem, ibidem).

vista socioeconômico, quer do ponto de vista político. No primeiro caso, em virtude da riqueza que se deixava de gerar e do dispêndio com o qual se teria de fazer, face aos problemas sociais decorrentes da marginalização. No segundo, em virtude do risco de que o potencial constituído por esses "irregulares" viesse a ser capitalizado por forças contrárias ao regime.

A "preservação do capital humano" (FUNABEM, 1976b) importava diretamente à ideologia do modelo de desenvolvimento adotado, na medida em que afetava o poder nacional:

> "... se os recursos humanos de uma nação forem despreparados e, pois, indisponíveis, ou seja, mesmo materialmente existentes, mas espiritual, intelectual e fisicamente inaproveitáveis, o próprio Poder Nacional será incapaz de responder às necessidades regionais" (Pereira Jr., 1977, p. 6).

Dentro disso que se chamava poder nacional, entretanto, a parcela considerada mais vulnerável era a das crianças e jovens. Por isso, qualquer política de desenvolvimento, cujo objetivo fosse o de fortalecer o Poder Nacional, deveria dedicar-se-lhe de modo particular. Em virtude da peculiaridade deste público, por sua vez, essa atenção especial teria de levar em conta a família (idem, p. 8).

Este era também o entendimento de Mário Altenfelder, que, por ocasião da instalação do Conselho Nacional da FUNABEM (24/5/65), acreditava dever enfatizar este ponto: "Nunca será demais repetir que o problema do menor abandonado, e tantas vezes infrator, é um problema da família" (Altenfelder, 1965).

O processo de marginalização surgia, pois, como responsável pela desagregação da família, ou pelo que se chamava, com certo eufemismo, a "disfunção familiar".

Ora, se a família era, segundo um estereótipo tão antigo quanto permanente, a "célula de base da sociedade", então o fato de vê-la deteriorar-se fundava o temor de que por essa via se chegasse a todo um conjunto de formas de subversão da ordem estabelecida, algumas delas com implicações políticas evidentes, do ponto de vista da segurança nacional.

Com efeito, o dr. Altenfelder, primeiro presidente da FUNABEM, perguntava, na mesma ocasião: "Como defender a democracia se a família se desagrega e estamos contribuindo também para isso, estimulando a internação?" (ibidem, 1965, p. 42).

Tocava-se, aí, num ponto crucial do ideário proposto pela Fundação: a *questão do internamento*. Internar era uma prática de inúmeros aspectos negativos. Em primeiro lugar, debilitava a família, estatizando o que lhe pertencia, contribuindo, dessa maneira, para afastá-la do ideal da "família bem constituída". Em segundo, onerava a Nação, dando origem ao "menor filho do Estado" (idem, ibidem). Finalmente, era um remédio inadequado para um processo de massa, pois, como seria possível encarregar-se o Estado da internação maciça e indiscriminada, de 1/3 da população infanto-juvenil do país?

Por esse motivo, a estratégia adotada pela FUNABEM tinha de romper com as práticas repressivas do fracassado dispositivo de controle social, erigido pelo SAM. Como problema e prioridade nacional, a "questão do menor" requeria, não só um trabalho específico, mas também uma concepção unificada da ação. Em consequência, o mandato da Fundação, nos termos do seu Estatuto, era o de "adotar meios tendentes a prevenir ou corrigir as causas de desajustamento".

Dado que o "problema do menor" era a *carência*, e sendo esta, portanto, o ponto inicial de um caminho sem volta (carência — abandono/maus-tratos/exploração — desvio de conduta — criminalidade), tornava-se imperioso atendê-la, neutralizando o seu potencial desagregador, mediante a prestação de "serviços humanos substitutivos" (*Resenha*, DENP, 1969).

Com essa premissa, e inspirada na Declaração dos Direitos da Criança, que a Assembleia das Nações Unidas aprovara, em 1959, a fundação considerava residir o "bem-estar do menor" no atendimento de uma série de "necessidades básicas", a saber — "saúde, amor, compreensão, educação, recreação e segurança social" (FUNABEM, 1976, p. 7).

Parecia-lhe, ao mesmo tempo, que a melhor estratégia para satisfazer essas necessidades, garantindo a "defesa do próprio menor contra o abandono, a crueldade, a corrupção ou a exploração" era a sua "reintegração no ambiente familiar". E, de acordo com esta perspectiva, "o fortalecimento econômico-social da família constitui ponto fundamental em toda política do bem-estar do menor" (idem, p. 8).

Se, no entanto, ficava entendido que o objeto por excelência de toda a política da Fundação devia ser o menor, juntamente com o seu grupo familiar, tornava-se possível a caracterização do público-alvo, tal como o delimitava o próprio órgão. Este, com efeito, preocupou-se em definir, nas *Diretrizes Fundamentais de Ação*, o seu "campo de trabalho", como abrangendo

> "...a faixa populacional, cuja parcela de indivíduos de menor idade, está sujeita a um processo de marginalização, entendendo-se por marginalização do menor o seu *afastamento, progressivo, de um processo normal de desenvolvimento e promoção humana*, até a condição de abandono, exploração ou conduta antissocial".[8]

Para esse "campo de trabalho", eram definidos três objetivos prioritários:

1. elevar progressivamente o nível de atendimento do abandono (e/ou exploração) e da conduta antissocial;
2. suprir o "abandono de fato", mediante a "criteriosa utilização do tempo livre", com vistas ao "desenvolvimento integral do menor"; e,
3. sensibilizar a população e os poderes constituídos "no sentido de despertar a opinião pública" para os problemas identificados e suas causas (FUNABEM, 1976, p. 16).

Os dois primeiros objetivos referem-se diretamente ao *menor desassistido*, categoria que compreendia, tanto o *menor de conduta antissocial*, quanto o menor carenciado, aos quais deveriam dirigir-se, respectivamente, os programas de *tratamento* e *prevenção*.[9]

---

8. Em discussões posteriores sobre os destinatários de sua política, a Fundação estabeleceu, com a LBA, que a esta caberia atender as crianças "ainda diretamente vinculadas às suas mães" (0-6 anos), enquanto ela mesma se ocuparia das demais (7-8 anos) (FUNABEM, 1976, p. 15).

9. As duas subcategorias eram assim definidas: "a) menor carenciado — aquele que em virtude do não atendimento de suas necessidades básicas e da ausência ou incapacidade dos pais ou responsáveis

Ao se tratar de "menores atingidos pelo processo de marginalização", entretanto, era necessário seguir uma *rotina de encaminhamento*, com três fases distintas e sucessivas: a) caracterização; b) estudo de caso, e c) tratamento propriamente dito.

Com relação a esta última, no entanto, ficou estabelecida uma "ordem de preferência", segundo a qual se devia privilegiar sempre a *manutenção* ou *reintegração na família* (ou em família substituta), e, não sendo isto possível, a *integração na comunidade*. Apenas em casos extremos, deveria recorrer-se ao *internamento*, e, mesmo então, em instituições de escala reduzida, "inspirando-se cada unidade, em sua organização, na vida familiar" (idem, p. 28-30).

À *prevenção* cabia, por seu lado, cuidar das situações de abandono de fato, características das áreas urbanas com forte densidade demográficas, liminares ou "deterioradas", marcadas pela presença de "menores em atividades lucrativas", "menores em condições de permanente ociosidade", "menores em atividades moralmente perigosas", "mendicância", "delinquência" ou "vício", "promiscuidade nas condições da habitação" e "alto índice de população flutuante" (p. 31).

Quanto ao modo de planejar e realizar os investimentos, dada a magnitude dos problemas, a escassez de recursos e as consequentes dificuldades na sua alocação foram estabelecidos os seguintes princípios, para orientar as escolhas:

1. definir prioridades, com base em referências geoeconômicas regionais e segundo planos de trabalho integrados de desenvolvimento, no âmbito da Política Nacional, com o cuidado de "evitar o ecletismo dos objetivos";
2. preferir sempre as atividades preventivas e educativas às terapêuticas;
3. atribuir a execução dos programas de tratamento ou prevenção a organismos locais, públicos (estaduais ou municipais) ou privados, mediante assistência técnica e financeira aos mesmos;

---

se encontra em situação de abandono total ou de fato, ou está sendo vítima de exploração; b) menor de conduta antissocial — aquele que infringe as normas éticas e jurídicas da sociedade" (FUNABEM, 1976b, p. 21).

4. priorizar a formação de pessoal técnico e conscientizar a comunidade (FUNABEM, 1976, p. 17-18).

De acordo com esses princípios, a FUNABEM configurava-se como um órgão central, de caráter normativo, cuja incumbência básica era o repasse de recursos. Esta rubrica genérica, no entanto, compreendia duas coisas distintas. Contemplava tanto recursos financeiros (parciais), quanto o que se poderia chamar de *know-how*.

Para cumprir a primeira dessas funções tinha de contar com organismos que se encarregassem da aplicação dos recursos, no nível local. Isto levou a Fundação a desencadear o processo de sensibilização dos governos estaduais, que deu origem às Fundações Estaduais do Bem-Estar do Menor (FEBEMs).

A implantação do modelo proposto, porém, não dependia apenas de repasses financeiros. Era preciso que os organismos estaduais estivessem em perfeita sintonia com a Fundação Nacional. Com essa finalidade era necessário capacitar as FEBEMs, fornecendo-lhes, ao mesmo tempo, uma ideologia (documentos doutrinários e vocabulário técnico) e uma metodologia de atendimento.

A primeira viria a formular-se através de uma série de publicações monográficas, em geral de conteúdo programático. O principal instrumento de divulgação do ideário da FUNABEM, entretanto, foi, sem dúvida, a revista *Brasil Jovem*, que acolhia, além de textos representativos do pensamento norteador da PNBEM, matérias sobre a "questão do menor" (dados estatísticos, eventos, datas comemorativas, assuntos correlatos), e ainda informativos sobre a atuação da FUNABEM e das FEBEMs.

O periódico cumpria, de resto, um papel legitimador com referência ao órgão, às suas concepções e políticas, na medida em que abria espaço para os pronunciamentos de presidentes, governadores, ministros e secretários de Estado, parlamentares, juristas e juízes, autoridades do campo acadêmico e técnicos, sem falar na opinião dos próprios leitores.

Todo esse empenho foi desenvolvido sob o lema "Brasil Jovem: A base do futuro sem fronteiras", através de uma "elite pedagógica", com um discurso salvacionista, que ia de par com a autocomplacência de um apostolado em prol do resgate da juventude e da família brasileira (Bazílio, 1985, p. 55-56).

Quanto à metodologia, entretanto, é preciso olhar para além dos propósitos e sentimentos, considerando o sistema na sua vertente operacional. E aí, precisamente, é que surge uma evidente contradição entre propostas e práticas.

Da reciclagem positiva da herança do SAM, resulta o chamado "Centro-Piloto de Quintino".[10] Com ele pretendia-se criar, implementar e avaliar modelos de atendimento direto, voltados para o "menor atingido pelo processo de marginalização". Tratava-se, pois, do "campo experimental" do sistema, que deveria funcionar como "laboratório de métodos e técnicas" e como centro de formação e desenvolvimento de recursos humanos especializados, proporcionando experiências de pesquisa, estudo e capacitação, com base numa ação, seja terapêutica (em relação ao menor), seja preventiva (em relação à família e ao meio de onde provinha o menor).

Desse modo, o modelo elaborado e proposto pela FUNABEM, pretendia assentar-se em bases científicas, capazes de sustentarem, conceitual e politicamente, a formulação de sua estratégia de controle social.

A própria FUNABEM parece ter-se convencido do seu argumento, a tal ponto que veio a pretender a sua reprodução estereotípica, ao afirmar que: "Essa ação terapêutica [desenvolvida no centro-piloto de Quintino] é, ao mesmo tempo, modelo para os Estados, onde, idealmente, deveria existir um complexo de unidades erigido à imagem e semelhança do centro-piloto da FUNABEM" (1976b, p. 38).

Tal centro-piloto trataria, pois, de reproduzir uma estrutura padrão, que compreendesse um centro de estudos, diagnóstico e indicação de tratamento, bem como unidades educacionais comuns e unidades de reeducação.

---

10. O Centro Piloto de Quintino compreendia várias escolas, entre elas a Escola XV de Novembro, além de um Centro de Recuperação e Triagem, e um hospital. Além destas unidades, a FUNABEM geria, ainda, escolas na Ilha do Governador (Pe. Severino e João Luiz Alves, entre outras), no Rio de Janeiro, bem como comunidades em Minas Gerais (Viçosa, Caxambu e Carmo de Minas).

Aquilo, que alguns críticos (Bazílio, 1985, FUNABEM, 1987, Scheinvar, s.d.) detectaram como o paradoxo da FUNABEM, resultava da dupla armadilha em que o órgão parece ter caído, com relação ao problema do internamento. De um lado, pesou certamente o acervo do SAM, enquanto estrutura e arranjo espacial, voltado para a internação. De outro, no entanto, a FUNABEM, parece ter subestimado uma autêntica *tecnologia do internamento*, dominada por certos grupos familiares, que manejavam os procedimentos necessários à internação e/ou dispunham de relações pessoais capazes de obtê-la (*Resenha* DENP, 1969, p. 6).

Convém lembrar, a propósito, que a confiança na eficácia do internamento não era, à época, um apanágio das camadas populares. Apesar da progressiva desarticulação do regime de internato para os filhos da elite, desde meados dos anos 60, para as famílias de baixa renda, o colégio interno continuava a representar um "local seguro onde os filhos estudam, comem e se tornam gente" (*Resenha* DENP, 1969, p. 7). E, poder-se-ia acrescentar, uma instituição capaz de enquadrar crianças e adolescentes problemáticos. Finalmente, a gratidão das famílias que dessa forma conseguiam livrar-se da responsabilidade sobre os seus filhos insubmissos, tampouco devia ser menosprezada, como fonte de lealdades políticas passíveis de se traduzirem em votos.

Tais foram, em resumo, os fatores a partir dos quais se desenvolveu, durante a sua primeira década, a Política Nacional de Bem-Estar do Menor, assumida e implementada pela FUNABEM.

Dez anos de política do menor (1964-1974) ou a boa consciência nacional

Em 1974, a revista *Brasil Jovem* editou um número com este título e uma tarja, onde se podia ler: "Prevenção — o Brasil escolheu caminho no Sul", numa referência explícita ao *III Encontro Nacional de Secretários Estaduais, presidentes de fundações estaduais e diretores de Serviços de Menores*, realizado de 9 a 12 de outubro de 1973, em Porto Alegre.

Para alcançar plenamente o significado desta opção pelo trabalho preventivo, entretanto, será necessário recordar duas coisas.

Primeiro, que o problema do menor só era reconhecido como tal pelo Estado, na medida em que afetava (ou podia afetar) a ordem pública, pela violência ou criminalidade. E, segundo, que, no *Vocabulário básico* da FUNABEM (1976 a 1979), a prevenção era conceituada como compreendendo "medidas adotadas para evitar a manifestação de fenômenos prejudiciais à ordem individual ou social".[11]

Dentre os vários documentos do Encontro acima referido, há um que é particularmente significativo neste sentido — a Conferência de Encerramento, proferida pelo Ministro da Justiça, Alfredo Buzaid, sobre o tema "Desenvolvimento Desordenado: Origem de Problemas".[12]

Esse pronunciamento estruturava-se em torno de alguns *pontos fundamentais*. O primeiro deles dizia respeito ao desenvolvimento e à segurança nacional como "termos de um binômio":[13]

"Quando um país tradicionalmente agropecuário sofre, em virtude do desenvolvimento, uma intensa industrialização, começa o êxodo rural. Apesar dos esforços do Estado e do Município, surgem daí graves problemas sociais, entre eles o dos menores. Tais problemas importam, por sua vez, à segurança nacional, entendida como 'defesa da Pátria contra inimigos visíveis ou invisíveis'. A marginalização do menor cria uma situação ampla de desassistência para 'milhares e milhares de menores' e, com isso, abre caminho para o surgimento 'no fórum mais profundo de sua alma', de um '*natural sentimento de revolta*'. Tal sentimento não pode ser ignorado como campo fértil para a ação dos mencionados inimigos da pátria".

O segundo ponto ocupava-se da *prevenção*, abordando aquele que tinha sido eleito o tema geral dos debates nesse III Encontro — o da "Prevenção da Marginalização do Menor":

---

11. Ver a propósito, Bazílio, 1985, p. 62.

12. Ver *Brasil Jovem*, ano VIII, n. 28, 1° quadrimestre de 1974.

13. Os trechos destacados resumem, sob a forma de paráfrase, os argumentos do ministro, restituindo, de modo exemplar, os pontos de vista do regime sobre a questão.

"Em que consiste a prevenção? Consiste 'num conjunto de medidas legislativas, administrativas e até mesmo políticas, tendentes a *separar o menor* que se encontra marginalizado, recuperando-o e restituindo-o à vida social' (idem, ibidem, 24(g/n). Prevenir é, neste sentido, combater o abandono, o perigo moral e a inadaptação do menor, para transformá-lo, novamente, em 'cidadão útil à sociedade'.

O processo de prevenção, entretanto, não está voltado apenas para esses menores. Tem outro objetivo, ainda. Constitui uma 'advertência moral para todos', no sentido de que não se interrompa a tradição desse 'modelo de moralidade pública' que é a família brasileira. Para preservá-la, torna-se necessário atacar as causas exógenas da marginalização do menor que provêm do 'meio ambiente'. Uma delas é *a rua*, 'fonte de todos os vícios', lugar dos 'perigos vários' que rondam o menor. A outra é *o lar* em estado de desequilíbrio, pois o menor é, antes de tudo, vítima do mal-estar doméstico".

O terceiro ponto era a "proteção do instituto da família", "base fundamental da sociedade". Constituía também uma advertência, no sentido de que todos os cidadãos úteis assumissem responsabilidades diante da desagregação familiar:

"Há uma 'conspiração' contra a família. Em países onde esta se apresenta 'bem organizada', impede a penetração de '*ideias* que podem vir a gerar o enfraquecimento dos laços domésticos, debilitar a formação da juventude ou destruir os valores cristãos'.

Diante disso coloca-se a pergunta: 'E quem quer destruir a família?' A resposta é simples: os que praticam ou cooperam com 'atos contrários à moral e aos bons costumes', e aqueles que fazem ou acolhem 'exteriorizações' contrárias aos 'valores essenciais do cristianismo'.

Dessa perspectiva, são dois os 'inimigos invisíveis' da Pátria. O primeiro são as drogas — meios utilizados para o 'desfibramento da família cristã' — e os traficantes. O segundo são os propósitos 'contrários à moral e aos bons costumes', compreendendo-se aí os livros obscenos e as leituras que afetam os valores da tradição cristã. Tudo isso a serviço de 'agentes internacionais', empenhados no cumprimento de um suposto preceito leninista — 'desmoralizai a juventude e a revolução comunista estará ganha'".

Diante desse quadro, acabava-se por concluir que cabia ao Estado atuar como instância de salvação da "juventude comprometida". Nota que vinha acompanhada de uma revelação: o presidente da República havia destinado à causa dos menores um investimento de "100 milhões de cruzeiros".

A plena compreensão de todo esse argumento, no entanto, só pode ser alcançada mediante referência ao contexto sóciopolítico. O Encontro em questão era o último a realizar-se durante um governo marcado, não só pela euforia do *Brasil Grande*, mas também pelas mais sombrias e draconianas restrições às liberdades civis, políticas e de expressão do pensamento.

Do ponto de vista do regime militar, vivia-se um clima de guerra interna, testemunhado pela eclosão da guerrilha urbana e rural. A radicalização política e ideológica chegava ao extremo, expressando-se no truculento lema (oficioso) dos mentores do "desenvolvimento com segurança nacional": *Brasil, ame-o ou deixe-o*, fórmula que encarnava o triunfalismo arrogante do novo modelo de gestão do Estado, com vistas ao enquadramento da Nação.

Esse mesmo clima perpassava a própria FUNABEM e, de um modo geral, tudo que estivesse ligado à sua política. Significativo parece, neste sentido, o balanço das atividades da Fundação, ao cabo da sua primeira e, segundo ela, profícua década de existência.

Os números apresentados pela área de planejamento do órgão pareciam expressivos. Eram, ao todo, 100 convênios, no valor de mais de 40 milhões de cruzeiros, para cobertura total ou parcial de 605 projetos, em 25 unidades da Federação (incluindo o Distrito Federal).

A maior parte desses convênios e/ou auxílios tinha-se realizado diretamente, com a esfera pública estadual, sobretudo com as FEBEMs e com algumas Secretarias de Estado (de Serviço Social, Assistência Social, Interior e Justiça, Trabalho e Habitação etc.). Em segundo lugar apareciam os convênios celebrados com entidades religiosas — (arqui)dioceses, prelazias, congregações e obras de beneficência explicitamente vinculadas à Igreja Católica ou, em menor escala, a outros grupos confessionais. Em terceiro lugar, estavam as entidades de serviço e assistência da esfera privada laica, como a Sociedade Pestalozzi do Brasil, as APAEs (Associações de Pais e

Amigos dos Excepcionais), a Federação das Bandeirantes do Brasil, bem como instituições particulares sem identificação nominal (*Brasil Jovem*, 1974, p. 70).

Em sua grande maioria, esses convênios parecem ter financiado projetos de construção, reformas, ampliação e aquisição de equipamentos, favorecendo tanto o setor público, quanto o setor privado, na área do atendimento. Assim, por exemplo, é recorrente, no inventário dos convênios por região/estado, a observação:

"Os projetos referentes às instituições particulares objetivam ampliar a capacidade de atendimento e melhorar as condições materiais das mesmas" (idem).

Outra parte dos recursos repassados parece ter-se destinado à capacitação de pessoal, tanto nas instituições públicas, quanto nas particulares, embora seja impossível detectar, quer o montante consumido nesses programas de treinamento, quer os seus aspectos e resultados, qualitativos e quantitativos.

O grande e explícito propósito da FUNABEM, com tudo isso, tinha sido *interiorizar* a política do bem-estar do menor, apoiando a "implantação da infraestrutura capaz de garantir o funcionamento das fundações [estaduais].[14] Em decorrência, tinha apoiado, principalmente, projetos de centros de recepção e triagem (18), centros de reeducação (10) e centros de prevenção (30), portanto, todos eles projetos de construção e, quase todos, acoplados a projetos de aquisição de equipamentos (idem, ibidem, p. 61).

A partir de 1973, a construção e manutenção de internatos parece ter cedido a primazia ao processo de "formação de recursos humanos", pois este item consumia 42% do orçamento-programa da FUNABEM para este ano. Como se a recém assumida prioridade da prevenção, solidária de um *sistema de pensamento*, elaborado e difundido pelos consultores e técnicos do órgão, mais do que um *know-how*, fosse uma perspectiva ideológica (Bazílio, 1985, p. 67).

---

14. Assim esclarece a Diretora de Planejamento do Órgão, em matéria publicada na revista *Brasil Jovem* (1974, p. 70).

Mais significativo ainda é o dado segundo o qual a maior parte desse recurso financeiro era destinada ao Centro de Preparação e Desenvolvimento de Pessoal "Milton Campos", órgão criado em 1973, com a missão de formular a ideologia e difundir os métodos da FUNABEM (idem, ibidem). Desse modo surgiu aquilo que se chegou, pretensiosamente, a chamar de a "Universidade da FUNABEM".

A finalidade do CEDEP era desenvolver e transmitir um trabalho de reflexão e experimentação para enfrentar a problemática social do menor e, neste sentido, tinha no chamado "Complexo de Quintino" o seu laboratório, escola e vitrine. Lá eram concebidas e testadas as metodologias de atendimento a serem implementadas no futuro. Lá podiam ser vistos os resultados, juntamente com as práticas. Lá, enfim, podia-se receber, com a certeza de impressioná-los, a todos aqueles de cujo apoio dependia o êxito final do empreendimento da Fundação.[15]

Esta não havia optado pelo "trabalho preventivo" por acaso. Seus mentores tinham plena consciência de que os problemas sociais se avolumavam, ganhando importância, a cada dia. Identificavam na crescente marginalização dos menores uma fonte perene de *prejuízo* para o País. Fonte de prejuízo porque contribuía para: alijar parcelas consideráveis da população do processo de desenvolvimento; elevar os gastos com programas de reeducação; impedir a emergência de "forças novas (...) capazes de modificar o meio"; agravar o problema penitenciário e a administração da justiça; e, finalmente, para desagregar a família, "aumentando de maneira irreversível a confusão já existente na sociedade".[16]

Assim, a FUNABEM parecia ter todos os motivos para estar satisfeita consigo mesma e louvar suas origens e seus protetores, como o faz no editorial que abre o número de *Brasil Jovem* em que se comemora seu décimo aniversário:

"Saudemos o 10º aniversário da Revolução, que tornou a FUNABEM possível. Saudemos um grande governo, o do presidente Médici, que che-

15. Comentário sobre o programa de visitas à FUNABEM (Bazílio, 1985, p. 68).

16. Altenfelder, "Prevenção Exige Desenvolvimento Integrado", 1973, In *Brasil Jovem*, 1974.

ga ao termo de sua patriótica missão, e ofereçamos à nova administração, do presidente Geisel, a segurança de que, também no campo do menor, a política revolucionária é de continuidade, firmeza e amor à juventude".[17]

A realidade brasileira do menor: ou a consciência nacional traumatizada

Toda essa orgulhosa autoadulação, porém, não estava destinada a durar. As propostas da FUNABEM para "prevenção da marginalização do menor" — interiorizar a campanha preventiva; descentralizar as atividades e obter a participação da própria juventude, num esforço conjugado de prevenção — pareciam não ter rendido os frutos esperados.

Ao contrário, os prejuízos resultantes da marginalização tinham aumentado. Na razão direta do seu crescimento, diminuíra a segurança. Tal era, em resumo, o teor do alarmante diagnóstico a que tinha chegado a Comissão Parlamentar de Inquérito (Brasil, Câmara dos Deputados, 1976).

A CPI do Menor, como ficou conhecida, funcionando "como um autêntico laboratório de pesquisas e busca de soluções realistas para um doloroso amontoado de problemas que chocam e deprimem a consciência nacional" (idem, ibidem, p. 17), identificara as mesmas causas já apontadas, anteriormente, para o fenômeno. Constatara, também, os mesmos *efeitos*, só que cada vez maiores.[18]

De acordo com o seu diagnóstico, havia no Brasil cerca de 25 milhões de menores carenciados e/ou abandonados; 1/3 da população infanto-juvenil encontrava-se em estado atual ou virtual de marginalização. O vertiginoso processo de crescimento populacional, migração e urbanização, fizera aparecer, ao redor das cidades, amplos "cinturões de pobreza". Com isso, a vida urbana, sobretudo, nas grandes metrópoles, corria o risco de

---

17. O autor desse editorial era o jornalista Glauco Carneiro, responsável pelas primeiras reportagens sobre a FUNABEM (Carneiro, 1966).

18. A propósito, consultar o item 4 dos consideranda da CPI, 1976, p. 160.

tornar-se insuportável. Ainda mais quando se considerava que, segundo os dados do censo de 1970, 60% da população brasileira vivia nas cidades e se estimava que este número atingiria os 2/3, em 1980.

Qual era, entretanto, diante disso, a situação dos órgãos que deviam implementar a PNBEM? O relatório da CPI era explícito, com relação a este ponto:

> "A Fundação Nacional do Bem-Estar do Menor (FUNABEM), incumbida da assistência ao menor no âmbito federal, não possui condições para solucionar o problema, cada vez mais agravado pelo crescimento demográfico. Suas atividades restringem-se basicamente ao centro-piloto, no Rio de Janeiro".
>
> "As Fundações Estaduais *não dispõem de recursos suficientes para enfrentar a magnitude do problema*. Idêntica é a situação dos municípios" (CPI, 1976, p. 49, g/n).

Constatada, assim a importância do dispositivo institucional, em que se haviam depositado, até então, as esperanças da engenharia de controle social do regime autoritário, a CPI encerrava a sua argumentação, num tom dramático:

> (...) "os efeitos multiplicadores da marginalização das famílias pobres, da criança e dos menores, não somente obstaculizam e coarctam os esforços governamentais na órbita do desenvolvimento social do País, como geram intoleráveis pressões psicossociais, além de traumatizar a consciência nacional".
>
> E concluía seu trabalho apresentando ao presidente da República uma *recomendação-síntese* — a do "advento do Sistema do Menor, na órbita do Conselho do Desenvolvimento Social" (idem, p. 160).

O Sistema de Proteção do Menor, tal como proposto pela Comissão Parlamentar de Inquérito, por sua vez, implicava, entre outras coisas, a criação de um Ministério Extraordinário, coordenador de todos os demais organismos envolvidos, financeiramente apoiado por um Fundo Nacional de Proteção do Menor e, tendo como vanguarda e instrumento, o Projeto Dom Rosco.

A este último, dotado de autonomia administrativa e financeira, caberia mobilizar a comunidade, dando origem a um "voluntariado nacional". Com base nele trataria de estimular uma ação integrada (governo-empresa-comunidade) e deslanchar aquela que seria sua meta prioritária — a *Operação Sobrevivência*, que consistiria no "recolhimento dos menores abandonados que perambulam pelas ruas das nossas principais cidades — principalmente nas regiões metropolitanas, densas de marginalização social" (idem, p. 197).

Esse prospecto grandioso, entretanto, não viria a concretizar-se. A realidade da FUNABEM permaneceu nas dimensões mais modestas que haviam resultado da reforma de 1974. De acordo com ela o órgão passara a subordinar-se ao Ministério da Previdência e Assistência Social (MPAS), no âmbito do qual continuaria, juntamente com a Legião Brasileira de Assistência (LBA) e outros programas, a exercer sua cada vez mais controvertida política, até o final dos seus dias.

Os dez últimos anos ou o declínio das irmãs siamesas

Os anos 80 – O "ciclo da mutação"

Os anos 80 surgem, no campo das políticas de atendimento à infância e adolescência, como um tempo de grandes transformações. A crer na perspectiva de um dos seus mais notáveis protagonistas, cumpriu-se, no decorrer da década, todo um ciclo.

Com efeito, para o educador Antonio Carlos G. da Costa, esses dez anos poderiam ser divididos em cinco períodos de aproximadamente dois anos cada um, reproduzindo os passos principais de uma mudança, que de tão profunda, poderia ser considerada "uma mutação social" (1990).

De acordo com essa perspectiva, a década de 80 revela uma trajetória, na qual o leitor atento não deixará de reconhecer a estrutura e a progressão das peripécias de qualquer empreendimento épico.

No primeiro momento (1980-82), constata-se, a partir das evidências fornecidas pelo fracasso do Plano de Integração Menor — Comunidade (PLIMEC), a falência do modelo da FUNABEM.[19] E, com ela, a definitiva inviabilidade, seja da concepção híbrida do atendimento (correcional-repressivo e assistencialista), seja dos seus parâmetros de gestão centralizadora e vertical, que visam a reprodução estereotipada de padrões uniformes de atenção direta ao menor, representado como um feixe de carências.

Ao mesmo tempo, impunha-se, nesse contexto marcado pelos avanços tímidos, porém perceptíveis, da "abertura democrática" e do que vinha despontando, desde meados da década anterior, como um "movimento social", uma outra constatação, não menos drástica:

> "O simples olhar sobre a paisagem urbana, nas grandes e médias cidades brasileiras apontava uma realidade muito dura: milhares de crianças e adolescentes fazendo das ruas seu espaço de luta pela sobrevivência e até mesmo de moradia" (Costa, s.d., p. 24).

Diante do surgimento dessa "figura emblemática da infância e da adolescência no Brasil" (idem, 25) e dada a inépcia do Código de Menores e da PNBEM para lidar com o fenômeno, começou-se a buscar uma abordagem inovadora. E esta procura conduziu a vanguarda técnica da FUNABEM, do Ministério da Previdência e Assistência Social e do UNICEF, ao encontro das concepções e práticas alternativas gestadas, desenvolvidas e implementadas por segmentos nos quais se encarnava a *comunidade*.

Assim, o segundo momento (1982-84), foi inteiramente dedicado a "aprender com quem está fazendo", processo que compreendia o trabalho de "identificação, registro e divulgação de experiências bem sucedidas de atendimento a meninos e meninas, que estavam nas ruas ou nas comunidades pobres" (idem, p. 26).

---

19. O PLIMEC foi criado em 1975 com vistas à interiorização da política da FUNABEM. Através do Plano, a ser executado em 166 municípios, a Fundação "conseguiu impor às demais FEBEMs a necessidade de trabalho junto às comunidades mais carentes, com forma de legitimar o Estado através da Política Nacional de Bem-Estar do Menor" (Bazílio, 1985, p. 63).

O clima de efervescência e criatividade que se constituiu a partir daí, resultou em toda uma série de encontros, entre eles os *semitágios*;[20] na produção de material de registro das experiências (vídeos e cartilhas); e, finalmente, no desenvolvimento de uma rede de lideranças, com abrangência nacional e concepções compartilhadas.

Este processo, desencadeado pelo Projeto Alternativas de Atendimento a Meninos e Meninas de Rua, culminou, em novembro de 1984, como *I Seminário Latino Americano de Alternativas Comunitárias de Atendimento a Meninos e Meninas de Rua*, realizado em Brasília.

Os anos de 1984-86 representaram, de acordo com essa perspectiva, um momento de acumulação de forças. Esta levaria, em 1985, à concretização de uma nova identidade política, que enfeixava os grupos que, em diversas esferas, haviam se distinguido pela militância em favor de crianças e adolescentes. Tal identidade, consubstanciada na *Coordenação Nacional do Movimento de Meninas e Meninos de Rua*, constituiu-se em oposição à "doutrina da situação irregular", consagrada pelo Código de 1979, corporificada na agenda das políticas públicas de atendimento ao menor, cujo ponto de partida foi o I Encontro Nacional de Meninas e Meninos de Rua, também ele realizado, em Brasília, durante o mês de maio.

Em setembro, mediante a Portaria Interministerial n. 449, criava-se a Comissão Nacional Criança e Constituinte. Pouco depois, reunia-se, ainda na Capital Federal, o IV Congresso: O Menor e a Realidade Nacional (21 a 25/10). O mês seguinte assinalava a adesão do UNICEF à luta, através do Termo de Acordo de Cooperação Técnica e Financeira com o Ministério da Educação.

Assim, consolidou-se uma articulação do setor público federal, através de sua vanguarda técnica, com organismos da chamada sociedade civil.[21] Esse movimento conseguiu transformar em preceito constitucional as con-

---

20. O termo é uma combinação de seminário e estágio (Costa, idem, ibidem).

21. O termo corresponde ao conceito de movimento social constituído "como esfera de organização e de interesse separada do Estado", recobrindo associações de moradores, entidades sindicais, movimentos contra a carestia etc. (Costa, s.d., p. 21-22).

cepções fundamentais da Convenção Internacional dos Direitos da Criança, antecipando-se à sua aprovação, que só ocorreria em 1989.

No período de 1988-90, esse processo atingiu, finalmente, os objetivos em torno dos quais se havia cristalizado. A começar pelo artigo 227 da Constituição brasileira[22] e culminando com a aprovação do *Estatuto da Criança e do Adolescente* (Lei n. 8.069 de 13/7/90), estes anos viram o triunfo do movimento, no qual se haviam congregado entidades não-governamentais (Fórum-DCA), representantes progressistas das políticas públicas (FONACRIAD — Fórum Nacional de Dirigentes de Órgãos Públicos para a Criança e o Adolescente), a vanguarda do mundo jurídico, bem como setores sensíveis do empresariado.

Essa vitória resultou na consagração da "doutrina da proteção integral". Com a "doutrina da situação irregular", entretanto, caiu a Política Nacional de Bem-Estar do Menor, e esta arrastou consigo a sua, como diz Gomes da Costa, "irmã siamesa" — a FUNABEM.

Ao retrospecto histórico do atendimento à infância e adolescência, na sua vertente pública, oficial ou *governamental*, interessa, no entanto, saber como se refletiu todo esse processo na trajetória das "irmãs siamesas", durante o período.

Os ventos da mudança ou as siamesas em estratégia de sobrevivência

Em 1984, o país estava às vésperas da concretização da *abertura democrática*, e na antevéspera do primeiro governo eleito, embora indiretamente, após duas décadas de regime autoritário.

O clima de descompressão política tinha favorecido, dentro da própria FUNABEM, o aparecimento de tendências e propostas de conteúdo crítico em face do modelo criado, implementado e gerido pelo órgão.

---

22. "A síntese de todo o esforço realizado encontra-se condensada no extraordinário e seminal *caput* do artigo 227 da Constituição..." (Costa, s.d., p. 30).

Esse ambiente, propício ao reexame das proposições e métodos vigentes, trouxe consigo a sinalização de mudança de rumos e propósitos, uma inicialmente tímida tentativa de adaptar-se aos novos tempos.

Nesse ínterim, os custos sociais do desenvolvimento econômico não haviam diminuído. Os dados do contexto social eram alarmantes. De acordo com o censo de 1980, 48,5% da população global do país situava-se na faixa etária dos 0-19 anos; e, destes, 64,5% da população urbana, que, por sua vez, totalizava 67,5% da população global, contra apenas 45%, em 1960. Mais da metade dos brasileiros (54,6%) não tinha acesso ao saneamento básico. Os números absolutos de mortalidade, na faixa etária de 0-19 anos, registravam 53.000 óbitos de crianças e adolescente por doenças infecciosas e parasitárias. Do total de óbitos registrados no país, 34,39% ocorriam nessa faixa etária, sendo que 25,48% no primeiro ano de vida. Apenas dois dos 24 milhões de crianças de 0-6 anos tinham atendimento pré-escolar. Dos 22 milhões na faixa de 7-11 anos, 7 milhões estavam fora do ensino de primeiro grau. Na faixa de 0-19, apenas 37,1% frequentavam escolas. E, na dos 15-19, de 11,5 milhões de jovens somente 2,5 milhões tinham atendimento escolar (FUNABEM, 1984b, p. 8-9).

Tais cifras sustentavam mal o confronto com os números apresentados pela Instituição, no ano anterior, de acordo com os quais havia atendido, com os seus próprios recursos, 606 mil menores, boa parte deles em regime de internato (FUNABEM, 1984a, p. 11).

Diante desse quadro e dos novos ventos que sopravam na sociedade, a Fundação Nacional do Bem-Estar do Menor achava, pois, necessário reformular sua política:

> "Uma Política Nacional do Bem-Estar do Menor — entendido o menor como a criança e o adolescente atingidos pelo processo de marginalização social — só é concebível em conjunto com uma Política de Bem-Estar Social, em que criança, adolescente, jovem, adulto e ancião sejam eficientemente atendidos em suas necessidades básicas, no contexto da família e da comunidade"... (FUNABEM, 1984b, p. 10).

Com base nesse pressuposto, a FUNABEM julgava necessário um amplo debate participativo em torno das "inegáveis disfunções no sistema de atendimento básico e falhas estruturais na organização do convívio social", cuja existência reconhecia.

De antemão, no entanto, considerava fundamental promover a *descentralização* e a *ação articulada* dos diversos organismos e setores, comprometidos com a assistência ao menor.

O ponto crucial dessa tomada de posição, porém, era o fato de se falar, pela primeira vez, no atendimento das crianças e adolescentes como um direito (FUNABEM, 1984b, p. 21).

Sob a égide desta visão surgiu, em 1986, patrocinado pela FUNABEM, o Projeto Diagnóstico Integrado Para Uma Nova Política do Bem-Estar do Menor, "esforço concentrado para rever os itinerários já percorridos e desenvolver rumos a serem seguidos daqui para a frente".[23]

Em seu relatório final, o Projeto apresentava uma análise detalhada das políticas de atendimento ao menor. Demonstrava que, até 1975, havia predominado um *paradigma corretivo*, para o qual os menores carentes e/ou abandonados constituíam a base estrutural de recrutamento da criminalidade urbana. Combater a pobreza e reduzir as desigualdades sociais era um empreendimento socialmente útil, na medida em que evita-se que o *menor carente* viesse a se tornar *abandonado* e, este, por sua vez, *infrator* (*Diagnóstico*, p. 29).

Este modelo, no entanto, revelara-se, "autoritário", "perverso" e "irrelevante". *Autoritário*, porque privilegiava a família bem integrada ("bem constituída") como critério de sociabilidade e socialização ditas "normais". *Perverso*, porque entendia as obrigações éticas (de redistribuição) como necessidades estratégicas. *Irrelevante*, por fim, porque se revelava incapaz de sanar a "patologia" identificada, sem recorrer à institucionalização do menor, leia-se, ao internamento. Este, por fim, fechava o círculo vicioso, produzindo, novamente, "carreiras criminosas" (idem, p. 28).

---

23. O projeto foi encomendado pela FUNABEM à Fundação João Pinheiro, responsável pelo texto do relatório final (FUNABEM, 1987a).

Era característica saliente desse modelo sua capacidade de alijar, por completo, interesses e pontos de vista da comunidade e dos agentes sociais, no nível local, consequência direta do primeiro grande dilema da FUNABEM: *centralização* da política versus *descentralização* da execução (idem, p. 36).

O consenso geral evidenciado pelo *Diagnóstico* era o de que o perfil centralizador da PNBEM tivera efeitos desastrosos, entre eles a incapacidade das FEBEMs para definirem, com autonomia, suas ações, rumos e alocação de recursos; a marginalização dos corpos técnicos com relação à formulação das políticas e a extrema dificuldade oposta às inovações, nas quais se tendia a ver intenções "subversivas", bem como a óbvia discrepância entre o discurso e a prática da FUNABEM.[24]

O segundo grande problema detectado era a falta de *articulação e integração* das instâncias, organismos e programas, voltados para o atendimento a crianças e adolescente. Com efeito, a política mostrava "altos níveis de fragmentação organizacional da implementação dos objetivos" e, desse modo, não alcançava a almejada "universalização do atendimento" e, muito menos, a "a formação da cidadania" (*Diagnóstico*, p. 37).

Não existia, a bem dizer, *política*. Havia sim "medidas de cunho social", isto é, programas e projetos marcados pela dispersão de recursos (materiais, financeiros e humanos) e, com eles, ações fragmentárias de caráter meramente paliativo. E tudo isto num ambiente saturado de organismos burocráticos, cada qual com seu próprio objetivo e método de atuação.

Assim, a lógica compensatória dos programas preventivos havia gerado, além da *superposição* de ações e da diluição dos recursos, a competição e o *conflito* no campo institucional. Os fundos se transformavam nos fins, e assistência em um meio de obtê-los.

O controle exercido pela FUNABEM, nesse terreno, era tão-somente burocrático e formal. Não havia qualquer supervisão substantiva, visando

---

24. Como exemplo, se invocava o fracasso da estratégia de municipalização do órgão, que se revelou incapaz de implementá-lo (*Diagnóstico*, p. 35 e ss.).

orientar a destinação e aplicação dos recursos, muitas vezes repassados a instituições fantasmas (Scheinvar, s.d., p. 91).

O terceiro grande problema era a descontinuidade na implementação de políticas e programas. Ambos sofriam as vicissitudes das mudanças de governo, pois, para a tradição política local as instituições assistenciais foram desde sempre instrumentos de clientelismo, quer para a concessão de prebendas político-burocráticas, quer para o *apadrinhamento* de eleitores, que entregavam os filhos à Fundação "para serem educados" (casa, comida, roupa lavada, escola e disciplina) (idem, p. 95).

Neste sentido, as FEBEMs, reproduziam, na escala estadual, a ação típica da FUNABEM, no nível federal, que consistia, sobretudo, em realizar e/ou apoiar ações de *internamento* (*Diagnóstico Integrado*..., 1987, p. 46; Scheinvar, s.d., p. 94-95).

Com a *abertura democrática*, as reiteradas denúncias sobre a violência institucional, que grassava impune nos internatos, evidenciaram o fracasso do trabalho federal, tanto nos estados, quanto no Rio de Janeiro (e em Minas Gerais), isto é, no complexo central, a partir de onde se implantara a PNBEM.[25]

Se fracasso houvera, como reconheciam os críticos do sistema, muitos deles funcionários da Fundação, não havia sido completo, entretanto. Embora não se tivesse conseguido nenhuma alteração apreciável das desigualdades sociais e, portanto, nenhum acréscimo significativo para a cidadania, o sistema tinha contribuído, quando menos, como exemplo negativo, para o surgimento, no seu corpo técnico, de pessoas comprometidas com uma visão crítica e uma pauta de alterações institucionais mais ou menos profundas.

Somada aos efeitos do movimento social, a insubordinação dessa minoria intramuros, favoreceu uma visão crítica das políticas sociais de atendimento a crianças e adolescentes, e da própria FUNABEM. Com ela emergia a necessidade de redirecionar toda a atuação desta última, levando

25. A FUNABEM exercia o atendimento direto em 11 unidades no Rio de Janeiro, e em três unidades em Minas Gerais (Scheinvar, s.d., p. 95).

às diretrizes para "uma nova politica de bem-estar do menor". Obviamente calcadas no relatório final do *Diagnóstico*, tais diretrizes referiam-se, na verdade, a requisitos da democratização das políticas sociais de um modo geral. A primeira delas, era *descentralização e ação conjunta* (FUNABEM, 1987b, p. 29). Com isso, visava-se favorecer a participação e representação corporativa dos interesses sociais vinculados à problemática da infância-adolescência, na arena burocrática do Estado, enfrentando, ao mesmo tempo a assimetria entre os diversos níveis do poder público, mediante a repartição equitativa de competências, recursos e atribuições.

A segunda diretriz era a priorização das ações voltadas para o *resgate da cidadania*, no pressuposto de que esta tinha sido "confiscada" às crianças e adolescentes, bem como à população carente em geral, nas décadas anteriores (FUNABEM, 1987a, p. 22). Desse modo, o que se pretendia era *substituir o assistencialismo* por uma postura mais aberta e sensível à "incorporação, no estilo decisório das burocracias estatais, das perspectivas e preferências das vítimas de processos econômicos perversos" (FUNABEM, 1987a, p. 22).

Com essas diretrizes propunha-se, finalmente, um processo de reorientação política da Fundação e da PNBEM e, com ele, 23 anos depois, a *modernização* do órgão que, desse modo, pretendia sobreviver, dentro do novo quadro político e social.

Os comentários finais do *Diagnóstico*, publicado em abril de 1987, concluíam formulando um vaticínio:

> "A impossibilidade de uma resposta adequada ao dilema social — sociedade rica e aumento de pobreza, forçosamente exigirá a dissolução da instituição que não quis ou não pôde adequar-se à nova realidade" (FUNABEM, 1987b, p. 62).

A FUNABEM parece ter levado a sério esse prospecto drástico do futuro imediato. Num documento, obviamente inspirado nas considerações do *Diagnóstico*, tratou, nessa mesma época, de delinear uma nova política de bem-estar do menor, para o triênio subsequente.

Assim, no documento intitulado *Compromisso Político e Diretrizes Técnicas — 1987-1989*, o órgão começava por reconhecer a justeza da crítica que o acusava de funcionar "não como órgão verdadeiramente nacional, mas como uma instituição que se dedica mais ao Rio de Janeiro onde gasta um alto percentual de suas verbas" (FUNABEM, 1987a, p. 13).

Admitia, ao mesmo tempo, que tal estado de coisas não era senão o resultado da contradição originária, inerente à Lei n. 4.513, que lhe havia destinado não só o patrimônio, mas, com ele, as atribuições de atendimento direto do antigo SAM.

Em termos gerais, constatava que seu desempenho fora caudatário de uma política marcada pela obsessão do *controle social*, pela *degradação das condições de vida*, pela *concentração de recursos e decisões*, por uma *visão fragmentada do social* e por um *controlismo dispendioso*. Desse modo, tinha deixado de perseguir um efetivo e pleno desenvolvimento social, reduzido as alternativas de sobrevivência das camadas populares, esvaziado a dotação orçamentária das políticas sociais básicas, castrado o Município como base da Federação, aderido a um modelo compensatório, adotado um planejamento dispersivo, estimulado investimentos redundantes, para, finalmente, sobrepor a manutenção do aparato burocrático-administrativo aos seus fins. Desse modelo não podia senão resultar a despolitização e desarticulação dos destinatários, fator importante para a compreensão do seu fracasso (FUNABEM, 1987b, p. 14-15).

Essa perspectiva crítica estendia-se à trajetória e à cultura institucional da FUNABEM. Quanto à primeira, seus "males tradicionais" eram os mesmos que afligiam a administração pública brasileira como um todo, isto é:

- Centralização excessiva;
- ênfase no controle da sociedade pelo Estado;
- burocratismo dispendioso;
- clientelismo político;
- baixa remuneração dos servidores;
- baixo investimento em recursos humanos (FUNABEM, 1987a, p. 16).

A segunda, era fruto da "implantação do modelo correcional — repressivo, com seus respectivos corolários — os grandes complexos de internamento e o processo de institucionalização de crianças e adolescentes, segundo o esquema da *apreensão, triagem, rotulação, deportação e confinamento* (idem, ibidem).

Para sobreviver a esse catálogo de equívocos não restava à FUNABEM senão invocar sua missão original. Tinha de (re)converter-se, assumindo sua condição de órgão normativo da PNBEM e fomentador de suas ações. Desse modo pensava traduzir, na sua esfera, o projeto de emancipação nacional pelo desenvolvimento participativo, integrado e articulado que a Nova República adotara com vistas à "ação de resgate da dívida social acumulada" (FUNABEM, 1987a, p. 18).

Desse entendimento resultaria o *compromisso político da FUNABEM,* sua nova carta de intenções, de acordo com a qual lhe caberia, doravante:

> "(...) conduzir, dentro do processo de transição política a revisão da PNBEM, antes baseada no controle da sociedade pelo Estado, para o desenvolvimento social democrático, ou seja, promovendo a *defesa dos direitos básicos das crianças e jovens em situação de extremo risco pessoal e social*" (FUNABEM, 1987a, p. 22).

Por *situação de risco* entendia-se, no caso, toda e qualquer circunstância ou conjunto de circunstâncias que, pela degradação pessoal e social da criança e do adolescente, podiam comprometer sua existência futura, como indivíduo e cidadão (op. cit., a, p. 23)

Nas assim chamadas *situações de alto risco* as crianças surgiam como vítimas. Vítimas da exploração, da profissionalização irregular (furto, tráfico, prostituição etc.) da rua (como espaço de trabalho e/ou habitação), das drogas, da deficiência física e/ou mental, ou do confinamento (op cit., a, p. 24).

Mesmo na qualidade de *autores de infração penal*, não podiam deixar de ser consideradas vítimas. Vítimas do crime organizado, que aí recrutava seus quadros, e vítimas dos grupos de extermínio, que, perversamente vinculados ao aparelho repressivo do Estado, lhes moviam uma guerra sem tréguas.

Assim, mudavam completamente as concepções até então dominantes. Negava-se, singelamente, a existência de um "problema do menor".

Admitia-se, ao invés, o "gravíssimo problema socioeconômico brasileiro", em cifras dramáticas, no caso da infância e adolescência, pois, de acordo com o IBGE, aproximadamente 36 milhões de menores de 18 anos viviam em "situação precária" (FUNABEM, 1987c, p. 4-5).

Desse modo, a velha alternativa do internamento revelava-se inexequível (pela escala do fenômeno) além de desumana, pois consistiria em acrescentar ao já insuportável fardo da pobreza um estigma, social e moralmente iníquo. Às expectativas sociais difusas, cúmplices dos agentes de segurança pública e de grande parte da justiça de menores, opunha-se uma estratégia de dissuasão. Esta consistia na condenação do internamento e na recomendação enfática do fortalecimento do núcleo familiar.

Com base nesses princípios, veio a formular-se, em suas linhas gerais, o processo de modernização da FUNABEM, que não fazia senão acompanhar as mudanças político-administrativas do próprio Ministério da Previdência e Assistência Social (MPAS), pautada pelo lema: *Previdência — Modernizar para Funcionar*.

Do ponto de vista dos recursos, essa nova (e última) etapa da existência da Fundação parecia auspiciosa. O orçamento aprovado para 1987 superava em mais de 1.000% o do ano anterior. Além disso, o Órgão se propunha a adotar práticas participativas de orçamentação e planejamento, para, com a interveniência de suas representações nos Estados, levantar e atender as "demandas reais dos destinatários das ações da FUNABEM" (FUNABEM, 1987c, p. 6-7).

Preocupava-se, desse modo, com a melhoria da sua desgastada imagem, procurando alcançar maior visibilidade. Com esse objetivo, tratou de expandir suas linhas de atuação, desenvolvendo novos projetos e ocupando-se de temas candentes, relativos ao seu público-alvo, como a prostituição, as drogas, os maus-tratos e a legislação sobre o trabalho infanto-juvenil (Scheinvar, s.d., p. 95).

Com relação ao atendimento direto, seu calcanhar de Aquiles originário, a FUNABEM se propôs a reformular radicalmente sua presença neste campo. A palavra de ordem era desativar, tanto no Rio de Janeiro, quanto em Minas Gerais, as grandes escolas-internatos, substituindo-as por outras alternativas, como os Centros de Recursos Integrados de Atendimento ao

Menor (CRIAMs),[26] ou então transformá-los em centro-modelo de iniciação profissional. Outras unidades, como o Centro de Estudos, Diagnóstico e Distribuição de Casos, certas escolas e a rede de entidades conveniadas passariam para a FEEM/RJ.

Finalmente, fez parte desse esforço de adaptação, alimentado pelo novo discurso, a preocupação com os(as) meninos(as) de rua, cuja problemática amplamente veiculada pela mídia e de grande impacto na opinião pública, os(as) caracterizava como grupo de pressão em potencial.

Ao apagar das luzes de 1987, a presidente da FUNABEM, em discurso comemorativo do 234º aniversário do órgão, concluía o seu balanço da reorientação, com as seguintes palavras:

> "Mas toda essa proposta de novos tempos para as crianças e jovens de baixa ou nenhuma renda, no Rio e em Minas, de novos tempos para os servidores da FUNABEM, que deixariam de sofrer, periodicamente, a ameaça de demissão ou transferência para outros órgãos públicos, está *fundamentalmente nas mãos* desses mesmos servidores da FUNABEM" (FUNABEM, 1987c, p. 13).

O futuro imediato, no entanto, se encarregaria de desmentir esta avaliação. Pouco mais de dois anos passados, a FUNABEM era extinta e substituída pelo Centro Brasileiro para a Infância e Adolescência (CBIA), cuja missão consiste em apoiar, no país inteiro, a implantação do Estatuto, negação, no campo legal, institucional e do atendimento, das "irmãs siamesas" — FUNABEM/PNBEM.

Comentários finais

A proposta de mudança jurídica, político-administrativa e social, configurada no Estatuto da Criança e do Adolescente, sem dúvida constitui

26. Os CRIAMs seriam pequenas unidades, na capital e no interior do estado do Rio de Janeiro, visando à implementação do programa de descentralização e reformulação do atendimento (Scheinvar, s.d., p. 100).

um desafio. Por isso o melhor, para assegurar à Lei n. 8.069/90 vigência plena, será o da implementação e consolidação desses organismos, numa escala a mais ampla possível.

Um grande esforço, nesse sentido, tem sido o da pregação do Estatuto como penhor de uma aliança social em favor das crianças e adolescentes, consideradas prioridade absoluta, para construção de uma cidadania democrática e participativa, no Brasil.

Os frutos desse esforço são incontestáveis. Graças a ele, muitos se converteram à causa da proteção integral à infância e juventude. Por causa dele existem e funcionam Conselhos de Direitos e Conselhos Tutelares nos mais diversos recantos do país. O melhor impulso que pode ter a implantação do Estatuto, virá sem dúvida de sua capacidade para revelar-se um instrumento eficiente na resolução da problemática social da infância e da juventude no país. Para demonstrar validade terá, pois, que produzir resultados, a curto e médio prazos. Nisso, por sua vez, dependerá dos Conselhos e Fundos, que são os dispositivos de implementação no quotidiano da sociedade brasileira.

Para isso será preciso, não só ampliar o processo de sensibilização, mas também, e, sobretudo, dar aos Conselhos melhores armas para desempenho de suas funções. Em suma, não basta que haja Conselhos funcionando, é preciso que o façam com a máxima eficiência, para gerar um efeito-demonstração capaz de converter os atores sociais relutantes ao ponto de vista do Estatuto.

Referências bibliográficas

ALTENFELDER, Mario. *"O nascer da Fundação"* (discurso por ocasião da instalação do Conselho Nacional do Menor — 24/5/1965). S.l., 1965.

BAZÍLIO, Luiz Cavalieri. *O menor e a ideologia de segurança nacional*. Belo Horizonte: Vega-Novo Espaço, 1985.

BRASIL. Câmara dos Deputados. *A realidade brasileira do menor. Relatório da Comissão Parlamentar de Inquérito destinada a investigar o problema da criança e do menor carentes no Brasil*. Brasília: Coordenação de Publicações, 1976.

CARNEIRO, Glauco. *A herança que o SAM deixou*: seis meses depois. Rio de Janeiro: Fundação Nacional do Bem-Estar do Menor, 1966.

COSTA, Antonio Carlos Gomes da. A mutação social. In: *Brasil, criança urgente*. São Paulo: Instituto Brasileiro de Pedagogia Social/Columbus Cultural, 1990.

______. *De menor a cidadão*: notas para uma história do novo direito da infância e da juventude no Brasil. Ministério da Ação Social, CBIA, s.d.

FUNABEM. *A experiência da FUNABEM na reeducação do menor de conduta antissocial*. Rio de Janeiro: FUNABEM, 1976b.

______. *FUNABEM Anos 20*. Rio de Janeiro: MPAS/FUNABEM, 1984a.

______. *A FUNABEM de hoje (e uma visão histórica do atendimento ao menor no Brasil)*. Rio de Janeiro: MPAS/FUNABEM, 1984b.

______. *Projeto diagnóstico integrado para uma nova política do Bem-Estar do Menor*: Relatório final elaborado pela Fundação João Pinheiro. Rio de Janeiro: FUNABEM, 1987.

______. *Compromisso político e diretrizes técnicas para a nova política de Bem-Estar do Menor no Brasil (1987-1989)*. Rio de Janeiro: FUNABEM, 1987a.

______. *FUNABEM 23 anos*. Discurso de C. Marina Bandeira, presidente da FUNABEM (janeiro, 1/12/87). Rio de Janeiro: MPAS/FUNABEM, 1987b.

PEREIRA JÚNIOR, Jessé Torres. Poder nacional e política do desenvolvimento. *Brasil Jovem*, Rio de Janeiro, ano XII, n. 39, 3º quadrimestre de 1977.

SCHEINVAR, Esteia. *Política de la infância y la adolescência*: el caso de Brasil. Dissertação de mestrado de Sociologia. S.l.: FCPS/UNAM, s.d.

Conclusão

A arte de governar crianças
Lições do passado e reflexões para o presente

A história das políticas sociais, que redundou na legislação e sua assistência (pública e privada) à infância e juventude, com seus governos e desgovernos, conduziu a sociedade brasileira a uma situação paradoxal.

O Brasil ocupa uma posição de vanguarda no ordenamento jurídico da problemática infanto-juvenil. Aprovou uma das leis mais avançadas do mundo — o Estatuto da Criança e do Adolescente, fruto de participação popular sem precedentes na história da assistência à infância. A nova lei pretendeu garantir os direitos básicos de crianças e adolescentes de qualquer origem social, com absoluta prioridade.

Desse modo, intentou-se romper com a ótica e prática estigmatizantes e excludentes que incidiam, em ampla escala, sobre a infância pobre, objeto precípuo das políticas de controle social, exercitadas com o auxílio de asilos, preventórios, internatos, patronatos e presídios, como registra, fartamente, a historiografia sobre o tema.

Em contrapartida, o país revela uma posição igualmente modelar, embora negativa. Indicadores sociais equiparam-no a alguns dos países mais pobres do planeta, onde prevalecem as mais precárias condições de vida, em especial para a população infanto-juvenil.

Tudo isso acrescido do fato incômodo, porém incontornável, que lhe granjeou notoriedade na imprensa e na opinião pública mundiais — as reiteradas violações dos direitos de crianças e adolescentes, entre elas, o extermínio, do qual há exemplos cotidianos.

É como se existissem duas sociedades. Uma que se indigna com esse estado de coisas e ruidosamente reclama e obtém a reforma do discurso oficial, inclusive em um dos domínios mais bem guardados e estruturados e guardados da tradição institucional brasileira: o domínio jurídico-judiciário. Enquanto isso, a outra resiste, sub-reptícia e obstinadamente ao novo modelo, acusado, velada ou abertamente, de proteger "menores", "pivetes", "trombadinhas". Quanto a estes, não os reconhece como legítimas crianças e adolescentes, considerando-os, ao contrário, inimigos precoces do bem público, que é preciso conter precocemente, tirando-os de circulação, não importa como.

A consciência desse dilema da sociedade brasileira, em face de uma porção tão expressiva de sua população, convenceu os autores do presente estudo acerca da necessidade de assinalar os grandes problemas e tendências evidenciados ao longo do trabalho, a fim de indicar temas e rumos a serem explorados e seguidos no futuro, caso se mantenha firme a decisão de reverter o quadro atual da infância e adolescência no Brasil.

1. A persistência do estereótipo do pobre

A sociedade brasileira conheceu o pobre em distintos avatares. Sua grande clivagem histórica, engendrada no período colonial, distinguiu, de um lado, senhores ricos (leigos e clérigos), donos de terras, poder e prestígio social. De outro, seus fâmulos, escravos ou agregados da família senhorial. Esta era, pois, uma sociedade hierárquica, onde não havia senão validos ou desvalidos. Os primeiros, pessoas capazes de invocar e receber o amparo de alguém, numa posição superior. Os segundos, sem pessoa ou instituição capaz de lhes valer em seus transes, dificuldades e privações. Gente que não se encontrava sob a égide de ninguém — "sem eira, nem beira, nem ramo de figueira" — e, portanto, um problema para o enquadramento e controle social.

Aos pobres validos, agregados ou escravos, devia acudir a caridade e munificência dos seus donos, patrões e patronos, de cuja boa disposição, índole e censo humanitário dependiam. Aos desvalidos, que não podiam permanecer entregues à própria sorte, destinava-se a caridade pública, sob a forma das entidades de caráter filantrópico, fossem elas laicas ou, de algum modo, vinculadas a instituições religiosas.

Os dispositivos de controle social projetaram uma imagem da pobreza que tem logrado manter-se, ao longo do tempo, sem prejuízo das eventuais variações históricas ou regionais dessa percepção.

Classificam os pobres, de um modo geral, através de uma pauta de "carências". Não são brancos; não gozam de uma situação familiar clara e estável; não têm paradeiro certo e sabido; não contam com o patrimônio mínimo necessário à sobrevivência digna; não possuem educação formal, nem qualificação profissional adequada; não apresentam moralidade ou gosto inequívocos, bons antecedentes, reputação ilibada, e assim por diante.

Esse estereótipo dos pobres como inferiores, viciosos, ignorantes, miseráveis, erradios (vagabundos), promíscuos, turbulentos, pouco operosos e asseados, imprevidentes, conformistas, ressentidos, quiçá, revoltados, foi sempre o pano vermelho dos agentes devotados à vigilância da sociedade e da ordem pública.

Incapazes de cuidar de si mesmas, as famílias pobres são representadas como igualmente incapazes de cuidar adequadamente dos seus filhos, propiciando-lhes a educação necessária à formação de cidadãos válidos e úteis, passíveis de se integrarem ao capital humano de que a nação precisa para o seu desenvolvimento.

Reivindicando o seu legítimo direito de incorporar esse contingente ao processo de construção da riqueza nacional, o Estado transformou as crianças e adolescentes pobres no pretexto e canal que lhe propiciava a intervenção normalizadora no seio das famílias, esgrimindo argumentos técnico-científicos e a ameaça de suspensão do pátrio poder. Submete, pois, a família pobre à heteronomia, ao mesmo tempo em que lhe atribui uma pesada carga de responsabilidades. Quanta perseguição, ou punição velada, não terá ocorrido sob o manto severo, benevolente e esclarecido desse segundo pai que o Estado pretendeu ser, por tanto tempo?

A persistência dos estereótipos negativos é certamente um dos principais obstáculos que se antepõe à consideração lúcida referente à questão social no Brasil. Seu pior subproduto, no entanto, é a reprodução do abismo social no mundo infanto-juvenil, onde nitidamente opõem-se crianças e adolescentes, propriamente ditos, a meninos(as) de rua e menores.

Compreender esta clivagem, para além dos lugares comuns superficiais, é tarefa imprescindível se quisermos escapar das simplificações ideológicas, tão cômodas quanto ineficazes, e enfrentarmos, verdadeiramente, o problema.

Uma segunda tarefa decorre da constatação empírica de que ao longo das gerações, milhares de famílias, em diferentes graus de pobreza, criaram seus filhos sem qualquer apoio do aparato caritativo, filantrópico ou assistencial, transformando-os em cidadãos "regulares", dos quais a sociedade não tem queixas a registrar. Seria preciso ocupar-se reflexivamente desse fenômeno para entender melhor a relação entre a pobreza e as formas de "irregularidade" social, supostamente geradas por ela.

2. A medicalização e judicialização do discurso sobre a infância pobre

A partir de meados do século XVIII, verificam-se as primeiras modificações no direito paterno de correção dos filhos. A família começa a perder terreno para o Estado, tendência que se acentua, sensivelmente, com as revoluções liberais na Europa da primeira metade do século XIX.

Essa ampliação da ingerência do poder público na esfera familiar faz parte dos dispositivos de controle que o Estado liberal desenvolveu para disciplinar as "classes laboriosas", fruto e pressuposto da Revolução Industrial. "Classes laboriosas" que o século XIX tardio identificou, sem eufemismo, como "classes perigosas".

Com essa finalidade, valeu-se da noção de higiene pública, entendida como "a arte de conservar a saúde dos homens reunidos em sociedade". Questão crucial para o sistema econômico desenvolvido no capitalismo, que vê na força de trabalho o capital humano, como as demais formas de capital, sujeito a racionalização, para torná-lo passível de uma circulação ordenada, como insumo quantificável, previsível e rentável da produção.

Questões de higiene envolvem esse capital humano, sendo, pois, questões imediatamente sociais. Desse modo, a própria noção do público e do privado se alteram. Alojamento, trabalho, educação, descanso e outros hábitos e condições de vida interessam não só ao indivíduo e à família, mas ao médico e ao Estado, guardiães de uma sociedade física e moralmente sadia. A missão do higienismo é, nesse sentido, não apenas de remediar, mas de prevenir males sociais, proposta na qual se encontram associados os conceitos de governo e poder técnico. O higienista é um político, legitimado pela ciência, na ordem do social.

Sanear as "classes laboriosas" de modo preventivo significava, nessa perspectiva, ocupar-se de suas crianças. Não só para prover a educação daquelas porventura abandonadas, desvalidas, mas para substituir o tipo de educação prática e particular, que lhes era proporcionada no seu meio, por outra educação uniforme, escolar, universal e racional, para o mercado de trabalho.

Desse modo, as crianças e adolescentes transformaram-se, nos meios operários, sobretudo urbanos, não apenas no objeto dos cuidados e da intervenção higienista patrocinada pelo Estado, mas num canal de acesso e controle, por meio do qual era possível penetrar nas famílias para conferir-lhes o padrão desejado.

Na vertente médica dessa política saneadora desenvolveram-se, progressivamente, a pediatria e a puericultura. Enquanto isso, foram se configurando na vertente jurídico-judiciária, o Juízo de Menores e o corpo técnico de assistentes sociais, visitadores, psiquiatras, psicólogos e pedagogos, encarregados de dar plausibilidade científica à sua intervenção.

Nas mãos desse aparato, crianças e adolescentes são a espada de Damocles que paira sobre a família, sempre ameaçada no seu pátrio poder, que lhe pode ser retirado e devolvido, a critério de uma instância heterônoma. Os filhos passam, então, a funcionar como reféns da boa conduta dos pais, pois o abandono moral, mais que um fato, é uma presunção. Crianças e adolescentes moralmente abandonados permitem vislumbrar a irregularidade nos bastidores da família. Propiciam, pois, às políticas de controle social as oportunidades de que estas necessitam para transformar a família num módulo padrão da sociedade, sujeito a uma regulação normalizadora.

Assim foi criado o aparato jurídico especial para a menoridade: tribunais, juízes, curadores, delegacias, abrigos, reformatórios e códigos de menores. Com ele, o problema da infância e da adolescência pobre transformou-se numa questão de justiça e assistência social, dando origem à dicotomia entre criança/adolescente, de um lado, e menor, do outro, escamoteando-se a dimensão política das desigualdades sociais.

3. A renitência da cultura administrativa correcional

Desde o início do século, o discurso oficial dos higienistas e menoristas reiterou sua pauta de críticas às formas correcionais e carcerárias aplicadas aos menores de idades. Manifestou-se, consistentemente, contra o encarceramento. Duvidou sempre da eficácia das penas, acentuando, em contrapartida, as virtudes da prevenção e da reeducação. Ao procedimento das inquirições públicas, da acusação e da defesa, preferiu a atuação reservada, prudente, austera, mas não sem simpatia do juiz paternal, capaz de compreender e captar a confiança dos pequenos, aconselhando-os e (re)encaminhando-os. Não se trata, simplesmente, de julgar e sentenciar, mas de considerar, com discrição e argúcia, cada caso submetido à apreciação do Juízo, indagando, ouvindo, auscultando, instruindo e, a partir dessa anamnese, prescrever ao menor o tratamento adequado, suscitando sua docilidade sem recorrer a medidas coercitivas e estigmatizantes.

Se este foi o programa, outra foi a realidade. Esta consistiu, quase sempre, em segregar e confinar os menores. Assim, proliferam os internatos de todos os tipos. No seio destes, contudo, reproduziam-se restrições e punições do modelo penitenciário, tradicionalmente aplicadas em adultos. Essas estruturas, por sua vez, foram capazes de recrutar, adestrar e reproduzir um corpo de funcionários em nada identificados com as concepções e práticas do "apostolado menorista".

Para além de todas as tentativas de reformulação da assistência à infância e adolescência no Brasil, a cultura institucional, assim configurada, logrou uma inércia considerável. Transformou-se numa espécie de lugar-comum perverso, tanto mais difícil de extirpar, quanto maiores os benefícios, econômicos ou político-clientelísticos, desse grande negócio em que se converteu o assistencialismo, na sua vertente pública ou privada.

Siglas Utilizadas

ABC — Santo André, São Bernardo e São Caetano
APAE — Associação de Pais e Amigos dos Excepcionais
ASA — Ação Social Arquidiocesana
CBIA — Centro Brasileiro para a Infância e Adolescência
CEB — Confederação Evangélica do Brasil
CEDEP — Centro de Preparação e Desenvolvimento de Pessoal
CESPI — Coordenação de Estudos e Pesquisas sobre a Infância
CIB — Confederação Israelita do Brasil
CLT — Consolidação das Leis Trabalhistas
CNBB — Confederação Nacional dos Bispos do Brasil
CNDM — Conselho Nacional dos Direitos da Mulher
COFAS — Conselho Federal de Assistentes Sociais
CONANDA — Conselho Nacional de Direitos da Criança e do Adolescente
CPI — Comissão Parlamentar de Inquérito
CRB — Confederação dos Religiosos do Brasil
CRIAM — Centros de Recursos Integrados de Atendimento ao Menor
DNCr — Departamento Nacional da Criança
ECA — Estatuto da Criança e do Adolescente
EMBRATER — Empresa Brasileira de Assistência Técnica e Extensão Rural
FBB — Federação das Bandeirantes do Brasil
FEBEM — Fundação Estadual de Bem-Estar do Menor
FEE — Fundação de Economia e Estatística
FEEM — Fundação Estadual de Educação do Menor
FGTS — Fundo de Garantia por Tempo de Serviço
FNAPAE — Federação Nacional das Associações de Pais e Amigos dos Excepcionais
FNDC — Frente Nacional de Defesa dos Direitos da Criança
FNDE — Fundo Nacional de Desenvolvimento da Educação
FORUM-DCA — Fórum Permanente de Entidades Não-Governamentais de Defesa dos Direitos da Criança e do Adolescente
FONACRIAD — Fórum Nacional de Dirigentes de Órgãos Públicos para a Criança e o Adolescente

FNBEM — Fundação Nacional do Bem-Estar do Menor
FUNABEM — Fundação Nacional do Bem-Estar do Menor
IBGE — Instituto Brasileiro de Geografia e Estatística
INAM — Instituto Nacional de Assistência a Menores
LBA — Legião Brasileira de Assistência
LOPS — Lei Orgânica da Previdência Social
MEC — Ministério da Educação e Cultura
MNMMR — Movimento Nacional de Meninos e Meninas de Rua
MPAS — Ministério da Previdência e Assistência Social
OAB — Ordem dos Advogados do Brasil
OEA — Organização dos Estados Americanos
OMEP — Organização Mundial de Educação Pré-Escolar
ONG — Organização Não-Governamental
ORTN — Obrigação Reajustável do Tesouro Nacional
PEA — População Economicamente Ativa
PFL — Partido da Frente Liberal
PLIMEC — Plano de Integração Menor-Comunidade
PMDB — Partido do Movimento Democrático Brasileiro
PNAD — Pesquisa Nacional por Amostragem de Domicílios
PNBEM — Política Nacional do Bem-Estar do Menor
PSDB — Partido da Social Democracia Brasileira
PRO-MENOR — Fundação Paulista de Promoção Social do Menor
PRONAN — Programa Nacional de Alimentação e Nutrição
PT — Partido dos Trabalhadores
PTB — Partido Trabalhista Brasileiro
OMEP — Organização Mundial de Educação Pré-Escolar
SAM — Serviço de Assistência a Menores
SAPS — Serviço de Alimentação da Previdência Social
SAS — Secretaria de Assistência Social
SBP — Sociedade Brasileira de Pediatria
SOS — Serviço de Obras Sociais
SENAC — Serviço Nacional de Aprendizagem Comercial
SENAI — Serviço Nacional de Aprendizagem Industrial
SESC — Serviço Social do Comércio
SESI — Serviço Social da Indústria
UDN — União Democrática Nacional
UNAF — União das Associações Familiares
UNICEF — Fundação das Nações Unidas para a Infância
UPPE — Unidade de Proteção ao Pré-Escolar

Sobre os autores

IRENE RIZZINI — professora e pesquisadora da Pontifícia Universidade Católica do Rio de Janeiro (PUC-Rio), diretora do Centro Internacional de Estudos e Pesquisas sobre a Infância (CIESPI) e presidente da Rede Internacional de Pesquisa Childwatch, sediada em Oslo, Noruega. Doutora em Sociologia pelo IUPERJ, Mestre em Serviço Social pela Universidade de Chicago, Estados Unidos. Em âmbito internacional, é Presidente da Rede internacional de intercâmbio de pesquisa na área da infância (Childwatch International Research Network, Noruega). Irene Rizzini tem coordenado diversos projetos de abrangência nacional e internacional. Entre suas principais publicações, estão: *A arte de governar crianças. A história das políticas sociais, da legislação e da assistência à infância no Brasil* (em breve reedição revista e atualizada pela Cortez Editora); *A criança e a lei no Brasil: revisitando a história (1822-2002)*; Desenhos de família; *Children and globalization* (Kluwer, NY); *From street children to all children*: improving the opportunities of low income urban children and youth in Brazil (Cambridge University Press); *Vida nas ruas: trajetórias de vida de crianças e adolescentes nas ruas do Rio de Janeiro* (publicado no Brasil e na Suíça); *A institucionalização de crianças no Brasil: percurso histórico e desafios do presente*; *Niños e adolescentes creciendo en contextos de pobreza, marginalidad y violencia en América Latina* (espanhol e português); *Acolhendo crianças e adolescentes. Experiências de Promoção do Direito à Convivência Familiar e Comunitária no Brasil* (Cortez Editora).

FRANCISCO PILOTTI — diretor do Departamento de Desenvolvimento Social e Emprego da Organização dos Estados Americanos (OEA), Washington, D.C. É doutor e mestre em Sociologia e Demografia pela Universidade Fordham (Nova York, EUA). Experiência de mais de vinte anos em programas de política e gerência social, demografia e assistência à infância e a família. Foi professor da Universidade do Chile, da Universidad Diego Portales e da Universidade de Nova York; funcionário do Serviço Nacional de Menores do Chile e consultor em diversas instituições, incluindo CEPAL e UNICEF. De 1987 a 1997 foi diretor da Oficina de Assuntos Sociais do Instituto Interamericano del Niño da OEA. Consultor do programa conjunto da OEA/UNICEF que resultou no curso de graduação em Direito da Infância e Política Social, presente em sete universidades latino-americanas. Secretário Técnico da Red Social da América Latina e Caribe da Conferência Interamericana de Ministros do Trabalho. Autor de diversos livros e artigos, entre eles: *Globalización y Convención sobre los Derechos del Niño* (CEPAL, 2002); *Políticas y Programas de Juventud en América Latina y el Caribe* (World Bank, 2003) y *Strengthening Democracy in the Americas through Civic Education* (OAS and University of Maryland, 2004).

ARNO VOGEL — doutor em Ciências Humanas (Departamento de Antropologia do Museu Nacional/UFRJ). Professor Titular de Antropologia do Laboratório de Estudos da Sociedade Civil e do Estado — LESCE — e membro fundador do Programa de Pós-Graduação em Sociologia Política da Universidade Estadual do Norte Fluminense Darcy Ribeiro — UENF —, onde dirigiu o Centro de Ciências do Homem. Foi Diretor da Faculdade Latino Americana de Ciências Sociais — FLACSO — Sede Acadêmica Brasil, organismo internacional, no âmbito do qual desempenhou, também, as funções de pesquisador sênior, docente e coordenador do Doutorado Conjunto FLACSO / UnB em Estudos Comparativos sobre a América Latina e o Caribe. É professor colaborador do Programa de Postgrado em Antropologia Social da Universidad Nacional de Misiones — PPAS/UnaM —, na República Argentina. Desde 1997, é pesquisador II do Conselho Nacional de Desenvolvimento Científico e Tecnológico — CNPq —, com o projeto Estruturas Tradicionais, Expansão Metropolitana e Meio-Ambiente na Baixada Litorânea do Estado do Rio de Janeiro. É autor de diversos livros, entre eles: *Quando a rua vira casa; Como as crianças veem a cidade; Galinha D'Angola — Iniciação e identidade na cultura afro-brasileira.*

IRMA RIZZINI — doutora em História Social pela Universidade Federal do Rio de Janeiro (UFRJ) e professora da Faculdade de Educação da mesma universidade. É autora de livros e artigos sobre história da educação e das políticas públicas dirigidas à infância e à adolescência no Brasil, tais como: *Assistência à infância no Brasil: uma análise de sua construção; Os pequenos trabalhadores do Brasil; Pesquisando... Guia de metodologias de pesquisa para programas sociais, História da criança e práticas institucionais; A institucionalização de crianças no Brasil: percurso histórico e desafios do presente; O surgimento das instituições especializadas na internação de menores delinquentes; Acolhendo crianças e adolescentes: experiências de promoção do direito à convivência* *familiar e comunitária no Brasil; Domesticar e civilizar: crianças indígenas e o ensino de ofícios no Norte do Brasil Imperial; Educação popular na Amazônia Imperial: crianças índias nos internatos para formação de artífices*, entre outros.

ESTHER MARIA DE MAGALHÃES ARANTES — psicóloga e educadora, professora do Departamento de Psicologia da PUC-Rio e do Programa de Pós-Graduação em Políticas Públicas e Formação Humana da UERJ. Há vários anos pesquisa e orienta alunos na área da história da assistência à infância no Brasil. Foi coordenadora da Comissão Nacional de Direitos Humanos do Conselho Federal de Psicologia no biênio 2006/2007, quando o CFP juntamente com a OAB publicaram o relatório Direitos Humanos *Um retrato das unidades de internação de adolescentes em conflito com a lei*. Entre suas publicações, estão: *Práticas PSI inventando a vida; A criança e seus direitos: Estatuto da Criança e do adolescente e Código de Menores em debate; Entre o socioeducativo e o carcerário.*

VICENTE DE PAULA FALEIROS — assistente social, doutor em Sociologia, especialista em planejamento, pesquisador do CNPq e da Universidade de Brasília (UnB), professor titular aposentado da UnB, professor dos mestrados em Psicologia e Gerontologia da Universidade Católica de Brasília. Autor e consultor nas áreas de política social, infância, envelhecimento, violência e cidadania, tem muitos livros e artigos publicados, entre eles: *Violência contra a pessoa idosa: ocorrências, vítimas e agressores; Escola que protege: enfrentando a violência contra crianças e adolescentes; Política social do estado capitalista; Metodologia e ideologia do trabalho social.*

EVA TERESINHA SILVEIRA FALEIROS — graduada em serviço social pela PUC/RS é mestre em serviço social pela Universidade Laval, Québec, Canadá. Há quarenta anos trabalha na área da infância. Faz parte das fundadoras e pesquisadoras do Cecria — Centro de Referências, Estudos e Ações sobre Crianças e Adolescentes. É professora aposentada da Universidade de Brasília. Entre suas publicações, citam-se: *Abuso sexual contra crianças e adolescentes — os descaminhos da denúncia; Circuito e curtos-circuitos: atendimento, defesa e responsabilização do abuso sexual contra crianças e adolescentes; Repensando os conceitos de violência, abuso e exploração sexual de crianças e de Adolescentes.*

GRÁFICA PAYM
Tel. [11] 4392-3344
paym@graficapaym.com.br